北京市教育委员会科技计划项目

面向泛在信息社会的
数字馆藏管理与利用

刘净净 著

國家圖書館出版社

图书在版编目（CIP）数据

面向泛在信息社会的数字馆藏管理与利用/刘净净著. —北京:国家图书馆出版社,2013.3

ISBN 978 - 7 - 5013 - 5039 - 1

Ⅰ.①面…　Ⅱ.①刘…　Ⅲ.①数字图书馆—图书馆工作—研究　Ⅳ.①G250.76

中国版本图书馆 CIP 数据核字（2013）第 042407 号

责任编辑：高爽

书名	面向泛在信息社会的数字馆藏管理与利用
著者	刘净净　著

出版　国家图书馆出版社(100034 北京市西城区文津街 7 号)
　　　(原北京图书馆出版社)

发行　010 - 66114536　66126153　66151313　66175620
　　　　　66121706(传真),66126156(门市部)

E - mail　btsfxb@ nlc. gov. cn(邮购)

Website　www. nlcpress. com→投稿中心

经销　新华书店

印刷　北京科信印刷有限公司

开本　880×1230(毫米)　1/32

印张　9.5

版次　2013 年 3 月第 1 版　2013 年 3 月第 1 次印刷

字数　270 千字

书号　ISBN 978 - 7 - 5013 - 5039 - 1

定价　48.00 元

前　　言

　　泛在信息社会是建立在智能网络、先进的计算技术以及数字技术基础之上的一种社会形态。在泛在信息社会中，用户可以在任何时间、任何地点，借助于可及的任何智能设备，个性化地利用所需的信息资源和信息服务。在智能互联网、移动互联网、智能物联网和传感网络的支持下，人与人、人与物、物与物都可以通过有线或无线网络连接起来，用户可以借助于台式计算机、笔记本电脑、iPad、智能手机、数字智能电视等数字智能终端随时上网、随地上网，实现任何时间、任何地点获取和利用任何信息资源和信息服务的目的。当然，泛在信息社会对于网络的要求并不仅仅是网络的智能化和泛在化，还需要实时通信、移动通讯、宽带传输、泛在计算、云计算以及负载均衡等技术的发展，同时，利用信息资源和信息服务时的响应过程必须足够迅速和即时，才能满足用户的需求。在泛在信息社会中，社会生活面貌焕然一新，人们的生活方式将发生巨大变化，信息成为生活必需品，且每个人都能够利用信息创造新价值。泛在信息社会的核心思想是信息技术将以不为人们所觉察的方式融入人们的日常生活。

　　当互联网成为先进生产力的标志，成为智力生产的重要工具，成为信息和知识传播的重要渠道，它所引发的传播革命和生产革命将是持续的、深刻的、久远的，甚至会为出版业、图书馆事业带来一些本质性的变化。近年来，Google、百度等搜索引擎正在发展壮大，已经成为用户获取信息的第一站，并不断冲击着图书馆信息中心的地位。随着数据商直接进入用户市场，图书馆不再是资源的唯一拥有者和提供者；更有甚者，相较于百度、Google 的资金和实力，单独任何一个图书馆都不能与之相抗衡。面对数字技术、网络技术、智能技术迅速发展，数字馆藏建设技术也迎来了移动、互联、共享、实时等需求的诸多挑战和考验。

同时，随着现代信息技术的发展，以及信息的无处不在，信息用户群也在发生着巨变。1990年以后出生的孩子们逐渐步入大学，用户群的新生力量也在发生变化。如果说60后是工作后才接触电脑，70后是大学期间开始接触电脑，80后是大学期间大范围接触电脑，那么90后和00后甚至更年轻的一代，则是电脑伴随其成长的一代。电脑已经是他们成长、生活的一部分，他们从小就习惯利用电脑检索信息、解决问题。这样的成长环境、信息环境对他们的影响很大。美国伯克兰德教授在《图书馆服务的再设计：宣言》一书中就曾预言："未来一百年将是图书馆员必须重新构筑图书馆服务架构的时代。"

泛在信息社会是一个渐近的、信息化不断增加的过程，它将随着信息技术的不断革新、发展而向前推进。在泛在信息社会中，人们将能够更加简单、便捷、快速、随时随地获取各种信息。信息的无处不在和及时获取，在泛在信息社会将得以实现。这种情况下，图书馆的数字馆藏意义何在，价值何在，已建设的如此众多的数字馆藏将何去何从？虽然相较于传统图书馆服务，数字馆藏服务已经不再受时间、空间的限制，具有了更高的服务性和开放性，但是，随着数字化、网络化以及信息泛在化的不断深入，数字馆藏服务仍需要向更加自由、开放的状态过渡，数字馆藏的服务主体也应由以资源为中心向以读者为中心、以体验为中心转移。泛在信息环境下的图书馆数字馆藏建设、管理和利用等问题，则是图书馆需要重新定位和思考的问题。

本书基于泛在信息社会的基本特征和数字图书馆的发展历程及成果，结合作者多年来从事图书馆工作的切身感受及实践经验，借助翔实的文献资料，着重对以下内容进行了论述：第一章概述信息环境变化，以及在泛在信息社会中图书馆面临的挑战；第二章分别对图书馆数字馆藏建设和服务现状进行调查和分析，并在此基础上解析泛在信息社会中图书馆数字馆藏价值的体现；第三章和第四章分别对泛在信息社会中数字馆藏建设内容、建设模式、共享模式等进行详细论述；第五章从利用管理、长期保存、质量评价、日常监测四个方面，论述面向泛在信息社会的数字馆藏管理问题;第六章对面向泛在信息社会的数字馆藏管理与服务系统进行详细介绍;第七章从数字馆藏的营销推介、用户信息素养、数字馆藏使用统计、数字馆藏服务绩效等方面,对面向泛在信息社会的数字馆藏创新服务进行论述;第八章探讨了面向泛在信息社会的知识产权保护问题;第九章概述面向泛在信息社会图书馆事业整体发展过程中的问题及思考、对策。

本书部分章节承李书宁师兄的启发,其中第六章面向泛在信息社会的数字馆藏管理与服务系统建设更是深得李书宁师兄的帮助和指导,谨表深深的感恩和谢意!在撰写过程中,除了作者调查获取的相关数据外,还参考了近年来大量的中外文文献,虽尽可能规范地标注引用文献,但由于涉及文献众多、作者对标注规范理解也有一定的局限,难免有疏漏之处,在此对所有文献作者一并表示衷心的感谢!国家图书馆出版社的编辑对本书出版给予了大力的支持和帮助,在此表示诚挚的谢意!由于本书内容涉及领域较广,加之本人才疏学浅、时间紧张,因而难免存在这样或那样的不足,敬祈诸位专家、学者和读者不吝赐教。

刘净净

2012 年 11 月

目　录

1 绪论

1.1 信息环境

1.1.1 信息环境的演变

自人类产生以来便有了信息行为和信息活动,形成了非常原始的信息环境。随着人类发展和社会进步,信息环境也在不断发生变化。人类的发展史先后经历了原始狩猎时代、农业时代、工业时代以及信息时代,不同的发展阶段,信息环境的内容及其外在显现也不尽相同。原始狩猎时代,人类之间的交流仅仅通过面部表情、呼叫声、结绳石块等简单动作来完成。语言的诞生促进了人们之间的联系,加快了社会的发展,成为信息环境演变的促进因素之一。农业文明时代,人们开始使用各种符号来传递信息。工业时代,印刷术的发明改变了人们传递信息的习惯,大规模的文献印制成为可能,这也成为人类信息交流手段一次大的跨越。报纸、杂志、广播等大众媒介的产生和发展,使得信息的传递更加方便,更加快捷。世界上第一台计算机的诞生标志着信息时代的到来,也意味着以信息技术为主导的新技术时代的到来。

人类社会的每次发展变化都会相应地伴随信息环境的发展变化。原始时代、农业时代、工业时代和信息时代四个层次的更替过程中,信息环境的形式和内容也是交替进行的,整个发展过程是一个非常连续的步骤集,且升级的每个层次都是突破性的。信息环境的更替频率也在越来越大,更替间隙越来越小。从原始狩猎时代的信息环境演变到农业时代的信息环境经历了上万年,时间很长而且信息载体没有发生大的"进化",信息表达方式仍旧比较局限,这一阶段是演变过程中最为漫长的。从农业时代到工业时代的信息环境演变也经历了几千年的过程,这一时期最为显著的就是文字的发明和应用。文字的产生在一定程度上加速了信息环境的交替更迭。工业时代信息环境到信息时代信息环境的转变仅仅经历了几百年,这一过程中,各种载体形式不断翻新,信息传播的速度与范围也空前的提高和扩大。计算机的问世和网络的迅猛发展加速了信息环境的演变,此时的信息已成为一种资源和财富,受到人们的广泛追求;信息技术人员成为社会发展的一支重要力量;信息技术已经成为国民经济和社会发展不可或缺的一项技术;社会越来越关注信息资源、信息管理和信息环境等问题。信息已成为人们日常生活的一部分,整个社会对于信息的需求越来越大,依存度越来越高。

1.1.2 新信息环境的变化

美国 Syracuse University 的 Scott Nicholson 教授在"2005 年数字图书馆前沿问题高级研讨班"上的讲演中指出,图书馆界在过去五年中的变化超过了前面一百年的变化,而未来五年的变化将使过去五年的变化变得微不足道。

当互联网成为先进生产力的标志,成为智力生产的重要工具,成为信息和知识传播的重要渠道,它所引发的传播革命和生产革命,将是持续的、深刻的、久远的,甚至会为出版业、图书馆事业带来一些本质性的变化。互联网技术特性上的开放架构、数据包传输、统一通讯协议和去中心化管理等,使信息的流动无限度加速,信息的容量无边际扩大,信息的互动无止境加快。表现形态上的多媒体呈现、交互性传播、集约式增生,以及对媒介物理边界的模糊,对制造者、传播者和接受者身份的藏匿,对创造、创新、创意的激励,使信息和知识的丰富性、复杂性、多维性、关联性、速生性加剧。如此种种,使得图书馆行业、图书馆的相关行业,以及用户群体、技术手段等都发生了或正在发生着巨大的变化。

(1)数字出版异军突起

互联网时代的到来为数字出版注入了巨大的活力,已逐渐成为出

2

版业新的利润增长点。据中国出版科学研究院发布的《2011年中国数字出版年会年度报告》显示，数字出版在总产值上首次超过了传统书报刊出版。数字出版借着信息环境转变的大趋势得到了进一步发展。

数字出版就其本质而言是传统出版的内容和计算机技术的结合，是传统出版受到新的计算机技术的冲击、融合而成的一种全新的出版形态。它既传承了传统出版的优点，又结合了计算机技术，用计算机技术去深度表现传统出版的内容。早期的数字出版还只是把纸版书进行数字化加工，在电脑上或者阅读器上进行阅读，只是载体发生了变化，而书中的内容和表现形式，如封面、页码等都没有改变，最主要的是首次出版仍是传统的纸质载体。而真正意义上的数字出版，打破传统出版的形态，以及信息的组织方式，不仅在表现形式上可以更加灵活，而且在信息的重组上也可以更加自由，注重信息的深度挖掘。这种数字出版所占的比重越来越大，并且随着各种技术的发展，已然成为出版行业的主流趋势。

数字出版以互联网为依托，以超文本的信息传递方式，以云计算的充分和精准服务，以物联网的超级链接，带来的出版生态变化，将使出版生产和传播、文化创造与接受、作者编者读者之间产生不可逆转的蜕变。如果说印刷术对出版业的改造，只局限于载体的革命，电子媒介带来的是形态革命，计算机带来的是模式革命，那么，互联网技术为出版业带来的将是改革生产方式、改变产品形态、改造接受方式，进而带来思维方式、行为方式、生活方式的巨大变革。而且随着互联网基于语、音、义、形各要素的搜索引擎的发明，音频、视频选择和检索技术的完美呈现，网络选择的智能化将大大加强。相应地，数字出版个性化、精准化、多样化的服务将会大大提升，方便广大用户更迅捷地寻找目标，得到更舒适的贴心服务，满足其更丰富的个性化需求。

（2）网络阅读逐步升温

信息时代的信息环境，催生出了越来越多新的社会现象。随着移动平台的迅猛发展，数字出版呈现火热的景象，这就导致了信息时代网络阅读的风靡。网络阅读是一种由于文本载体发生变化而带来的新型阅读方式,专指网络文化语境中的阅读活动,即借助计算机、手机、手持阅读器等终端阅读设备从互联网平台获取包括文本在内的多媒体合成信息和知识,完成一种超文本阅读行为,也叫"网上阅读"。网络阅读的形式大体可分为两种:一种是实时在线阅读,一种是下载离线阅读。下载离线阅读是指将网络资源下载到另一种载体上,断开网络连接后再进行阅读①。伴随着信息环境的发展,目前网络阅读方式已非常普遍,成为人们竞相追逐的潮流。

网络阅读的载体(主要指计算机、移动终端)存储空间很大,所能承载的信息量是纸质载体所无法比拟的。而且网络能跨越地域和国界,使不同国家、不同地域能跨越空间限制进行信息沟通,加之网络特有的超文本链接方式及强大的信息搜索功能,使网络形成一个巨大的信息资源数据库,信息量呈指数增长,为读者提供的资源越来越丰富。网络读物的形式也是丰富多样的,既有传统的图书、论文等文字型的,也有图片、音频、视频或色彩视觉等多媒体型的。这就形成了一个更加丰富多彩且富于变化的新读物平台,这个平台会使读者感受到更丰富的感官刺激和更真切、更形象的阅读体验,有助于读者更好地理解文本,更好地获取信息。网络阅读还有纸张阅读无法比拟的优势,即在阅读过程中不受时间空间限制的广泛互动。网络的交互功能和发散的、非线性的超文本呈现方式,能够使读者思路大开,其中 BBS 更是提供了广阔的自由空间。这一方式充分打破了传统阅读同一材料、统一情感的局面,为读者提供了更为开放的互动对话,使网络读者在轻松、愉快的环境下达到激发阅读想象力、思维力和创造力的最佳效果。

前不久,世界读书日的调查证实,中国人网络阅读率已经超过图书阅读率。当小学生们已然拿着各种平板电脑熟练的阅读图书的时候,不得不说新的信息环境在发生潜移默化的改变,并且这种改变后续将更加强烈。新一代的阅读群体从思维观念、阅读习惯、接受程度

---

① 王文平.大学生网络阅读与高校图书馆的对策[J].大学图书情报学刊,2009,27(1):84-86.

等各方面都发生了颠覆性的改变。

（3）智能技术迅猛发展

随着网络信息时代的到来，越来越多高精尖的技术不断出现，这些技术不断改造着我们的传统观念，也影响着我们的生活习惯。智能终端技术是近几年的热点技术，无论移动互联网，还是通讯、传媒行业都十分关注这一领域。

1999 年摩托罗拉 A6188 的出现，标志着智能手机的诞生。经过十几年的创新，移动智能终端呈现快速发展趋势。随着信息技术的发展，移动智能终端成本会越来越低，移动智能终端以用户为中心，向更加智能化、环保化、云化和融合化方向发展。总体来看，移动智能终端呈现出以下发展趋势：

①智能终端的需求将超过传统终端的需求

以智能手机为例，智能手机操作系统得到极大发展，Android 等开源系统发展迅猛。美国 Gantner 统计，2010 年全球智能手机销量比 2009 年增长 72.1%，占所有移动通信设备销量的 22.2%。Android 的市场份额达到 22.7%，超越 RIM（16%）和苹果（15.7%）成为仅次于 Symbian 的全球第二大智能手机平台[1]。另一方面，丰富的应用需求需要更加智能的系统支撑。3G/4G 高速移动互联网条件下的信息交互需要智能化手段；虚拟的多任务操作需要更强大的操作系统支撑；云计算的出现改变了智能终端的运行和管理模式。此外，手机处理能力的大幅提升为智能手机提供了良好的硬件平台。

②终端融合化和云化的趋势更加明显

终端融合化主要表现为移动、固定终端融合，多模技术融合，终端的应用融合，数字家庭/物联网融合，用户体验的融合等。消费者对移动计算的需求，加速了互联网、计算技术和终端的融合。手机向移动 PC 发展，已经是一个趋势，仅仅提供简单的手机上网，在移动互联网时代显得很不适应。iPhone 之所以成功，正如乔布斯所说，它不仅仅

---

① 鲁帆.移动智能终端发展趋势研究［J］.现代传播，2011（11）:139 - 140.

是一款单一的手机,而是集 iPod、手机以及可以上网的移动互联网终端于一身。

终端业务不断云化,瘦客户端和远程桌面的趋势更加明显。不同的客户终端可以同时登录到同一服务器上,模拟出相互独立的工作环境,云终端与服务器之间通过网络传送必要的通信数据。云终端的特点和优势一般可分为三种:易接入,易管理,易使用;绿色节能;部署安全,速度提升。

③智能终端定制服务将更加个性化

平台化、模块化、共板化、简洁化的设计技术,使智能终端具有快速定制、快速交付能力。手机定制模式在运营商中已经逐渐成熟。在全球 243 个运营商中,95 个支持 ODM 定制。在 95 个支持 ODM 定制的运营商中,66.4% 是 TOP50 的运营商。根据 Wireless Device Strategies(WDS)统计,在 2008 年全球 2.87 亿手机中,ODM 为 3160 万台,直采为 1.15 亿台,二者之和超过了一半。2009 年,WCDMA 手机 ODM 数量超过 3160 万部①。

终端定制有助于运营商提高竞争力。定制终端通过嵌入专属应用,便于用户快速入门和访问;按照业务需要定制硬件平台;建立统一 VI,提升品牌形象;规范应用部署方式,便于整合价值链创新业务;实施捆绑式营销策略,增强市场竞争能力。通过定制终端可以创新业务来促进业务发展,丰富应用来提升流量,捆绑销售来发展用户,最终为消费者创造更方便的消费体验,为价值链合作伙伴打造更便捷的合作平台。

移动终端技术的成熟及发展,尤其是终端服务的个性化、人性化,以及数字出版、网络阅读的普及化、大众化,使得信息的获取和使用越来越方便,信息无时无刻不充斥着人们的工作和生活,整个社会趋向于泛在信息状态。

---

① 鲁帆.移动智能终端发展趋势研究[J].现代传播,2011(11):139 – 140.

1.2 泛在信息社会

随着信息科学技术的进步和信息产品成本的降低,信息渗透到人们日常生活的方方面面,正在深刻改变着人们的学习和生活方式。在超微计算机技术、3G 通信技术与网络技术迅猛发展的今天,将高速互联网、高性能计算机、大型数据库、传感器和具有移动计算功能的移动终端等融为一体,实现人与人、人与物,甚至物与物之间直接沟通的无处不在的泛在信息社会,已日渐清晰,并逐步向我们走来。2006 年 10 月 18 日至 19 日,亚太地区城市信息化论坛第六届年会在中国上海国际会议中心召开,论坛主题为"消除数字鸿沟:创新·和谐·发展"。在年会上,日立信息通信集团总裁筱本学先生以"城市信息化及'泛在信息社会'的到来"为题发表了主题演讲,阐述了日立为城市信息化发展描绘的"泛在信息社会"的前景。信息社会初期受到基础系统和信息终端技术、性能的限制,"信息"并不能得到淋漓尽致的发挥。随着宽带技术、无线技术等通信基础技术不断进步及系统、软件、服务器等配套设施的完善,信息社会将逐渐过渡到"泛在信息社会"。利用 IT "无论在何时何地所有人都能够安全、安心地使用信息",日立称之为"泛在信息社会"。2007 年 5 月 15 日在日本东京国际展览中心举办的"富士通(FUJITSU)论坛"宣布:世界将迈入泛在信息社会。在论坛上,富士通从技术和现实应用角度对泛在信息社会及相关技术进行全面展示。富士通主席 NAOYUKI AKIKUSA 在发言中指出,信息社会的发展正处于一个转折时期,未来的 IT 系统将把真实世界的人与物映射到网络世界中,这就需要人们用新思维来对待未来的科技发展。2012 年 6 月在苏州举行的数字图书馆前沿问题研讨班上,国内外的多位专家学者提到了泛在信息社会,提到了泛在环境下图书馆的建设和发展问题,可以说越来越多的人在思考、探讨如何去适应泛在信息环境的到来,泛在信息环境已经成为大家研究的一个重点。

"泛在"英文为 Ubiquitous,也有人称之为"普适",即"普遍适用",它来源于拉丁语,原意指天神,英文中的解释是"无所不在,普遍存在"的意思,如同空气、水那样自然存在。但是对于"泛在环境",目前学术界尚没有统一的概念。笔者认为,从技术上看,泛在环境是指在 3G 通讯技术、微电子技术与无线网络技术的支持下,所有电子终端、软件、网络设施能够得以全面融合的数字环境;从效果上看,泛在环境是以用户为中心,以个性化服务为目标,具有多样化信息交流渠道,支持用户、信息资源与工具完全交互的信息环境,通常被理解为互联网环境处于在任何时候和任何情况下都可以全面互联的状态。如果说当今的电子信息社会实现了任何人与任何人在任何时间任何地点的通信与联系的话,那么泛在信息社会则进一步将任何人与任何物、任何物与任何物的通信与联系纳入其中。

　　"泛在"是泛在信息社会的主要特征,即实现任何时间、任何地点、任何人、任何物都可以方便地获取和交换任何信息。"无所不在"是指互联网的"无所不在",也就是说,人们在任何地方和任何时候,都可以随地上网和随时上网,而且不仅是人与人之间,而且人与物、物与物之间都可以通过网络联系起来。近几年,全球范围内出现了一种更新、更高的通信目标,即无所不在(Ubiquitous,简称 U,或称"泛在")的网络通信方式。U 不同于以往的电子化通信,它强调的是促进无所不在网络的基础设施的发展,帮助人类实现"4A"化通信,即在任何时间(Anytime)、任何地点(Anywhere)、任何人(Anyone)、任何物(Anything)都能顺畅地通信。由此解决社会与经济问题,实现由 ICT(信息通信技术)所能达到的信息化发展蓝图。这一新的人类通信目标甚至被欧盟等认为是高于信息社会的一个宏大目标,是未来一段时期现代信息通信技术同人类的生产生活全面对接的最高理想。"无所不在"作为国家信息化战略发展的一个关键因素,是 IT 世界的又一个极其深刻的质的变化,意味着从"E 时代"将走向"U 时代"。以泛在为特征的泛在信息社会的出现,使得未来信息社会发展的主要特征是无处不在的泛在信息。

泛在环境为用户发布和共享信息提供了一个更富有动态性和互动性的空间。郑州大学的王娜研究认为[1]，这种环境有助于激发用户的交流兴趣，促进了用户自组织行为的发展，从而使得信息资源的组织也呈现出了一些新的特征：①微内容的可重用性。在泛在环境中用户可以通过任何设备发布任何形式的信息，这些信息都是微内容，如一条评论、一张图片、喜欢的音乐列表等。由于泛在环境下微内容具有结构化、开放性及工具无关性的特征，因此可以在任何地方自由地将这些微内容进行聚合、共享或迁移。②用户的参与性。泛在环境是一种鼓励用户参与和贡献的环境，它希望利用集体智慧将互联网变成一种全球大脑。由于用户会在利己的基础上对所需使用的信息进行分类或进行 Tag 标注，因此在无形中用户就参与了网络信息资源的组织。③互联网的工具性。泛在环境的信息资源组织不仅仅依赖于图书馆或网站，整个泛在环境中的各种用户、组织、机构都可以进行信息资源的组织与发布，所有终端节点都可以是信息资源的组织者。而互联网的作用也由媒介平台变为了链接与整合的工具，主要链接信息资源传播网络的各个终端结点，弱化了其组织与发布主体的作用。④隐性知识的外显性。泛在环境的信息创建具有草根性，用户之间可以进行同步或异步的交流。为了交流，用户必须先将自己的思路和观点明晰化，并提供相应的信息支持，进行自我的解释与完善，这个过程也是用户将思维、经验、新想法等隐性知识外显化的过程。而这些隐性知识则是泛在环境下极有价值的信息资源，可以将其与各种显性知识共同组织在一起，提升信息资源组织的层次。

泛在信息社会被普遍认为是人类未来的生活模式。在泛在信息社会中，人们将能够随时随地灵活应用各种信息，从而极大地提高学习效率、工作效率、生活效率及生产效率，并以较低的费用，充分享受信息化在多种领域给人们生活带来的便利，为人们的生活带来革命性的进步。正如日立信息通信集团总裁筱本学先生所讲："泛在信息社

① 王娜. 泛在环境下基于用户协作的信息组织机理研究[J]. 图书情报工作,2010(14):97 - 101.

会是任何人或任何物无论何时何地都可以通过终端设备与网络连接，获取个性化信息服务的一种全新信息社会"。在泛在信息社会中，社会生活面貌焕然一新，人们的生活方式将发生巨大变化，信息成为生活必需品，且每个人都能够利用信息创造新价值，其核心思想是信息技术将以不为人们所觉察的方式融入人们的日常生活，即在任何时候、任何情况下都可通过有线或无线通信达到互联的状态。展现在我们面前的将是一个全新的由网络传感器、智能网络、先进计算技术以及数字化的基础设施集成的，以移动接入、实时通信、宽带传输、泛在计算、多媒体界面、传感互联成为主要技术表现形式的，信息流、物质流、能量流交互作用的技术社会形态。

从信息化的角度来看待泛在信息社会，实际上是将信息化的应用更加深化和广化，将信息化进行到底，实现进一步的智能化。至此，泛在信息社会将信息化贯穿到生产以及生活的各个方面，其大规模应用将有效促进工业化和信息化"两化融合"，成为经济转型期产业升级、技术进步、经济发展的重要推动力。随着新一代信息技术的不断发展与完善，信息社会将逐渐过渡到"泛在信息社会"。在这个新时代中，高度发达的计算机和网络技术将渗入人类生活的方方面面，为人们营造出一个随时随地、无限沟通的自由世界。

1.3 泛在信息社会中图书馆面临的挑战

泛在信息环境下，图书馆的发展必将日新月异，这毋庸置疑；但是新的信息环境下，图书馆更需要迎接的是来自于各方面的挑战，图书馆采访、资源组织、资源服务等环节都受到了极大的挑战。

首先，信息的海量剧增，给图书馆的资源建设，尤其是采访工作带来很大的挑战。据不完全统计，世界每天约有 40 亿个信息单元的信息量向外发送，并以每年 18%—20% 的速度递增。每年全球出版图书近 80 万种，科技报告 70 万篇，专利文献 100 万种。电子出版物与网上出版物更是每时每刻都在以迅猛速度激增。据统计,到2002年12月31日,全国在线数据库达到82 929个,约15 709万个网页,网上政府信息、行业和企业信息、科技教育信息、文化娱乐信息、新闻信息、旅游信息、区域特色信息等均已形成一定规模。如此汹涌的信息"洪流"让图书馆无从招架,虽然面对不同的文献类型,已越来越多地倾向于电子文献、动态文献,但是在对文献信息的精确控制与全面控制上却显得难以把握。此外,多年来困扰图书馆的购书经费短缺问题更加明显和尖锐。面对不断激增的信息资源,以及书刊价格随时间推移的不断狂涨(国内图书每年上涨约20%,期刊约28%;国外图书每年上涨约15%,期刊约40%),图书馆的经费相对显得越来越少。在一时不可逾越的财政问题上,如何利用有限的经费去购买最常用的、有特色的文献及数据库;如何通过合作藏书、资源共享来达到资源利用的最大化,也就被进一步重视起来,成为图书馆采访环节需要进一步深入考虑的议题。

其次,馆藏资源组织管理方面,传统图书馆的文献信息资料的组织,是依据各种分类法进行科学的分类并建立各种目录体系,如:主题目录、分类目录等等。在新的信息环境下,电子出版物改变了藏书组织,特别是网络化图书馆的发展和建设,利用网络信息资源的查询、组织管理和利用,其工作内容、管理对象已不仅仅是图书,它已变成集收藏、保管、提供、流通各种电子信息的枢纽,信息资源组织管理的核心是馆藏书目数据库的建设和联机检索库、指引库的建设。而且随着文献载体非纸化、信息记录电子化、文献传输网络化发展,文献不再局限于一个静态的文本,而兼色、味、声、形动画于一体,并可通过超级链接,使多媒体呈现一种全新的树形或网状结构,形成超媒体。而交互功能使人们使用上更具趣味性、选择性、简明性并提高效率。所以如何适应文献媒体的变化,及时调整组织管理战略,以应对未来挑战将是一个十分紧迫的问题。

再者,随着计算机技术、通信技术、人工智能、多媒体、网络技术的发展,文献的网上生产、传播、检索日益成为主流,远程信息存取、分布式信息系统使地球日趋紧密与狭小,地域空间的自然限制正在日益萎缩。这一方面为图书馆藏书建设提供了一个契机,即如何利用新信息技术的支撑构建一个面向未来的网上合作系统,彻底抛弃传统的空间障碍的思维模式,重新开辟一个文献与需求相匹配的合作收藏模式。另一方面,它对图书馆形成巨大的压力,即在网络环境下,如何开展用户需要的新信息服务,如何开发新的服务模式。

电子出版物、商业化联机情报检索系统、无边无际的网上信息源、日趋成熟的网上搜索工具,极大地提高了社会公众对文献情报的可获得性。网上信息发布以其广泛的分布性,无可匹敌的速度及交互性、可下载等特点成为信息传播的主流形式。人们对文献检索已不再只停留于图书馆领域,这显然构成了一种信息源的竞争,图书馆作为文献信息提供中心的传统而受到威胁。当知识与载体可以分离时,读者不需要到图书馆借阅即可获取知识。传统的文献借还服务中,知识与其载体是需要一同被借还的,因为二者不可分割。然而在数字资源的使用中,图书馆与读者之间只是知识的传递,不存在记载物的传递。

此外,数字图书馆逐渐成为读者获取知识信息的首选,数字图书馆的建立、发展,使图书馆事业迎来了繁荣发展的时代。但是数字图书馆建设过程中也形成了一些问题,比如,图书馆不再是资源的唯一拥有者,甚至仅仅成为了购买者和档案馆。众所周知,数字图书馆的制作、维护技术以及所提供的文献信息资源均不是图书馆所建,而是图书馆从数据提供商那里整套引进的。一旦数据供应商不再满足于只面向图书馆销售数据,而是启动与其他机构的合作,将打包批发给图书馆的数据按照专业需求拆分零售给从事相关专业、学科研究的机构,比如分别向高校的各个学院提供资源、为他们定制各自的数字图书馆等等。这些对图书馆来说,都将是非常严峻的考验和挑战。

参考文献

[1]罗彩红,原艳丽.泛在知识环境下的图书馆信息资源组织与服务探讨[J].四川图书馆学报,2011(2):9-11.

[2]陈彩红.基于用户需求的泛在知识环境下数字图书馆价值实现研究[J].图书

馆学研究,2010(1):55 – 57.

[3]杨灵芝.泛在环境下图书馆服务创新研究[J].情报科学,2012(3):347 – 381.

[4]数字传媒语境下的大众阅读形态及衍生趋向猜想[EB/OL].[2011 – 07 – 18].http://media.rednet.cn/c/2008/12/02/1650501.htm.

[5]季拥政.泛在信息社会及其基本特征[J].图书馆学研究(理论版),2011(19):6 – 9.

[6]张文超,李青丽.我国泛在图书馆理论研究的主题及主要观点综述[J].图书馆学研究(应用版),2011(18):2 – 6.

[7]陈如明.泛在/物联/传感网与其它信息通信网络关系分析思考[J].移动通信,2010(8):47 – 51.

[8]张会田.泛在图书馆:如何从概念走向现实[J].图书情报工作,2010(19):40 – 43.

[9]陈清文,黄田青.泛在图书馆初探[J].图书馆工作与研究,2008(8):15 – 18.

[10]李渊.浅谈信息环境的演变[J].河北科技图苑,2005(2):74 – 76.

[11]林辉.泛在图书馆的特征[J].图书馆杂志,2008(3):12 – 14.

[12]沙勇忠,刘焕成.信息环境演化对信息消费的影响[J].情报科学,2001(12):1310 – 1313.

[13]刘小景.泛在图书馆理念下的图书馆移动信息服务研究[J].图书与情报,2011(4):72 – 74.

[14]陈维军,李亚坤.泛在知识环境下的图书馆[J].图书馆杂志,2006(9):3 – 6.

[15]曹静仁,李红.泛在知识环境下的图书馆嵌入式学科服务[J].图书馆论坛,2011(3):117 – 119.

[16]黄幼菲.泛在知识环境下后数字图书馆的发展趋势及走向[J].图书馆工作与研究,2011(10):20 – 25.

[17]黄幼菲.泛在知识环境下后数字图书馆发展的思考[J].情报理论与实践,2011(3):39 – 44.

[18]谢茹芘.泛在知识环境下数字图书馆用户服务研究[J].图书馆学研究,2008(10):35 – 37.

[19]谢珍,杨九龙.泛在知识环境下图书馆服务泛在化研究[J].江西图书馆学刊,2010(1):6 – 9.

[20]郑永田.国外泛在图书馆理论与实践研究进展[J].图书馆杂志,2007(10):3 – 6.

[21]任静.基于 3G 技术的泛在图书馆移动信息服务研究[J].情报资料工作,2009(5):97-100.

[22]初景利,吴冬曼.论图书馆服务的泛在化——以用户为中心重构图书馆服务模式[J].图书馆建设,2008(4):62-65.

[23]邱钟亮.基于 CAB 的智能终端系统的设计和实现[M].西安:电子科技大学,2011.

[24]施娟.数字出版机遇与挑战并存[N].今日信息报,2006-06-28(5).

[25]刘婵.数字出版异军突起传统出版积极应对[N].中国文化报,2010-08-12(7).

[26]张春.网络环境与数字出版[J].科技与出版,2000(5):4-6.

[27]严冰.网络时代的数字出版机遇及挑战[J].山东社会科学,2011(S1):65-66.

[28]章亚娟.新时期读者用户群信息需求的分析研究[J].现代情报,2004(1):59-60.

[29]叶惠.智能终端:移动互联网发展的推手[J].通讯世界,2010(12):42.

[30]赵丹文.智能终端发展趋势概述[J].中国传媒科技,2011(5):54-55.

[31]李易.中国数字出版六大特点[N].中国计算机报,2012-01-09(3).

[32]谢丽容.终端:发现智能终端普及机遇[N].通信产业报,2011-05-09(21).

[33]刘春辉.终端已成为移动互联网发展核心动力[N].人民邮电报,2011-06-14(5).

2 图书馆数字馆藏建设和服务现状

2.1 图书馆数字馆藏建设状况调查分析

2.1.1 图书馆数字馆藏建设概述

近几年来,随着信息技术的快速发展,图书馆馆藏形式也发生了一定的变化,目前公认的两种主要馆藏形式为传统馆藏和数字馆藏。一般认为,数字馆藏是传统馆藏的发展和延伸,主要区别在于数字馆藏大多对信息内容进行数字化处理,是以数字格式存储和发布的。关于数字馆藏的定义,泛指经过数字化处理,借助计算机技术和局域网络技术来利用的馆藏资源。通常,认为数字馆藏包括两大组成部分,一部分是"采购数字化的资源",例如数字出版物、光盘数据库、本地局域网存储的数据库等等;另一部分是"对原有馆藏资源的数字化加工",或者说是自建数字资源库,这两部分构成了当前图书馆数字馆藏的主体。数字馆藏相对于传统馆藏而言,共享性更加明显,资源的传播和应用面有了极大地扩展。由于其以数字化形式存在,因此体积小、容量大、检索起来方便、快速,便于用户查找,这些优势是传统纸质馆藏无法比拟的。

2.1.1.1 数字馆藏的建设方法

数字馆藏建设包括两个方面,"引进"和"自建"。具体来看,又有采购、自建、开发利用网络资源等几种方式。"采购"方式是当下最为主流的馆藏建设方式。现有网络信息环境下,数字馆藏的采购主要有两种:一是所有权的购买;二是使用权的购买。所有权的购买,顾名思义,图书馆拥有该数字资源,与图书馆购买纸质图书相似。一般来说,购买数据库检索平台以及全文本资源,可以使图书馆拥有该资源的实物权和使用权。使用权的购买可以理解为图书馆并不拥有该数字馆藏，而是一种虚拟的图书馆馆藏，图书馆只具有网络检索的使用权以及相关保障服务。图书馆数字馆藏的建设已经从最初的力求购买所有权，到现在更为理性、以为用户提供更多高品质的学术资源为目标，对于购买使用权和所有权的选择也更加理性，会根据实际需要而定。

自建数据库意味着图书馆对于本馆资源的二次开发，通过对传统馆藏进行不同程度的整理和加工，以数字形式保存，并可以满足多角度的检索需要。自建数据库有多种形式，例如学位论文数字资源、馆藏书目数字资源、期刊目录数字资源、古籍文献数字资源等。在自建数据库过程中，要重视知识产权问题，遵守有关规定。一般来说，只有在本馆信息资源具备相当的独立性、完整性的条件下才有必要建立一次文献数据库。

互联网技术在社会各领域的普及，以及由此带来的海量网络资源，也为图书馆带来了另外一种数字馆藏建设的重要方式，即通过建立学术导航和下载整合等开发利用网络资源。图书馆的学术导航系统，是由图书馆信息服务人员根据需求对网上资源进行搜寻、挖掘，并对其进行筛选、分类、标引、注解，将原始信息合理整合而建立起来的学术资源导航。具体而言，可以包括以下几种模式：第一是索引库的搭建；第二是个性化、专业化的信息指南平台建设；第三是满足要求的站点推荐。索引库建设就是将相关内容集中在一个列表下，可以按多种途径去查询；指南平台建设就是通过多种搜索引擎对某一类资源的检索，依据个人需求选择有关信息；站点推荐是一种最为直接的数字资源建设模式。而下载整合则是针对国内外有关某一主题的资源进行下载和跟踪收集，将有价值的资源系统化整理和加工，建立个性化的数据库。下载整合的关键是数字资源的来源问题，这决定了数据库的质量，此外还需要重视网络的安全性、知识产权特性等问题。

2.1.1.2　数字馆藏建设的主要内容

（1）重要图书数据库

数字馆藏建设的内容之一，就是采购电子图书，将其作为重要馆藏资源加以归纳、汇总。一般来说,价值较高的工具书、国外经典的学术著作,以及学校、科研院所的重点建设学科相关书籍等都是图书馆电子图书采购的重点。目前,考虑到电子图书所需的硬件维修成本较高,所占图书馆虚拟存储空间比较大,图书馆各界已经在着手建设区域、高校等图书馆联盟共同联合进行电子图书采购。各图书馆以本馆的目标和特色馆藏为主,彼此之间共建共享。此外,当前图书馆电子图书建设过程中的标准问题也应该引起重视,规范和统一电子图书产品的阅读器、分类标引以及建设过程中的其他兼容问题。

(2)期刊全文数据库

期刊全文数据库是馆藏期刊的数字化形态,是图书馆尤其是高校图书馆的重要馆藏内容之一。目前,国内期刊全文数据库主要有中国知识资源总库、万方数据资源系统、中文科技期刊数据库,各图书馆多在三者中选择一两个或全部购买,而这三者的点击使用率也往往是所有数据库中较高的,用户群广泛、使用稳定。国外的期刊全文数据库有 EBSCO、Wiley、ProQest 等,数量比较多,涉及的领域比较广泛,价格也往往比较昂贵。各馆多根据自己的馆藏发展政策,以读者需求为主要依据,在综合考虑本馆实力的基础上进行选购。在具体的操作过程当中,也还会考虑专家推荐、试用比较等因素予以综合考量,除此之外,也还会兼顾馆藏学科分类,做到有所侧重。

(3)多媒体数据库

随着数字技术的发展,多媒体数字资源建设越来越受图书馆欢迎,因为这类资源内容丰富利用率较高,便于共享及管理,而且视觉、声音效果更受广大年轻读者欢迎,可以说是当前图书馆馆藏资源建设的首选。

(4)特色资源数据库

特色馆藏是指每个图书馆由于所处的地理位置、服务人群不同,所形成的具有各自特色的馆藏体系。目前,各馆开发特色馆藏的力度逐渐加大,开发出的产品也各具特色。图书馆普遍认为,随着泛在信息社会的到来,数字化并加以共享是未来的建设方向,因此,建设一个富有特色、能够满足本馆服务对象需求的数字化的特色馆藏资源库势在必行。在传统观念下,图书馆自身的特色馆藏建设较少,多以收藏为主,共享的程度不高,对其价值的发挥有很大影响。这一点,在高校图书馆体现的更是突出。很多特色鲜明的专业院校,在馆藏建设上也大量采购和收藏专业文献,但仅限于本校师生使用;通过建设特色资源库,以数字化的形式展现和传播,就可以使更多的人通过网络享用。因此,建设可共享的特色资源数据库已成为资源建设的重要内容。

(5)个性化的数字馆藏库

个性化的数字馆藏库,更多是在功能上进行定义,指用户能使用个性化的馆藏检索服务。这就要求图书馆在建设过程中,能将传统馆藏与数字馆藏两部分结合。目前基于网络的 OPAC 成为传统图书馆和数字图书馆的中介,能够满足读者快速查检的需求。现在多数图书馆的 OPAC 系统只能满足纸质文献的查检需要,一些开发比较好的馆已经进行了更深层次的研发,将数字化馆藏一并纳入 OPAC 系统中,进行有效整合,真正实现完整的数字馆藏建设体系。随着研究的进一步深入,这种整合和统一将逐步囊括图书馆更多的资源类型,形成馆藏资源的统一检索查询。

(6)机构知识库

机构知识库在高校图书馆比较普遍,其目的就是将大量最新的、有价值的科研学术成果和出版物有效整合在一起,实现共享和开放。机构知识库提倡一种全新的学术交流制度,即开放获取。开放获取,既可以解决因书刊价格上涨带来的交流障碍,又可以增进学术观点的交流和发展。图书馆将机构知识库纳入到本馆数字馆藏建设中,无疑可以成为图书馆数字馆藏建设的有力补充。

2.1.2　图书馆数字馆藏建设状况调查研究

2.1.2.1　国家图书馆数字馆藏建设状况

国家图书馆担负着国家总书库的职能,收藏和保存本国的出版物,同时还收藏大量外文出版物,包括有关本国的外文书刊,并负责编制国家书目和联合目录。它是一个国家图书馆事业的推动者,是面向全国的中心图书馆,既是全国的藏书中心、馆际互借中心、国际书刊交换中心,也是全国的书目和图书馆学研究的中心。所以,国家图书馆的馆藏建设和服务水平,在一定程度上体现了一个国家的图书馆建设和服务水平。

国家图书馆的馆藏书目建设数据量庞大,涉及领域、内容、语种较为丰富,是全国的书目中心;同时,国家图书馆也在书目数据著录规范方面做出了重要的贡献。在采购数据库方面,建设有中国知识资源总库、万方数据库、龙源期刊网、维普中文科技期刊数据库、人大复印资料全文数据库、中华医学会数字化期刊、中国财经报刊数据库等中文数据库,ProQuest、ACS 网络数据库、ASCE 全文期刊数据库、EBSCO 等外文数据库;自建数据库方面,有甲骨世界、碑帖菁华、敦煌遗珍、西夏碎金、数字方志等多个数据库。可以说,资源建设宏富、全面,并在此基础上根据国家图书馆的收藏特色进行了特色馆藏的数字化建设,取得了很好的效果,为其他图书馆的数字馆藏建设提供了很好的借鉴和指导。

2.1.2.2 公共图书馆数字馆藏建设

公共图书馆是由国家中央或地方政府资助、管理,并免费为社会公众服务的图书馆。它与专业图书馆不同,服务对象可以从儿童到成人,即所有的普通居民;馆藏内容除包括一些专业书籍之外,更多的是非专业的图书、公共信息、互联网的连接及图书馆教育。同时,公共图书馆多会收集一些具有地方特色的馆藏资源,形成地方文献专藏。许多国家有专门的公共图书馆法,保证公民可免费获得图书馆提供的多种多样的服务,包括文献外借、阅览服务、参考咨询、文化活动(文献展览、报告会、讲座、电影、音乐会等)以及为老年人、儿童和残疾人提供的专门服务等。

我国公共图书馆的发展多取决于具体城镇的规模及当地政府的投入,图书馆的状况及馆藏量也有很大的差别。与美国、英国、加拿大、德国等西方发达国家相比,中国公共图书馆的发展起步较晚,总体来说财政投入匮乏,公共图书馆的建设和使用严重落后于发达国家。"据统计,中国平均每46万人口才拥有一家公共图书馆,总共3000家公共图书馆中有600多家全年无一分购书经费,全国人均拥有公共图书馆藏书仅为0.27册。全国公共图书馆持证读者数582万,仅占全国总人口的0.47%,美国这一比例是2/3,英国是58%。美国每1.3万人拥有一家公共图书馆,英国和加拿大每1万人左右拥有一家公共图书馆,德国每6600人一家,奥地利4000人,瑞士3000人。"[①]据调查显示[②],我国公共图书馆,在农村几乎为空白,普及率仅为5.9%。而各县镇即便有图书馆设置,具体落实也远不达标,数字馆藏更是少之又少,根本没有官方的访问网站。基于此种情况,本文分别从省级图书馆和市级图书馆两个层面来考察公共图书馆的数字馆藏建设情况。

(1)省级图书馆

目前,各省级图书馆多数都建有数字馆藏,部分还建有区域性特色馆藏。笔者在全国范围内,选取了北京、上海、吉林、河北、江苏、山东、四川、广东、陕西、青海10个省份的省级图书馆数字馆藏建设情况,进行网络调研统计,详细情况见表2.1。

---

① 中国人需要什么样的图书馆[EB/OL].[2005 – 01 – 10]. http://news. xinhuanet. com/book/2005 – 01/10/content_2440035. htm.

② 调查显示公共图书馆在农村几乎是空白[EB/OL].[2006 – 03 – 30]. http://www. china. com. cn/chinese/diaocha/1159182. htm.

表 2.1 十省份省级图书馆数字馆藏统计表

图书馆名称		首都图书馆	上海市图书馆	江苏省图书馆	吉林省图书馆	四川省图书馆	广东省图书馆	陕西省图书馆	山东省图书馆	河北省图书馆	青海省图书馆（暂无官网）
中文数据库	1	√	√	√	√	√	√	√	×	×	
	2	√	√	√	√	√	×	√	√	√	
	3	√	√	√	√	√	√	√	√	√	
	4	√	×	×	√	×	×	×	×	×	
	5	×	√	×	√	×	×	×	√	×	
	6	△	×	×	×	×	×	×	√	×	
	7	√	√	√	×	×	√	√	×	√	
	8	√	√	√	√	×	×	√	×	√	
	9	√	×	△	△	×	△	×	√	√	
	10	△	√	△	×	×	×	×	×	√	
	11	√	√	√	√	×	√	√	√	√	
	12	×	×	×	△	×	×	×	×	×	
	13	×	×	×	√	×	×	×	△	×	
	14	√	√	×	√	×	×	×	√	×	
	15	√	×	×	×	×	×	×	√	×	
	16	×	×	√	×	×	×	×	×	×	
	17	×	√	√	×	×	×	×	×	√	
	18	×	√	√	√	×	×	×	×	×	
	19	×	√	×	×	√	×	×	×	×	
	20	×	×	×	×	×	×	×	×	√	
	21	√	√	√	√	√	√	√	√	√	

续表

图书馆名称		首都图书馆	上海市图书馆	江苏省图书馆	吉林省图书馆	四川省图书馆	广东省图书馆	陕西省图书馆	山东省图书馆	河北省图书馆	青海省图书馆（暂无官网）
中文数据库	22	×	√	×	×	×	×	×	√	√	
	23	△	×	√	×	×	△	×	√	×	
	24	×	×	√	√	×	×	×	△	×	
	25	×	√	√	×	×	×	×	×	×	
	26	×	×	√	×	×	×	×	×	×	
	27	×	√	△	×	×	×	×	×	×	
	28	×	√	△	×	×	×	×	×	×	
	29	×	√	△	×	×	×	×	×	×	
	30	√	×	△	×	√	×	×	√	×	
	31	√	×	△	×	√	√	×	×	×	
	32	×	×	△	√	×	×	×	×	×	
	33	√	×	×	×	×	△	×	√	×	
	34	×	×	×	×	×	△	√	△	×	
	35	√	√	×	√	×	×	×	√	√	
外文数据库	36	×	√	√	×	×	×	×	×	×	
	37	×	√	√	△	×	×	×	×	×	
	38	×	×	√	×	×	×	×	×	×	
	39	×	×	√	×	×	×	×	×	×	
	40	×	×	√	×	×	×	×	×	×	
	41	×	√	√	×	×	×	×	×	×	
	42	×	×	√	×	×	×	×	×	×	

图书馆名称	首都图书馆	上海市图书馆	江苏省图书馆	吉林省图书馆	四川省图书馆	广东省图书馆	陕西省图书馆	山东省图书馆	河北省图书馆	青海省图书馆（暂无官网）
特色数据库（自建数据库）	首图动漫在线、北京记忆、古籍插图库	地图资源、围棋谱资源、桥牌资源、党史资源、外观设计资源、年鉴资源、名人文献资源、家谱资源特色文献之利、上图馆藏西乐资源海书	色忆、红记百商标、江文数据库、中近代文献图像、计数据库、中民风数库、华族情据、江省苏五工数据库、地方文献资源等16个	吉省物文数据库、白动菌图数库、长山植物片数据、吉林人数库、吉二转据东抗数库、牲拉据吉省业植据、吉省游据等17个	族卡据库、唐四文名、数川化人年数据、竹画馆、古善籍本四、川旅信数据等8个	广州地文书库、广东史献目库、广州人数库、粤粤睇精彩	西安变数据库、帝陵陕西王数据库、秦专数陕西腔韵、西物数据库、陕非质化产据	山东地文数图据、馆鲁化博山省方行文献字书、齐文世东地法数库、山省物文遗库、东方色献文源、山地特文全资库等13个	北塔题清陵题系列、西专系列清陵题片、中古总·河北卷、河寺专片东专	

备注:其中√是引进标识,×是未引进标识,△是试用标识。

1 代表中国知识资源总库;2 代表维普数据库;3 代表万方数据库;4 代表人大复印资料;5 代表超星数字图书馆;6 代表百链云图书馆学术搜索;7 代表方正数字图书馆;8 代表慧科数据库;9 代表新东方多媒体学习库;10 代表库客(KUKE)数字音乐图书馆;11 代表国研网;12 代表起点考试网;13 代表大成老旧刊全文数据库;14 代表晚清期刊全文数据库;15 代表高校教学资源(素材)库;16 代表北大法意;17 代表博看网畅销期刊数据库;18 代表全球产品样本数据库(GPD);19 代表全国文化信息资源共享工程;20 代表天方有声数字图书馆;21 代表龙源电子期刊;22 代表清华同方资源库;23 代表中华连环画数字阅览室;24 代表中宏数据库;25 代表瀚堂数据库;26 代表中国对外经贸数据库;27 代表科技报告数据库;28 代表战略新兴产业数据库简介;29 代表中国资讯行、搜数网;30 代表全国报刊索引数据库;31 代表 E 线图情数据库;32 代表书同文全文检索软件;33 代表点点电子书库(博创);34 代表 MYET 英语口语自助学习资源库;35 代表读秀数据库;36 代表 Encyclopedia Britannica;37 代表美国 EBSCO 出版社数据库;38 代表 EI;39 代表 eLibrary;40 代表 UMI 博士论文;41 代表 Chemical Abstracts;42 代表 ProQuest。

通过比较,不难发现各省级图书馆中,除青海省图书馆网址无法访问之外,其他图书馆的数字馆藏建设较为完备,尤其是中文数据库采购较为全面。各省图书馆均建有自身的特色馆藏,具有浓厚的地域特色,甚至多数馆的特色数据库多达十几个,建设状况较好。

(2)市级图书馆

市级图书馆方面,相较于各省级图书馆则逊色很多,其中省会城市的图书馆略好于非省会城市。笔者分别对长春市、石家庄市、南京市、济南市、成都市、广州市、西安市、西宁市 8 个省会城市和保定市、重庆市 2 个非省会城市的市级图书馆的数字馆藏建设情况,进行网络调研统计,详见表 2.2。

表 2.2　十个市级图书馆数字馆藏统计表

图书馆名称	长春市图书馆	石家庄市图书馆	南京市图书馆	济南市图书馆	成都市图书馆	广州图书馆	西安市图书馆	西宁市图书馆	保定市图书馆（暂无官网）	重庆市图书馆
中文数据库 1	√	√	√	×	√	√	√	×		√
2	△	√	√	√	×	×		×		√
3	√	√	√	×	√	√		×		√
4	√	×	×	×	×	√		×		×
5	√	√	×	×	√	√		√		√
6	√	×	×	×	×	×		√		×
7	√	×	×	×	×	×		×		×
8	√	√	×	√	√	√	√	×		√
9	√	√	√	×	×	×		×		√
10	√	√	△	×	×	△		×		×
11	√	√	△	×	×	△		×		×
12	√	×	△	×	×	×		×		√
13	√	√	√	×	√	×		×		×
14	△	√	△	×	×	×		×		√
15	△	×	√	×	×	×		×		×
16	△	×	√	×	×	×		×		×
17	△	×	√	×	×	×		×		×
18	×	√	×	×	×	×		×		×
19	×	√	×	×	×	×		×		×
20	×	×	√	√	×	×		√		√
21	×	×	√	×	×	△		×		×
22	×	×	√	×	×	×		×		√
23	×	×	√	×	×	×		×		×
24	×	×	×	×	×	×		×		√
25	×	×	√	×	×	×		×		×
26	×	×	△	×	×	×		×		√

图书馆名称		长春市图书馆	石家庄市图书馆	南京市图书馆	济南市图书馆	成都市图书馆	广州图书馆	西安市图书馆	西宁市图书馆	保定市图书馆（暂无官网）	重庆市图书馆
中文数据库	27	×	×	△	×	×	√		×		×
	28	×	×	×	×	×	√		×		×
外文数据库	29	×	×	√	×	×	×		×		×
	30	×	×	√	×	×	×		×		×
	31	×	×	√	×	×	×		×		×
	32	×	×	√	×	×	×		×		×
	33	×	×	√	×	×	×		×		×
	34	×	×	√	×	×	×		×		×

备注：其中√是引进标识，×是未引进标识，△是试用标识。

1 代表中国知识资源总库；2 代表维普数据库；3 代表万方数据库；4 代表人大复印资料；5 代表超星数字图书馆；6 代表百链云图书馆学术搜索；7 代表汇雅电子图书；8 代表方正 Apabi 电子图书；9 代表慧科数据库；10 代表新东方多媒体学习库；11 代表爱迪科森数据库；12 代表库客（KUKE）数字音乐图书馆；13 代表国研网；14 代表知识视界；15 代表北大法意；16 代表博看网畅销期刊数据库；17 代表全球产品样本数据库（GPD）；18 代表全国文化信息资源共享工程；19 代表天方有声数字图书馆；20 代表龙源电子期刊；21 代表中华连环画数字阅览室；22 代表中宏数据库；23 代表瀚堂数据库；24 代表中国大百科全书；25 代表中国对外经贸数据库；26 代表全国报刊索引数据库；27 代表 E 线图情数据库；28 代表软件通数据；29 代表 Encyclopedia Britannica；30 代表 EI；31 代表 eLibrary；32 代表 UMI 博士论文；33 代表 Chemical Abstracts；34 代表 ProQuest。

数字馆藏的使用者主要是通过网络访问获得所需资料，而保定市图书馆尚未开通官网，这在很大程度上限制了该图书馆数字馆藏的建设和服务。通过其他市级图书馆的数字馆藏建设情况比较，可以发现数字馆藏的建设水平与地区经济发展有着较大的关联,比如像西宁这样经济发展相对不够繁荣的城市,图书馆的建设也会受到一定影响。对于外文数据库,除南京市图书馆引进了 7 个外文数据库,长春市图书馆有 1 个正在试用的外文数据库外,其他的市级图书馆几乎没有引进外文数据库。此外,各市级图书馆拥有自建数据库的也比较少,即特色馆藏的建设情况还比较欠缺。其中,长春市图书馆建有百年长春资源库、伪满十四年史料资源库、长影影片、人物资源库、长春老照片资源库、长春老字号资源库、知识讲座库、汽车专题、吉林地方法律法规全文数据库、吉林第一资源库、东北地方文献索引数据库、长春院士库、纪念抗日战争胜利 60 周年专题资源库、东北二人转专集库、萨满文化专题数据等具有浓郁东北特色的专题库;南京市图书馆建有红色记忆、百年商标、老商标老广告数据库、江苏文化数据库、100 位新中国成立以来感动中国人物、100 位为新中国成立作出突出贡献的英雄模范人物、江苏省五星工程数据库、地方文献视频资源、抗日战争历史图等地方文献特色库;广州图书馆建有广州地方文献书目数据库、广州人物数据库、广东历史文献书目数据库和粤睇粤精彩特色数据库;其他市级图书馆的特色数据库较少,很多尚且没有。每个城市都有自己的地域特色或经济特色,每个城市也都拥有自己的特色资源。特色数据库的建设,不仅能够丰富本馆馆藏资源,吸引更多的读者,同时还能够宣传地方文化和特色,与地方文化和城市的经济发展相辅相成。总体来说,各市级图书馆能够重视虚拟馆藏的建设、开发和维护,注重中文数据库的引进采购,但在外文数据库和特色数据库等方面还有待进一步加强和完善。

2.1.2.3　高校图书馆数字馆藏建设状况

（1）中国高等教育文献保障体系

随着网络技术的迅速发展,中国高等教育文献保障体系(简称CALIS)越来越多的关注于数字馆藏的建设。CALIS 一方面加大对电子出版物的选购力度,引进数字化的馆藏完善馆藏体系;另一方面在自建数据库方面取得阶段性突破,组织成员馆共同建设了联合目录数据库、中文现刊目次库、学位论文文摘库等数据库。此外,CALIS 还大力支持系统内的数十家图书馆依据本馆特色开展网络数据库的开发和建设,逐渐把有特色的数字馆藏连接起来,建成各类专题数字资源库。目前 CALIS 重点学科专题数据库包括 24 家成员馆建成的 25 个重点学科专题数据库,数据量已达 280 万条以上,并通过因特网进行服务,实现资源共享①。具体来看,有的图书馆将馆藏特色资源进行了数字化,形成了数据库;有的对某几个学科进行归纳、汇总,形成学科专题库;有的则详细对某些专题进行揭示等等。这些建成的数据库形式丰富多样,内容翔实丰富,既包括文字、图片、音频、视频,又包括中外文图书、会议、论文、事实型数据等,并通过个性化界面提供全文检索或定向检索功能,弥补了传统馆藏的不足。

为了进一步把握数字馆藏建设情况,CALIS 曾针对系统内的学位论文数据库和教学参考数据库的数字馆藏建设情况进行调查。

①学位论文数据库建设情况

学位论文数据库的建设是 CALIS 建设的重点之一,目前的提交量已达到 10 余万条。由于学位论文价值高、创新性较强,读者的使用需求不断增高。CALIS 将在现有建设的基础上进一步加大建设力度,实现硕博论文资源的更广泛共享。就目前的调研结果显示,CALIS 成员馆中有 29 家开展了学位论文全文数据库的筹备和建设工作,其中 13 家来自联盟理事馆;全文数据主要采用 WORD 和 PDF 格式保存,也有个别学校采用 JPG 格式和 DJVU 格式。目前 CALIS 系统内,各高校的建设水平不太一样,北京大学、清华大学和西安交通大学图书馆数据库建设规模较大,有超过 5000 条的全文数据,其中北京大学和西安交通大学图书馆的学位论文数据库系统是开放的,读者可以检索到摘要级,其他学校的学位论文系统有的要进行用户认证,有的通过 IP 限制访问;已经具有学位论文数据库提交系统的学校有 11 个,其中北京大学、清华大学等图书馆的系统已比较成熟,不仅具有学位论文提交系

① 姚晓霞,陈凌,王小梅. CALIS 成员馆数字图书馆建设现状调查[J]. 大学图书馆学报,2003(3):21 – 25

统,而且同时开发了学位论文检索系统,并考虑了学位论文的编目、校验、统计,设计了学位论文管理系统;不过,对于学位论文的版权问题,各个学校还没有很好的解决方案①。

为了尽可能科学的规范数字图书馆建设,CALIS 还于 2002 年召开了"高校学位论文全文数据库建设工作研讨会",目的就是加强对论文全文数据库的认识,在统一建库的标准下,实现共建共享。之后,大会发布了《高校学位论文全文数据库建设参考》,为系统内各大高校建设论文数据库提供参考,以推动数字化学位论文的进程。

②教学参考数据库建设情况

教学参考数据库对各高校的基础课、专业课的教学有着非常重要的辅助支持作用,因此,也得到了 CALIS 的重视,将其作为建设重点予以论证。调研结果显示,目前 14 所高校图书馆已建有一定规模的教学参考数据库,另有若干学校开始筹备建设。中国人民大学图书馆在1996 年就开始规划教学参考数据库的建设,北京大学图书馆于 1999年开始建设,其他高校也在近几年加快步伐进行教学参考数据库的建设。这些学校的教学参考书书目数据量共有 4950 条,全文数据有 510条,对于教学参考书数据库系统,有 2 所图书馆使用方正 Apabi 系统,有 3 所图书馆采用快藏公司的 DIPS 系统,7 所图书馆使用 TRS 全文数据库进行二次开发;选择 DC 做元数据的有 3 家,选择 MARC 作为教参元数据进行著录的有 5 家;对于全文,一般采用 WORD 和 PDF 格式;针对版权问题,不同高校有各自差异化的解决办法,有的是征询教师同意,有的是部分解决版权,有的是与专业公司合作全面解决等。目前在主页上有教学参考书项目链接的图书馆有上海交通大学、复旦大学和厦门大学,其中复旦大学图书馆的检索系统可以对外提供服务,非校园网用户可以浏览到书目②。

多年来,CALIS 一直关注并实践于图书馆数字馆藏的建设,将越

---

① 姚晓霞,陈凌,王小梅. CALIS 成员馆数字图书馆建设现状调查[J]. 大学图书馆学报,2003(3):21 - 25.

② 同上

来越多的特色资源进行数字化,让更多地读者有机会发现、使用和共享。其建设的成果是非常丰富的,并仍然在不断地扩充和完善中,但是传播过程中的版权问题,以及资源的建设质量及共享问题,已然成为制约此项工程的重要方面。这也导致了各馆建设的学位论文库、教参数据库,多是小范围传播检索,往往需要 IP 或账号限制,不能做到完全的开放,无法达到共享。泛在环境下,这些问题的解决,显得尤为重要。

(2)地方高校图书馆数字馆藏建设现状(以湖南、山东为例)

湖南省多数高校十分重视购买数字资源库,购买数据库最多的高校为中南大学、湖南大学、湘潭大学和 CALIS 的一些成员馆等。数据库既有中文的,也包括外文的;既有全文数据库,也包括文摘数据库;既有电子图书,也包括电子期刊。而且,湖南大学、中南大学在内的十余所高校均已建设了自己的特色馆藏数据库。就学术导航情况而言,目前有 16 所高校建立导航列表,占总数的 84.2%[①],其中还有部分高校依据自身馆藏特点,建成了专题的导航系统,如中南大学医学图书馆建立了生物学资源导航系统,非常有代表性。

① 谭芳兰,江小云,蒋福兰.湖南省高校图书馆虚拟馆藏建设调查与分析[J].新世纪图书馆,2006(1):63 – 66.

表 2.3　湖南部分高校数字馆藏建设情况①

图书馆名称	中文数据库						外文数据库				自建数据库
	知网	维普	万方	人大复印	超星	书生	Springer	Elesevier	World-SciNe	Kluwer	
中南大学	√	√	√	√	√	□	√	√	√	√	有色金属、中国楹联、博硕士论文全文、重点学科导航库
中南大学医学图书馆	√	√	√	×	√	×	√	√	√	√	学位论文、湘雅文库、湘雅医学信息、英语学习库
湖南大学图书馆	√	√	√	√	√	√	√	√	√	√	书院文化数据库、湖南大学图书馆资源整合门户、金融文献数据库、湖南人物库、学术论文数据库、重点学科导航数据库

　　① 谭芳兰,江小云,蒋福兰.湖南省高校图书馆虚拟馆藏建设调查与分析[J].新世纪图书馆,2006(1):63-66.

续表

图书馆名称	中文数据库						外文数据库				自建数据库
	知网	维普	万方	人大复印	超星	书生	Springer	Elesevier	World–SciNe	Kluwer	
湖南师范大学图书馆	√	√	×	√	√	×	√	□	√	√	无
湘潭大学图书馆	√	√	√	√	√	×	√	×	√	√	湘大人文库、研究生论文数据库、毛泽东思想文献信息中心、校内学位论文服务系统、随书光盘检索系统
湖南农业大学图书馆	√	√	√	√	√	√	√	×	√	×	湖南农业大学硕博论文数据库
南华大学图书馆	√	√	√	√	√	×	√	×	√	×	随书光盘压缩库(暂为空链)

图书馆名称	中文数据库						外文数据库				自建数据库
	知网	维普	万方	人大复印	超星	书生	Springer	Elesevier	World–SciNe	Kluwer	
吉首大学	√	√	√	×	√	×	×	×	×	×	民族文化博物馆、沈从文文献资料中心、民族地方文献信息中心
中南林学院图书馆	√	√	×	√	√	√	√	×	×	×	无
株洲工学院图书馆	√	×	√	√	√	×	×	×	×	×	无
衡阳师范学院图书馆	√	×	×	√	√	×	×	×	×	×	无
湖南广播电视大学图书馆	√	×	×	×	×	×	×	×	×	×	无

续表

图书馆名称	中文数据库						外文数据库				自建数据库
	知网	维普	万方	人大复印	超星	书生	Springer	Elesevier	World–SciNe	Kluwer	
湖南工学院图书馆	√	×	×	×	×	×	×	×	×	×	教师论文数据库、学生优秀论文数据库等
湖南科技职院图书馆	√	×	×	×	×	×	×	×	×	×	无
湖南生物机电职院图书馆	√	√	√	×	×	√	×	×	×	×	中心书库、视频点播
怀化学院图书馆	√	×	×	√	√	×	×	×	×	×	光盘数据库、网上书店等
长沙学院图书馆	√	√	×	√	√	√	√	×	×	×	无

34

图书馆名称	中文数据库						外文数据库				自建数据库
	知网	维普	万方	人大复印	超星	书生	Springer	Elesevier	World-SciNe	Kluwer	
湖南冶金职院图书馆	√	×	×	×	√	×	×	×	×	×	无
常德职院图书馆	×	□	√	□	×	√	×	×	×	×	无

注:√是引进标识,×是未引进标识,□是试用标识。

再以山东省高校图书馆的特色馆藏建设为例,韦忠明对其进行了调研,具体情况见下表2.4。

表2.4 山东各高校图书馆的特色数字馆藏内容①

中国海洋大学	数字海洋生物博物馆、海洋文献数据库、海洋文库、海大博硕论文库
聊城大学	随书光盘磁带数据库、院系资料室文献统一检索数据库、研究生论文数据库、馆藏古籍书目数据库、运河文化研究数据库

---

① 韦忠明.山东省高校图书馆特色馆藏建设现状及对策[J].图书馆学刊,2010(4):65－66.

续表

曲阜师范大学	古籍书目数据库、曲师大硕博论文网、解放前期刊、多媒体光盘、孔鲁文献、日照文献书目检索、高校公共教学素材资源库
鲁东大学	硕士学位论文库、教师文库、艺术多媒体库、教学参考书库、随书光盘、外文原版期刊篇名数据库
青岛农业大学	学位论文数据库、外文期刊目次数据库、随书光盘数据库、公共资源(Access)检索平台、教师成果数据库、植物源农药数据库、克隆牛数据库
山东大学	学位论文、古籍数据库、随书光盘/音视频资料、馆藏目录
山东轻工业学院	随书光盘查询系统、食品信息数据库、山东轻工特种文献数据库
滨州医学院	眼科数据库、神经解剖数据库、呼吸循环数据库
济宁医学院	生物医学期刊联合目录、高等医学教育专题数据库、馆藏书目数据库
临沂师范学院	外语学习视频资源库、电子文献资源库、在线电影、电视剧视频库、优秀学士论文数据库、地方文献资料中心
山东警察学院	中文警学期刊数据库、英文警学期刊数据库、专题多媒体数据库
山东建筑大学	硕士论文库、优秀本科生论文库、网上报告厅
山东大学(威海)	学位论文、多媒体论文数据库、开放存取资源
泰山学院	学生优秀毕业论文数据库、泰山文献室、泰山文化名人数据库、泰山封禅数据库、万里图书馆、本校教师专著
泰山医学院	随书光盘数据库、视听资料数据库
枣庄学院	毛泽东文化收藏纪念馆

调研表明,湖南省多数高校均建数字馆藏,中文数据库较外文数据库建设更为普及;其中中南大学、湖南大学、湘潭大学、中南大学医学部、湖南师范大学、湖南农业大学、南华大学等院校的中外文数据库建设更为全面和丰富。部分馆建有自己的特色数据库,即自建数据库;但这些数据主要集中在学位论文、随书光盘、学科导航等较为大众的方面,只有中南大学、湖南大学、吉首大学建有本馆特藏的主题资源库,总体来说,这类特色鲜明的自建主题资源库数量较少,有待进一步地深入开发和建设。山东省大多数高校已经开始建设本馆的特色数字馆藏,并将其列为重点建设的内容之一。例如中国海洋大学、山东警察学院、聊城大学等高校的特色馆藏建设已初具规模,这些高校的特色馆藏多数具有很强的独创性,反映了学校的学科背景和地域特色。调研还发现,湖南省和山东省高校图书馆在建设过程中主要存在经费、数字馆藏建设的标准和规范,以及特色资源的深度开发等问题。

此外,广东省部分独立学院图书馆在数字馆藏发展过程中,表现出较大的不同和差异。据统计数据显示,广东各独立学院图书馆数字馆藏的建设速度和规模均小于其传统馆藏的建设速度,这与学校重视程度、经费等有很大关系。地方高校图书馆数字馆藏建设虽然已经取得了很大的进步,但具体建设程度与学校的规模和发展程度有很大关系。大部分高校馆采购有数字资源,部分图书馆建有自己的特色馆藏库,建设和发展速度在不断提升,但是建设的质量和建设的标准和规范问题、经费问题仍是现阶段的主要问题。待这一基本问题解决后,后续也将面临 CALIS 建设同样的问题和困难,即开放和共享等问题。

(3)"211 工程"高校图书馆数字馆藏建设调查研究

"211 工程"高校在全国有一百多所,是高校系统中无论规模还是质量都比较好的学校,可谓高校中的佼佼者。这些高校的图书馆无论在经费还是人员投入等各方面都更加充裕,发展也更好。目前,这些高校图书馆都建设有数字馆藏,而且无论是中文数据库还是外文数据库都有一定涉及,多数还建有自己的特色馆藏数据库。据胡越慧 2010 年的统计显示①,建有特色馆藏的高校图书馆共有 69 所,约占 64.49%。特色馆藏的数量总共有 500 个,北京大学图书馆特色馆藏数量最多,资源丰富,有"报纸热点"、"北京历史地理"、"北大讲座"、"古文献资源库"、"李政道图书馆"、"马氏专藏"等 23 个;之后依次是中国科学技术大学图书馆、北京化工大学图书馆、东北师范大学图书馆、吉林大学图书馆、重庆大学图书馆、东北林业大学图书馆、四川大学图书馆、中国农业大学图书馆、北京师范大学图书馆、中央音乐学院图书馆等。在数字馆藏内容的建设方面,这些高校图书馆多会根据自己学校的学科、专业设置,相应地配置和协调不同学科、不同内容的资源。相较而言,"211 工程"高校图书馆的数字馆藏建设较其他高校更加丰富和完善。

2.1.3 数字馆藏建设现状分析

无论是国家图书馆、各省市公共图书馆,还是高校图书馆,都已经充分认识到数字馆藏建设的重要性,也在逐步开展本馆的数字馆藏建设,并初具规模。但综合分析,普遍存在着有限的经费与不断增长的数字资源之间的矛盾;建设内容过于集中、重复,内容揭示不够深入;建设方式和手段有待提高;建设标准和规范不够统一;建设的安全性和版权保护不足等问题。

(1)经费问题

虽然国家以及各部门不断加大数字馆藏的资金投入,但相较于数字化的海量信息以及不断上涨的数据库价格而言,仍是捉襟见肘。而对于自建的数字馆藏,无论是设备、软件、开发,还是管理等各方面都需要资金的支持,经费因素已然成为图书馆数字馆藏建设的一个重要影响因素。资金保障充足,才能保证数字资源建设的质量和数量,否则都只是空谈。

---

① 胡越慧.高校图书馆特色馆藏建设现状调查分析[J].图书馆理论与实践,2011(5):32－35.

（2）数字馆藏建设内容重复，有待深层次开发

目前，各馆的数字馆藏建设内容多为馆藏书目数据库、随书光盘、学位论文、教师论著，以及购买的中国知识资源总库、万方数据资源系统、中文科技期刊数据库（维普）等，各馆之间缺少资源统筹协调，导致各馆购置资源的重复；而有些馆自建的学位论文库，又与中国知识资源总库或者万方数据资源系统、中文科技期刊数据库中的硕博论文库里面的内容有部分重复。此外，很多数据库对资源内容的揭示不够深入，尤其是一些自建数据库，多是对馆藏特色文献进行数字化扫描和简单标引，对其外部特征进行描述，缺少知识层面的挖掘和整理。

（3）数字馆藏建设方式和手段有待提高

数字馆藏的开发与建设，急需融入新的技术手段和方法。比如，应用 Wiki 技术自建数字馆藏，可以由多个人进行编写并发布在网络上，搭建一个开放的网络平台，为群体知识共享提供机会。应用"网摘"技术处理数字资源，构建一种新的信息共享平台。用户可以在此查找自己所需的信息，还能同与自己有相同信息需求的读者进行交流、分享彼此收藏的信息。如果将"网摘"服务与标签技术结合，还可以使读者为自己的收藏添加关键词批注，便于日后共享。总之，新的信息环境下，图书馆的数字馆藏建设可借鉴和使用的新技术、新方法也越来越多样。

（4）数字馆藏建设的标准规范

图书馆进行数字馆藏建设过程中，虽有一些标准规范陆续出台，但实际应用却不尽如人意。一方面，各标准规范之间尚不能统一，同一个问题也会出现不同的规范，比如 CALIS 与国家图书馆的编目规范就有一些差异，各数据库商更是以各自的标准为准则，不尽相同。另一方面，有些馆在自建数据库的过程中，往往自建元数据和著录规范等内容，以至于各馆与各馆不同，各数据库间也不遵循统一的标准和规范，为共建共享带来了很大的困难。

（5）数字馆藏建设的安全隐患

目前，信息环境安全不容乐观，互联网上的犯罪案件层出不穷。

由于数字图书馆一般不涉及国家机密,因此,很多管理人员会对数字馆藏的信息安全问题放松警惕。多数图书馆在建设数字馆藏时都存在不够重视、管理制度不健全、技术素养难以跟上信息通讯的发展等问题,如不及时解决很可能出现安全隐患的突发情况。此外,数字馆藏建设过程中也面临着一定的计算机病毒威胁,尤其是一些网络病毒。计算机网络病毒破坏性强、传播速度较快,有时会造成服务器的运行速度变慢、数据损坏,甚至系统瘫痪等。信息安全、网络安全,一直是图书馆数字馆藏建设过程中需要解决的重要问题,而且随着信息的泛在,这种考验将越来越严峻。

(6)图书馆数字馆藏建设的版权问题

版权问题是数字资源、数字馆藏建设过程中,不可逾越的一个问题。数字馆藏建设的构成主要是两部分:一部分是直接的数字出版;另外更主要的一部分是原有纸质馆藏的数字化扫描、加工和处理。直接的数字出版是近些年发展起来的出版方式,并在逐渐发展兴盛;与此同时,就需要建立和完善与之相应的法律政策。关于纸质馆藏的数字化扫描、加工、处理行为,国内外有较大的争论,即演绎论和复制论。经过长时间的理论探讨,我国知识产权界普遍将其性质定义为复制。所以图书馆馆藏资源数字化活动是一种复制行为,适用于我国相关法律中关于复制行为的有关规定。即便如此,数字馆藏建设过程中,仍有一些知识产权问题有待商榷有待解决。

2.2 图书馆数字馆藏服务状况调查分析

2.2.1 图书馆数字馆藏服务状况概述

图书馆服务是图书馆的基本宗旨,是贯穿图书馆发展的主线。图书馆数字馆藏建设的最终目标是为用户提供服务。数字馆藏服务相较于传统服务有着很多的优势:首先,服务的范围更加广泛,已不仅仅局限于到馆的用户,而是可以延伸至有计算机终端并连接网络的远程用户,突破了时间、空间的限制。其次,服务内容数字化、多样化,不再局限于本馆收藏的纸质文献,而是多数以数字化形式传递获取,且内容也更加丰富多样,既有已购买的馆藏文献,又有通过网络远程访问的音频、视频等多媒体资源以及其他各类型数字资源。另外,服务的手段也有了很大的进步,通过网络可实现学科导航、资源的宣传和推广、参考咨询和培训教育,以及资源的传递、共享等。比如,文献传递服务的开展,用户只需网络查询后提交申请,就可通过邮件等方式获取文献内容。诸多优势,使得数字馆藏及服务越来越受到用户的青睐,在图书馆所占的比重也越来越大,并在很多图书馆占据主体地位。

数字馆藏服务相较于传统服务而言,不仅扩大了服务的内容,同时具体的服务功能也得以增强。具体而言,数字馆藏服务的内容有这样几个方面:检索服务,用户访问数字馆藏的基本操作就是馆藏检索。其中馆藏既包括馆藏书目数据,也包括各种数据库、本地镜像资源以及加工整理后的学术导航。用户教育和培训,是数字馆藏服务的重要环节,它在很大程度上决定着用户对数字馆藏的熟知、使用状况,决定着数字馆藏的服务绩效。数字馆藏环境下,不仅可以提供用户到馆的培训教育,还可以提供网络远程培训和在线学习等多种形式的教育培训环境和方式。参考咨询服务,一直以来都是图书馆服务的重要方面和内容。数字馆藏环境下的参考咨询服务功能更加强大,形式更加多样,内容更丰富,而且基于网络的交互式服务,更增强了时效性。用户既可以通过邮件、BBS或论坛等方式咨询,还可以通过专业的网络咨询平台以及QQ等即时在线咨询工具进行咨询。其中,专业度较高的代查代检服务,更是可以直接提供数字化的资源,无论是检索还是传递给用户的方式都更加便捷。资源推介,融入了现代信息技术和网络平台的数字馆藏的推介,可以更有针对性。针对用户的需求,采用邮件推送、网页报送、资源介绍等多种方式为用户提供更优质的定题服务和专题服务。此外,随着平板电脑、手机以及各种移动终端设备的日新月异,数字馆藏的新媒体服务也受到更多用户的青睐,尤其是一些年轻用户的喜欢,比如,移动服务、掌上服务、流媒体服务等。总之,新理念、新技术、新内容,使得数字馆藏服务的内容也更加丰富多样。

2.2.2 数字馆藏服务状况调查

目前,国家图书馆、各省市级公共图书馆以及高校图书馆,基本在互联网上都有自己的站点,通过官方网站为用户提供数字馆藏服务。从各图书馆网站的统计来看,多数图书馆已开通了用户教育、参考咨询、代查代检、资源推介等服务,有些馆还开通了移动服务、掌上服务等多种新媒体的服务内容和模式。具体每一项服务内容又有很多种的开展方式和方面,效果也不尽相同。

就用户教育而言,以国家图书馆开展的"学术讲座"最具代表,其内容丰富,所请讲座教师也多是学术界各领域的专家学者;到场的听众来自不同区域、不同单位,覆盖面比较广泛,听众对讲座的反响也较好;自开展以来,业界口碑较好,已经逐渐形成了自己的品牌。其次,各公共图书馆当中,用户教育则要稍微逊色。少数省级图书馆陆续有一些带有时代和地域特色的讲座培训,比如上海图书馆;但大多数省级和市级图书馆都没有开展讲座培训等用户教育,其中个别网站标注有讲座培训栏目,但实际落实却不尽如人意。在用户教育方面,做得相对比较好,开展比较广泛的是高校图书馆。各高校几乎都要进行最基本的新生教育,还有很多高校开展多种形式的专题讲座。具体情况可见表2.5。

表2.5 用户教育调研统计表

学校	教育形式	内容
北京大学	一小时讲座	电子资源检索讲座、各类型资源的检索利用等
浙江大学	一小时培训	专题性资源讲座,比如医学专题、农生环学科专题等
中山大学	一小时讲座	资源讲座,面向院系的学科专场讲座
四川大学	培训讲座	图书馆资源与服务专题讲座
武汉大学	培训讲座	资源讲座之外,还有专门的讲座和培训视频
广西大学	专题讲座	本馆资源及服务讲座

学校	教育形式	内容
贵州大学	一小时讲座	图书馆资源与服务专题讲座
国防科技大学	一小时讲座	资源专题讲座,SAGE 学术出版及科研成果辅助,个人论著被文献数据库收录及被引用情况检索等
华南师范大学	读者培训	电子资源利用培训等
华中农业大学	培训讲座	数据库使用,论文被 SCI 等数据库收录和被引用次数的检索方法等
华中师范大学	读者培训	读者以班级或者系为单位到图书馆请求预约讲座
暨南大学	读者培训	专题讲座并支持网络课堂
南京师范大学	读者培训	办公软件、图书馆资源与服务等
山东大学	一小时讲座	电子资源与服务等
武汉理工大学	一小时培训	每周四下午进行,具体培训内容没有
电子科技大学	读者培训	支持在线培训
西北工业大学	培训讲座	读者可以根据需要自行预约,满 20 人开讲
云南大学	新生培训	采用视频的形式
郑州大学	资源讲座	数据库讲座
中国地质大学	培训讲座	本科生专场、教师专场、研究生入学培训等

参考咨询方面,无论是国家图书馆、各省市级公共图书馆,还是高校图书馆均有开展,已属于图书馆的基本服务,但各馆开展、落实的层次和水平却不尽相同。其中,多数图书馆都可以做到到馆咨询、网络咨询、邮件咨询等方式,部分馆也实现即时在线咨询、专业咨询平台咨询,基本可以解决用户在使用图书馆过程中遇到的问题。相对来说,专业度要求更高的代查代检服务,落实的差距则更大一些:拥有查新站和查新资格的图书馆要好很多,无论是请求查新的数量,还是最终完成的质量都要更好些;而其他图书馆的开展情况则各不相同,有些

图书馆可能一年没有一个申请,有些图书馆可能虽有申请但限于人力和资源有限也不能高质量完成。在资源推介方面,高校图书馆开展的更丰富多样一些,既有资源介绍的资料免费发放,还有专题、定题的邮件推送,部分馆还会组织知识竞赛、"淘宝"以及读书月等多种宣传活动。目前,移动服务和掌上服务,已经在一些图书馆陆续开展,其中国家图书馆的"掌上国图",可以提供数字图书馆、短信服务、手机阅读、国图漫游等功能;清华大学的"移动数字图书馆",可支持广大师生随时随地通过手机、以 WAP 网站或短信的方式利用图书馆资源和服务,包括数据库资源的检索、下载以及馆藏书目的查询、预约等功能;其他图书馆也纷纷对移动图书馆跃跃欲试,希望借鉴最新移动通信技术更好地提供数字馆藏服务。

2.2.3 数字馆藏服务状况分析

国家图书馆、公共图书馆、高校图书馆都已经开展了一定的数字馆藏服务,也取得了一定的进展,而且很多数字馆藏服务内容都已经得到了普及。但是,随着数字时代的到来,以数字化、网络化为特征的信息资源以及信息服务机构、网络搜索引擎的不断涌现,使图书馆的数字馆藏服务工作面临前所未有的压力。

(1)数字馆藏服务理念的转变

虽然相较于传统图书馆服务,数字馆藏服务已经不再局限于时间、空间的限制,具有了更高的服务性和开放性,但是随着数字化、网络化以及信息泛在化的不断深入,数字馆藏服务仍需要向更加自由、开放的状态过渡,数字馆藏的服务主体也应由以资源为中心转向以读者为中心、以体验为中心。因此,数字馆藏服务理念的转变极为重要,以提供有针对性的主动服务为重点,将图书馆数字馆藏的主动服务作为图书馆工作的主线。

(2)数字馆藏服务层次欠深入

目前,图书馆数字馆藏服务的内容和形式仍较为单一、浅层,例如,高校图书馆的用户教育,虽然开展范围和规模已有很大进步,但整体而言,缺乏统筹的规划和安排,缺乏分步骤、分阶段、分层次的初级教育、跟进教育、递进教育等阶梯式教育培训;参考咨询方面,也多是简单的咨询问题给予回复,缺乏对用户的整体分析,通过问题发现用户的关注点,从而有针对性地开展专题推送、定题跟踪服务等。图书馆还可以与其他图书馆合作,开展联合参考咨询服务,使本馆的特色数字馆藏价值得到最大程度的发挥。数字馆藏服务应充分利用信息技术的发展,开发类似数字信箱、学习平台等双向互动栏目,更多地借助移动终端产品,开发移动服务功能,方便学习者随时随地利用移动数字馆藏进行自主学习。

(3)数字馆藏服务团队建设需进一步加强

信息技术的快速发展,以及泛在信息社会理念的深入,使得用户对图书馆数字馆藏服务有了更高期望,希望图书馆的数字馆藏服务能更加的便捷和专业化,这就对图书馆员提出了更高的要求,需要图书馆员充分利用新技术提供更加具有专业度的知识服务。对图书馆的数字馆藏服务团队建设提出更高要求,在服务态度、服务方式等基础上更要求专业素养和专业水平、专业技能。

(4)数字馆藏服务策略有待开发

图书馆现有的数字馆藏服务内容和方式,在多数图书馆已逐渐开展,但效果却不尽相同,多数情况不尽如人意,这就需要图书馆反思自身服务策略和服务方式,甚至在数字馆藏建设过程中就要更多地去关注后续的服务,从而更有针对性地开展数字馆藏建设。同时,图书馆还需要开发多种服务方式、服务策略,将馆藏资源传递出去。

(5)数字馆藏服务的技术手段需不断改进更新

信息技术、通讯技术等各种技术的不断进步,也为图书馆数字馆藏服务提供了更多的选择。图书馆应充分利用这些先进的技术手段,比如,利用 Blog 和 IM 开展交流互动,提升参考咨询水平;利用 Toolbar 提供资源访问,将此工具条安装在浏览器上,读者可以直接单击按钮进入到资源页面,获取电子图书或者期刊的内容,而无须再通过图书馆主页来获取。Tag 技术是一种分类导航组织技术,可以针对不同学科,依据不同的使用目的来进行处理。它使得资源组织变得更加方便,数字馆藏的设计建设者只需要单击鼠标就可以补充新内容,再通过标签的标记可以将数字资源归类并进行描述。图书馆数字馆藏服务可以充分利用这些先进的技术,不断提升服务品质。

(6)数字馆藏服务机制有待完善

目前,各图书馆都在努力探索数字馆藏的服务内容、模式、技术层面的问题,与此同时,数字馆藏的服务机制则有待同行付出更多努力来完善,从而形成系统性的有指导意义的服务机制,使各图书馆有章可循,更好地开展工作。比如,高校图书馆普遍采用的学科馆员制度,很多高校图书馆都在开展学科馆员服务,也在不断探索学科馆员服务的方式、方法,但全今仍没有统一的制度、机制对这一服务形式做出很好的界定和指导。随着这种服务方式的不断改进和完善,数字馆藏服务的机制问题也有待更进一步的发展完善。

2.3 泛在信息社会图书馆数字馆藏价值的体现方式

泛在信息社会是一个渐近的、信息化不断增加的过程。它将随着信息技术的不断革新、发展而向前推进。在泛在信息社会中,人们将能够更加简单、更加便捷、更加快速的,随时随地获取各种信息。信息的无处不在和及时获取,在泛在信息社会将得以实现。这种情况下,图书馆的数字馆藏意义何在,价值何在;已设的如此众多的数字馆藏将何去何从? 泛在信息社会图书馆数字馆藏的价值及实现,引起业界诸多的讨论和关注。

2.3.1 核心价值

(1)创新性

创新性是图书馆馆藏的核心价值。泛在信息社会,数字馆藏将成为图书馆馆藏的主体,其创新价值的体现只会更加明显。图书馆数字馆藏是大量创新成果的集合,无论社会环境、信息环境如何改变,这一点都毋庸置疑。而这也是学习型用户、科研型用户最需要最关注的,是他们开展学习、科研、工作的基础。选购、建设数字馆藏首先需要衡量的应是资源的创新价值,这直接决定了数字馆藏的生命力。当然,对于图书馆数字馆藏的价值体现,还与馆藏的服务有很大的关系。数字馆藏必须具备创新价值,能够满足社会需要、读者需求,并且能够以便捷的载体传播,才能更好地适应泛在信息社会的要求。

（2）专业性

近年来,Google、百度等搜索引擎正在发展壮大,已经成为用户获取信息的第一站,不断冲击着图书馆信息中心的地位。长期以来,图书馆是出版商、数据库商与用户、读者之间的中间环节,随着这些数据商直接进入用户市场,图书馆不再是资源的唯一拥有者和提供者;更有甚者,相较于百度、Google 的资金和实力,单独任何一个图书馆恐怕都是不能与之相抗衡的。数字技术、网络技术、智能技术领域的新方法、新技术大量充斥着图书馆领域。数字馆藏建设的技术也迎来了移动、互联、共享、实时的诸多挑战和考验。泛在信息社会,相关行业的渗入和竞争将更加激烈,图书馆数字馆藏与之相抗衡的核心竞争力应是其长期以来形成和坚守的"专业性"。这种"专业性",不仅体现在对文献信息资源的整合,对知识的深度挖掘,还体现在服务的专业度等方面。

（3）获取性

长期以来,图书馆数字馆藏可以为用户提供相关文献的全文,而百度和 Google 等搜索引擎虽然也可以检索到文献,但无法下载全文。这也一直是图书馆数字馆藏更受欢迎的重要原因。泛在环境下,这种可获取性依然是图书馆的重要优势,而且图书馆还应采用更多的新技术来开发数字馆藏,使得资源获取不再受时空的限制,检索方法也更加灵活和人性化。虽然 Google 一直试图建立强大的数字图书馆,但是囊括所有资源的目标,实现起来会有很大的难度和问题。图书馆数字馆藏的可下载、可获取等优势和价值依然存在。

（4）服务性

图书馆可以提供数字馆藏导航全文检索等内容,还会提供数字馆藏基础上的服务,包括代查代检、参考咨询、资源讲座等一系列辅助资源、辅助科研的活动。随着新的理念、新的技术的实施,这种服务的范围和形式还会更加多样,比如体验式服务、移动式服务等。这些服务的开展不仅依赖于数字馆藏,还依赖于专业的图书馆员以及图书馆的学习空间、舒适环境等软硬件设施和条件。泛在信息环境下,这种服务性会更加强大,技术手段更加先进,涉及范围更加广泛,服务的泛在化更加明显。

2.3.2 社会价值

2.3.2.1 从相关主体角度看数字馆藏的社会价值

（1）作者角度

图书馆数字馆藏的开发对于作者来讲,促进了其物质权利和精神权利的实现。因为数字馆藏的开发有助于作品更广泛的传播和检索使用,方便了更多人阅读和学习,有助于知识、思想的交流,更便于满足广大读者的阅读需求。对于作者而言,其思想和观点被更多的人熟知,可以从中获得应有的经济报酬和所带来的精神感受。所以,图书馆数字馆藏的建设极大地促进了作者的作品在更广阔的空间里传播,满足了作者生存的需求、对自我尊重的需求和对自我实现的需求。

（2）读者角度

读者,永远是图书馆的根本;读者的需求是图书馆一切工作的出发点和最终追求。图书馆通过数字馆藏的建设和开发来向读者提供服务,这个过程就体现了数字馆藏的价值。图书馆不仅可以向读者提供数字作品欣赏、信息内容检索等数字馆藏内容;同时,还可以提供更有针对性的个性化检索、定制内容推送、知识导航、实时参考咨询服务、读者交流互动、远程协助借阅等多种基于数字馆藏的信息服务。此外,还可以提供读者教育、远程教育等辅助资源,满足读者学习的诉求。总之,图书馆数字馆藏的开发利用在一定程度上帮助读者提高了生活质量和个人素质,最终为读者的全面发展和个人价值的实现提供途径。

（3）出版商角度

表面上看,图书馆开发数字资源侵占了出版商、数据库商的利益,他们可以绕开图书馆这个中间环节与搜索引擎或其他网络商直接合作。但是从另一个侧面来看,图书馆数字馆藏的开发和建设又给出版商带来了很多的便利和利益。图书馆作为文献资源的集散地,几千年来对资源的收集、整理和积淀,一方面是出版商开发、出版、发行新资源的文献基地;另一方面,图书馆作为一个中间环节,有助于出版商集中了解用户需求、解决版权等各种问题。所以,与图书馆结成合作伙伴,有针对性地进行出版发行,并适时地进行宣传,仍是出版商、数据商非常欢迎之事。

（4）网络运营商角度

图书馆开发数字馆藏会对网络运营商带来一定的经济效益和社会效益。图书馆作为文献资源的收藏者和集中者,可以直接与网络运营商开展合作。图书馆可以提供专业性资源整合、挖掘技术,通过运营商寻求建设过程中需要的硬件设备、支撑平台等方面的支持和保障。这样运营商不仅节省了资源和人力等相关费用,降低成本,还可保证资源建设的专业度,提高建设的质量。所以说,网络运营商参与图书馆数字馆藏的建设,不仅可以充分利用图书馆的丰富馆藏资源,还可以发挥网络运营商在资金、技术和采购规模上的优势,帮助网络运营商实现经济利益最大化。

2.3.2.2　从社会生活领域看数字馆藏的社会价值

图书馆进行数字馆藏建设具有巨大的社会价值,这种价值体现在经济、文化和法律等方面。首先,数字馆藏本身并不能直接带来经济效益,而是通过科学的手段将资源有序化,并传递到有关方面,通过它们将其转化为生产力,进而创造出经济价值。数字馆藏在这个过程中,进行精简化、标准化、专业化的加工,减少并剔除冗余资源、垃圾信息,提炼出最有应用价值的馆藏资源,例如图书馆自行开发的学科导航系统、各种资源的索引等。除此之外，图书馆利用自身的优质馆藏和专业的人才队伍，还可以进行科技查新、代查代检等活动。这些项目的开发也会在一定程度上凸显经济价值的体现，降低用户利用信息资源的时间成本。

其次，图书馆数字馆藏是为满足人们对于科学、文化知识的需求而进行的，具有很高的文化价值。这种文化价值不仅体现在馆藏资源所蕴含的文化价值，还体现在图书馆自身的文化氛围和文化情景。图书馆通过共建共享开发、宣传与教导等方式来提高馆藏信息资源的利用效率，尽可能地发挥数字馆藏的价值。例如 CALIS 就比较有代表性，通过联合国内各大院校图书馆，对数字资源进行整理、共同开发、协同共享，满足各方面对于数字信息资源的需求，实现其文化价值。与此同时，长期积淀过程中也会逐渐形成图书馆所特有的文化氛围，使读者对图书馆产生情感依赖。

此外，图书馆在开发、利用、传递数字馆藏过程中体现出来的平等、自由、包容的图书馆精神。这既是对读者的尊重，也是对法律面前资源平等的一种体现。图书馆数字资源服务作为读者和作品权利人之间的中介机构，本身就具有这种平衡的作用，是立法者不可忽略的中间环节，而数字图书馆信息资源开发利用更加促使了法的平等和正义精神的实现。在实际操作层面，我们也发现图书馆有必要对数字信息进行规范和整理，这样才可能使资源得到更大程度的普及和传播，实现更广泛的平等。

虽然图书馆在泛在信息环境下面临着很大的挑战，这种考验还将不断加剧；但图书馆并非一成不变的，而是一个在建设、发展的整体。各种外部环境和内在因素的改变，确实会对图书馆以及图书馆的数字馆藏建设和服务造成很大的冲击。图书馆只需在各个方面做出有针对性的调整和改变，适应新环境、新用户的需求，即面向泛在信息社会的图书馆数字馆藏建设、管理和利用，相信图书馆将会在新的泛在信息社会有更好的发展。

参考文献

［1］杜海云.我国数字馆藏建设与管理现状调查分析［J］.图书馆,2008（3）：66－68.

［2］董敏斐.传统馆藏、数字馆藏和虚拟馆藏一体化建设模式初探［J］.浙江万里学院学报,2006（1）：115－118.

［3］马文峰,韩芸.大学图书馆虚拟馆藏资源建设的现状及发展［J］.图书情报工作,2000（8）：24－27.

［4］李薇.高校数字馆藏建设与开发［J］.盐城工学院学报（社会科学版）,2002（4）：63－64.

［5］杨琼.高校图书馆数字资源建设与安全管理［J］.武汉理工大学学报,2010（8）：160－162.

［6］马越.基于Web2.0的数字馆藏建设与服务［J］.河南图书馆学刊,2010（5）：44－46.

［7］袁润.论高校图书馆数字馆藏建设的若干问题［J］.图书情报工作,2008（9）：106－109.

［8］刘卫利,王新卫,葛翠玲.数字馆藏建设中非技术因素影响研究［J］.图书与情报,2007（4）：89－91.

［9］许竹萍.对馆藏资源建设与读者服务的调查分析［J］.图书馆学研究,2005（6）：71－73.

［10］鄂丽君.高校图书馆特色馆藏建设的现状分析［J］.图书馆建设,2009（12）：19－23.

［11］杨慧.高校图书馆特色馆藏建设现状问题与建议［J］.农业图书情报学刊,2012（2）：45－48.

［12］付伟棠,黄雄平.广东省独立学院图书馆馆藏建设的现状及发展策略［J］.大学图书馆学报,2011（4）：116－121.

［13］易中梅.师范院校图书馆特色馆藏建设现状调查与分析［J］.情报探索,2009（7）：64－66.

［14］吴娟,李小霞.医学院校图书馆特色馆藏建设的现状分析与探索［J］.内蒙古科技与经济,2009（6）：142－143.

［15］徐大叶.馆藏数字化后高校图书馆读者服务工作的转变［J］.科技情报开发与经济,2007（12）：65－66.

[16] 王丽娟. 试论高校数字图书馆馆藏如何服务数字学习 [J]. 经济与社会发展, 2011 (12) : 193 - 196.

[17] 刘会英. 图书馆资源、核心价值与信息服务 [J]. 情报杂志, 2009 (28) : 306 - 307.

[18] 马海群, 严雯. 数字图书馆信息资源开发利用的社会价值与制约因素分析 [J]. 图书与情报, 2009 (1) ; 50 - 54.

[19] 赵英. 高效图书馆数字资源价值分析研究 [D]. 重庆 : 重庆大学, 2009.

[20] 陈慧鹏. 图书馆资源系统社会价值评估研究 [J]. 图书馆建设, 2011 (12) : 21 - 23.

[21] 赵珊珊. 图书馆基于信息资源的价值创造研究 [J]. 图书馆建设, 2011 (9) : 5 - 8.

[22] 谢丽娟. 中美高校图书馆信息服务比较研究 [D]. 曲阜 : 曲阜师范大学, 2009.

[23] 罗红彬. 高校图书馆信息服务创新研究 [D]. 咸阳 : 西北农林科技大学, 2006.

[24] 裴嫣珺. 高校图书馆智慧信息服务模式初探 [D]. 上海 : 华东师范大学, 2011.

[25] 王知津, 徐芳. 论信息服务十大走向 [J]. 中国图书馆学报, 2009 (1) : 52 - 58.

[26] 欧亮. 图书馆信息服务联盟的构建模式研究 [D]. 重庆 : 西南大学, 2011.

[27] 贺兰芳. 网络技术环境下图书馆信息服务策略 [J]. 图书情报工作, 2010 (1) : 162 - 165.

[28] 黄付艳. 信息文化环境下图书馆信息服务模式发展研究 [D]. 湘潭 : 湘潭大学, 2008.

3 面向泛在信息社会的数字馆藏建设内容

3.1 面向泛在信息社会的数字馆藏建设需求分析

3.1.1 泛在信息社会的图书馆服务环境

泛在信息社会是建立在智能网络、先进的计算技术以及数字技术基础设施之上而形成的技术社会形态①。在泛在信息社会中,用户可以在任何时间、任何地点,借助于可及的任何智能设备,个性化地利用任何所需的信息资源和信息服务。泛在信息社会所基于的智能网络,不但需要现有互联网借助于关联数据等技术的语义化和智能化,也需要借助于智能移动终端设备和移动互联网络的普及和充分发展,还需要借助于 RFID 等技术基础上的物联网的全面实施以及数字智能电视等类似设备和传感网络的深度实现。在智能互联网、移动互联网、智能物联网和传感网络的支持下,人与人、人与物、物与物都可以通过有线或无线网络连接起来,用户才可以借助于台式计算机、笔记本电脑、iPad、智能手机、数字智能电视等数字智能终端随时上网、随地上网,实现任何时间、任何地点获取和利用任何信息资源和信息服务的目的。

当然,泛在信息社会的实现对于网络的要求并不仅仅是网络的智能化和泛在化,还需要实时通信、移动通讯、宽带传输、泛在计算、云计算以及负载均衡等技术的发展,用户对于信息资源和信息服务利用的响应过程必须足够迅速和即时,才能达到利用的目的。在泛在信息社会中,社会生活面貌焕然一新,人们的生活方式将发生巨大变化,信息

---

① 崔宇红,张永发.面向未来的图书馆发展战略和实践探索[J].国家图书馆学刊,2011(3):39–43.

成为生活必需品,且每个人都能够利用信息创造新价值,其核心思想是信息技术将以不为人们所觉察的方式融入人们的日常生活,即在任何时候、任何情况下都可通过有线或无线通信达到互联的状态。

泛在图书馆只是泛在信息社会的一个信息实体,具备泛在信息社会的特征,用户可以通过任何智能设备,在任何时间和任何地点利用图书馆的资源和服务。德国学者 Oliver Obst 博士将图书馆的发展划分为四个阶段①:(1)第一阶段是传统图书馆,在物理建筑中提供服务,用户必须亲自来到图书馆才能享受图书馆提供的信息服务;(2)第二阶段是数字图书馆或者"没有围墙的图书馆",越来越多的资源被数字化,然后通过校园网或者因特网对外提供服务,用户不必亲自来图书馆就可以享受图书馆提供的信息服务,但是资源和服务利用必须通过计算机;(3)第三阶段是"移动图书馆",图书馆的服务不再单纯依靠物理图书馆或者联网的计算机,用户通过手中的智能手机、PDA 等手持设备和 WiFi 网络就可以利用图书馆服务;(4)第四阶段是泛在图书馆,图书馆是不可见的又是无处不在的,信息技术将用户从各种桌面系统解放出来,借助于智能的人体网络(Body Area Network)就可以利用相关设备获取信息服务。

按照 Oliver Obst 博士的观点,泛在图书馆出现在传统图书馆经过数字图书馆、移动图书馆建设之后,数字图书馆和移动图书馆建设的成果将成为泛在图书馆存在和发展的基础。但四个阶段不同形式的图书馆并不是以一种形式替代另一种,正如数字图书馆的建设只是为用户提供远程资源服务利用方式而非全面取代原有建筑物及服务一样,移动图书馆和泛在图书馆建设也只是为传统图书馆增加更多的利用方式,实现用户任何时间、任何地点、任何方式利用图书馆资源服务的"泛在化",虽不排除个别图书馆会彻底告别传统建筑内服务的图书馆形态,但从整体来看,这四种形式的图书馆将在未来相当长的时间内并存。图书馆在现有建设基础上,一步步走向泛在信息社会的泛在

---

① Obst O. The Medical Library of the Future:Be Prepared for the Invisible[EB/OL].[2012－05－12].http://www.inforum.cz/pdf/2005/Obst_Oliver.pdf

图书馆。

从上个世纪80年代末90年代初全球范围内开始的数字图书馆建设热潮,使图书馆的资源、服务形态等都发生了很大变化,图书馆在大量数字化本馆特色馆藏的基础上,还积极收集、整理、保存互联网上和网下产生的原生数字资源,并通过购买、联合采购等方式大量购进包含电子期刊、电子图书、电子报纸等在内的商业数据库。而且根据当前的发展而言,数字资源的采购经费很多图书馆已经超过纸制文献,数字资源管理和服务已经成为各个图书馆工作的重点内容。包括特色数据库管理系统、数字资产管理系统、数字资源统一检索系统、数字参考咨询系统等在内大量的数字资源管理系统被开发或引进到图书馆来应用,图书馆借助于这些系统向用户提供数字服务主导的图书馆资源服务,并在这个过程中调整理顺了数字资源建设和服务的流程,也培养和锻炼了图书馆自己的数字资源建设和服务的人才队伍。

数字图书馆的建设不但使图书馆的资源突破了物理建筑延伸到互联网,也使图书馆突破了单个图书馆资源建设单打独斗的局面,图书馆之间的合作、图书馆与商家之间的合作、图书馆与其他机构之间的合作甚至图书馆与用户之间的合作都在逐渐增多,图书馆业务外包、众包以及其他形式的合作逐渐成为资源建设和服务的重要组成部分。与此同时,图书馆用户,尤其是与互联网一起成长的"数字土著"用户,也已经逐渐习惯了图书馆为用户提供的数字资源和数字服务。足不出户利用图书馆的资源已经成为常态。图书馆也通过嵌入式计算机桌面服务、嵌入用户社交网络、BBS等用户学习生活社区方式进一步将数字资源服务向用户延伸。

20世纪90年代,特别是进入21世纪以来,伴随着3G技术的应用和普及,信息技术的发展在经历了大型机、小型机、PC和桌面互联四个阶段之后,正在以超出绝大多数人想象的速度迈向移动互联网的第五阶段①。移动互联网和移动互联设备的飞速发展正在改变着用户使

---

① 刘爱民. 移动互联网迎来"黄金十年",优化产业链是发展关键[EB/OL]. [2012 - 06 - 15]. http://wireless. iresearch. cn/16/ 20110716/144705. shtml.

用互联网的习惯,在用户需求或者用户市场驱动下,各个行业,尤其是依赖于互联网提供信息服务的行业,都在尽力地调整自己的服务模式,力图在更好满足用户需求的同时取得行业长足发展,图书馆行业也不例外。

实际上,图书馆行业面向手机、PDA 等手持设备提供的移动图书馆的实践和研究在 2000 年以前就已经出现,但囿于移动互联技术及网络带宽等方面的限制,始终只是少数图书馆探索式的服务,但最近4—5 年间,世界范围内移动图书馆已经开始迎来大规模的建设时期。图书馆利用手机短信功能、WAP 上网功能和智能移动设备的应用软件安装功能三个主要方面,借助于图书馆已有数字资源建设和服务基础,正在打造可供用户各类手持设备使用的移动图书馆数字资源服务。图书馆的数字资源和服务从计算机设备拓展到手持设备,泛在服务能力进一步加强。另外,云计算给图书馆带来的影响也已经初见端倪,将图书馆的信息服务放置在“云”端,用户不再关心资源具体存储于何处,是本图书馆的服务器,还是联盟图书馆服务器,抑或是出版商的服务器等,都可以实现“按需而用、即需即用、快速聚合”。既可以利用云平台获得自己所需要的资源和数据,也可以分享和贡献自己的资源。

与此同时,图书馆的数字资源服务也正在通过其他智能设备向用户延伸,数字电视成为目前的开路先锋。2012 年 5 月,经过 4 年的探索和完善,中国国家图书馆和北京歌华有线公司合作推出的图书馆数字电视服务——“国图空间”正式推出,用户利用歌华公司的高清交互机顶盒就可以用电视来看书和利用图书馆的数字资源。随着三网融合和数字智能电视的深入和发展,“看电视”正在转变为“用电视”,数字智能电视在图书馆泛在服务中将扮演越来越重要的角色,与之类似的还有其他的数字智能家庭设备。当然,泛在信息社会涉及的还远不止这些数字智能设备,还需要借助于更多的传感网络,甚至人体网络及其相关设备来实现。

3.1.2 泛在信息环境下用户资源需求的转变

图书馆正在一步一步地迈向泛在信息社会,潜移默化发展的泛在信息环境也在改变着图书馆用户的信息需求。总体来讲,约有如下五个方面的转变:

(1)资源类型主要集中于数字资源方面

经过互联网的迅猛发展以及数字图书馆时代图书馆对用户的培养,越来越多的图书馆用户开始转向数字形式存在的图书馆资源,数字资源利用和携带都非常方便,用户足不出户就可以利用已有的设备,包括智能手机、iPad、电子书阅读器等手持设备实现资源利用和共享。这部分用户开始主要集中于"Y 一代"或者"数字土著"这样的年轻人中,但目前也有相当多的中老年用户开始使用数字资源。就用户所从事的专业和学科而言,目前利用数字资源的多为理工农医类学科专业用户,考古、历史等学科专业的用户由于版本、装帧等纸制资源固有的因素具有很强的研究价值,在短期内可能还需要纸制资源,但是随着古籍数字化和深入加工,版本、装帧等相关信息将会在数字化版本中有更好的展现,未来的研究人员也能够逐渐过渡到数字化资源之中。

(2)用户资源利用即时性和易用性的需求

随着工作学习生活科研节奏的加快,人们对于资源即时性获得需求越来越强。用户在工作学习生活科研过程中遇到问题时,最希望的是不离开原来的环境就能尽可能快的获得所需资源。他们采用各种可能的工具或方式来获取资源,只要能够快速获得,而无需考虑资源来源何处。也正是在即时性需求的推动下,用户对于资源易用性的要求也比原来更高。如果资源利用系统的易用性不佳,除非用户没有其他渠道获得该资源或者使用其他渠道获得资源会耗费更多精力,用户可能会放弃使用图书馆资源利用系统。嵌入用户环境的资源利用方式可以满足用户不脱离原来环境就能尽快找到所需资源的需求。资源即时性和易用性的需求,不仅要考虑普通用户,还要考虑残障人士、儿童和老人。残障人士由于身体某个方面机能的"残疾",儿童由于身体和智力等发育或教育未完成,老人则是由于身体机能的"退化",比如视力问题和文字认知问题,会影响到这些用户使用图书馆的数字资源,若想满足用户易用性的需求则需要对部分资源进行无障碍化的改造。

(3)用户利用设备复杂性的需求

随着信息技术的高速发展,用户利用数字资源的设备会越来越复杂,用户目前利用数字资源的设备已经由原来单纯利用台式电脑、笔记本电脑转变为包括台式电脑、笔记本电脑、超级本、上网本、智能手机、iPad 、MP3、PDA 等多种设备,设备屏幕大小不同,硬件效率有较大的区别,安装的操作系统和应用系统软件也会有所不同(目前运行在这些设备的操作系统就有包括塞班、Windows、RIM、苹果、Linux 等在内的 30—40 种操作系统,涉及的浏览器的种数也超过了 40 种),涉及的网络包括各类型的有线网和无线网网速带宽等也会不同,数字资源利用需要考虑的设备复杂性方面的要求会非常高。而且,随着信息技术发展,还会有其他的设备产生并用于用户的数字资源利用,这种设备复杂性方面的需求也会越来越强。

(4)用户对数字资源知识服务的需求

对于目前的用户来讲,不管是生活中,还是工作科研中,信息超载的压力随着数字资源爆炸性的增长会越来越大,用户需求也正在由原来对数字文献资源的需求转变为对数字文献中部分所需内容的需求。虽然用户仍存在对文献(包含数字文献)的需求,但是对文献中知识内容(比如相关定义、图表、数据、实验环境、研究方法、研究问题、研究趋势等)的需求会越来越强烈,对文献集合所反映出来的研究趋势、研究热点、研究问题的需求也会越来越强烈,这就要求泛在信息社会的数字资源服务应该是以提供知识为主的深度学科服务。

(5)用户参与数字资源组织、建设与管理的需求

随着 Web2.0 理念的普及,用户在利用数字资源过程中,已经不再停留于只使用图书馆提供的固有组织方式,更愿意按照自己喜好和习

惯利用 tag 标签等描述组织数字资源,也愿意通过评论、评级,甚至补充相关元数据的方式实现对数字资源的组织、建设与管理。而且,用户在利用数字资源的同时,还会通过个人博客、微博、播客、Wiki 等方式为互联网创建了大量的数字资源,这些数字资源也可以通过集成融汇的方式成为图书馆数字资源可以利用的一部分。用户还可以捐赠印刷版资源或数字原生资源给图书馆,图书馆经过数字化或者组织以后,供所有用户使用,其中包括向本机构知识库提交自己获得许可的研究成果,也包括通过响应图书馆各类型资源征集的方式(比如美国纽约市图书馆"菜单数据库"中的菜单基本上都是纽约市民提供的)向图书馆提供自己的或自己获取到的资源。

3.1.3 泛在信息环境下图书馆馆藏建设的需求分析

针对泛在信息环境中用户需求的变化,图书馆的馆藏建设也需要进行必要调整,总的说主要体现在以下六个方面:

(1)图书馆馆藏建设多元化发展需求

正如前面分析的那样,泛在信息环境中,用户使用的主要是数字资源,但由于用户利用资源设备的复杂性,用户使用何种设备利用数字资源呈多元化趋势,由于不同设备对于数字资源的显示和服务等方面有一定的不同,比如手持设备、膝上设备和电视设备由于屏幕大小不同对于数字资源显示会有不同的要求,图书馆馆藏建设至少需要针对主流设备购买相应数字资源或者对已有的数字资源进行改造。同时在设计和提供数字资源服务内容和形式的时候也需要考虑更佳用户体验的方式和方法。而且,未来随着老龄化社会的到来和社会对于无障碍服务的重视,数字馆藏建设也需要进行必要的无障碍数字馆藏的建设和改造。当然也有部分用户仍然痴迷于印刷版文献,因此泛在信息社会中图书馆仍旧要发展印刷版文献馆藏,而且还要保障这些馆藏的书目信息和位置信息能够尽可能方便地为用户所用。

数字馆藏建设的多元化还包括馆藏来源的多元化,馆藏来源途径不但包括目前的采购、捐赠、自建,也包括正在日益增多的开放获取期刊(OA)的文献和各机构建立的机构知识库的资源,还包括在互联网上可以免费获得的各类符合机构收藏范围的网络资源等。具体的资源类型除了图书、期刊、报纸、学位论文等传统图书馆收藏内容以外,还应该包括各类音视频、流媒体、课件等与收藏范围相适合并对教学科研学习有益的资源。

(2)图书馆馆藏建设中协作化和信息聚合需求

泛在信息社会的用户对数字资源利用最直接的需求就是即时性和易用性,只要利用互联网能够方便迅速获得即可,而不在乎资源的存放位置具体在何处。因此,由于当前图书、期刊、电子文献的出版量高居不下、价格高涨、图书馆文献购置费用不足、馆舍面积限制、采购馆员人员素质以及数量限制等方面的原因,图书馆之间需要开展必要的协作才能满足用户日益增长的数字资源方面的需求。近几年来国内外图书馆联盟的数量正在增加,联盟的类型和范围呈多样化趋势,比如同城联盟(如北京学院路高校图书馆联盟、广州石牌区高校图书馆联盟)、省级各类型图书馆联盟(如首都图书馆联盟、吉林省图书馆联盟)、同学科联盟(如全国外语院校图书馆联盟、全国音乐院校联盟、全国师范院校图书馆联盟)、同类型高校图书馆联盟(如哈尔滨工业大学等10所工科院校组成的卓越院校图书馆联盟)等,图书馆联盟在图书馆馆藏建设协作中将发挥越来越重要的作用。另外,图书馆馆藏建设中,借助于OpenAPI和Mushup相关技术方法进行信息聚合也将成为馆藏建设的重要工作。

(3)图书馆数字馆藏长期保存的需求

数字资源在图书馆馆藏中所占的比例正在日益增加,在很多图书馆,数字资源已经超过纸质资源成为主要的资源类型,在国外某些工程、技术、医学类高校图书馆(比如哈佛大学工程分馆)已经逐渐转变为纯数字馆藏的图书馆。然而,数字资源的特性使得数字资源易于改变、容易消失。在物理存储方面,数字资源及其所依赖的网络、存储媒体都非常不稳定,很多在网上出现的资源内容都是昙花一现,出现不久就消失;信息技术变化非常之快,硬件和软件都在不可预测地老化,比如之前使用软盘和以较低版本生成的文档现在很多都无法使用,资源使用率较高、频繁读取的硬盘或其他存储设备极易出现坏道或坏扇区的情况;在使用方面,多数情况下信息机构仅购买了数字资源的使用权,而由于多种原因,数据库商或其委托的镜像服务商有可能终止经营或者停止向用户提供服务。另外,信息安全方面的问题(病毒破坏、黑客破坏和盗取等)也有可能造成数字资源被破坏、丢失,增加数字资源丢失的风险。所有这些特性凸显了数字资源的脆弱,而数字资源一旦无法使用将会带来很多问题,因此,图书馆数字馆藏必须考虑长期保存的问题。

(4)数字馆藏的深度加工

知识服务是用户目标驱动,面向知识内容和最终解决方案的增值性服务,将贯穿于用户进行知识捕获、分析、重组、应用的全过程,图书情报服务的现在和未来正在走向知识服务[①]。知识服务不能单纯依靠传统形式的馆藏,需要对已有的馆藏,尤其是数字馆藏,进行深度加工,不只是提供全文检索,而是需要将重要的资源中的概念、图表、数据、公式、试验条件、试验效果、存在问题、下一步的工作等内容进行标识索引,以便于用户能够检索到这些想要的知识,或者方便相关参考咨询馆员帮助用户检索到这些知识内容。数字馆藏的深入加工还需要考虑对多语种服务的支持,不但需要跨语言检索,也需要对检索结果提供跨语言的翻译服务。可以在设计实现相关系统的时候对数字资源进行知识点抽取、标识和索引,也可以由相关的学科馆员在提供知识服务的时候,结合用户的学科需求进行必要的检索抽取,也许要借助于文献共引关系、关键词共现关系、出现的新词等,挖掘研究依靠单一文献无法显现却对研究型用户有很大借鉴意义的知识化内容。

(5)数字馆藏服务嵌入用户的环境

数字馆藏服务在服务环境建设层面,要嵌入用户生活、学习和工作一线环境和用户虚拟空间,即图书馆的数字馆藏服务要延伸到重点

---

① 张晓林.走向知识服务[J].中国图书馆学报,2000(5):32-37.

服务机构,包括重要的机关企事业团体机构、高校的院系所和相关实验室,将资源开通到用户的手机、桌面,让服务融入用户的学习过程、工作过程、科研过程、实验过程和日常生活。

在服务内容层面,图书馆需要成为用户的协作者、合作者,深入到教师的教学过程,解决教学中所需的信息查询、参考资料的收集与整理问题;深入到学生的学习过程,解答他们在学习中的疑问、实验中的难题甚至生活中的困惑;深入到科研工作者的科研项目,特别是深入到科研工作者知识需求的解决过程中,成为科研项目的协作者,成为课题研究的亲密合作者;深入到企事业单位的创新性工作和研究中,成为其重要的协助者和合作者,推动相关工作的开展。

图书馆的数字馆藏服务需要充分利用现代通讯技术、网络技术等泛在化手段。如:利用短信方式和无线 WAP 网站将服务嵌入用户智能手机、MP3、PDA 等移动设备;利用即时交流工具与用户实现互动、交流,为用户提供在线咨询服务;利用桌面工具将服务嵌入用户计算机桌面(包括桌面应用和浏览器应用),用户不需要进入图书馆主页就能进行资源检索、信息查询;利用互联网协议电视系统、OPAC 搜索工具栏等将服务嵌入到用户常用的社交网站、BBS 以及常用的教学科研系统等。数字馆藏建设需要在其中做相应调整和改变,包括调整数字馆藏的显现形式、开发相关的服务平台和插件、提供相应的 OpenAPI 接口等。

(6)数字馆藏建设需为用户参与提供必要的途径

针对用户在当前数字信息利用过程中从"单纯利用者身份"到"信息利用和信息生产双重身份"的角色转变,图书馆的数字馆藏服务也需要为用户参与提供必要的途径,这包括:畅通数字馆藏捐赠的渠道(确立明确的捐赠馆藏建设目标和馆藏接收标准,对数字馆藏捐赠事宜进行广泛宣传,建立专人或者专门的平台接受用户各种途径的捐赠,对捐赠用户提供相应形式的"回报",建立机构知识库等)、为用户参与数字馆藏描述提供必要的渠道(比如,允许用户在 OPAC 查询页面对资源进行评级、评论和增加个人 tag 标识,为特色数据库的资源描述提供相应的页面或接口,允许用户对资源进行描述或者对描述内容进行纠错、补充和修改等)、在馆藏发展规划中邀请用户参与讨论、设立相关数字馆藏项目以威客等方式邀请用户参与,邀请用户参与设计和开发数字馆藏服务系统、邀请用户参与数字馆藏的学科咨询服务等。因此,图书馆需要建立畅通的交流机制、完善用户参与平台、合理到位的奖励机制等为用户参与数字馆藏建设保驾护航。这里需要特别强调的是图书馆机构知识库的建设,机构知识库是绿色 OA 理念下图书馆当前和未来重点建设的内容之一。审视国外机构知识库建设的历程和经验,机构知识库是在机构下属的教职员工按照约定提交本人研究成果的前提下建成的,虽然这种约定有的是强制性的,有的是非强制性,但很多情况下,这些教职工还要担负起向出版商"宣传"OA政策(包括和出版商签署附加版权协议)的"任务",他们基本都是图书馆的用户。机构知识库的建设是用户参与图书馆数字馆藏建设的重要组成部分,而且将来还将发挥更加显著的作用。

3.2 面向泛在信息社会的数字馆藏发展和管理政策

3.2.1 图书馆馆藏发展与管理政策的概念

传统图书馆是以馆藏为中心的,因此,馆藏建设是传统图书馆中最重要的一项工作。虽然现代图书馆秉承"以读者为中心"的观念,偏向于馆藏的具体利用方面,但馆藏依旧是"以读者为中心"对外提供信息服务的根本,馆藏发展与管理的问题依旧是图书馆最为重要的工作之一。对图书馆的馆藏发展概念,很多学者都给出了不同的解释[①]:鲍曼认为馆藏发展包含计划、实施和评价三方面的活动;克莱恩和西诺特认为馆藏发展是决定何种资料应该纳入馆藏的智力工作;伊文思认为馆藏发展是根据读者需求及社区特点来确定馆藏重点,并设法弥补

---

① 章红. 数字馆藏建设对传统馆藏建设政策的挑战[J]. 图书馆建设,2003(6):40 –
42.

馆藏缺陷的过程;马格里和西克则指出馆藏发展是有系统地、理性地建立馆藏的所有规划过程。美国图书情报学在线词典则是这样界定馆藏发展[①]:"馆藏发展是在考虑有限预算的前提下,通过评估图书馆用户的信息需求,分析使用数据和人口预测,计划和构建长期有用和平衡的图书馆馆藏的过程。馆藏发展包括采选标准的形成、资源共享的规划、丢失或被损坏馆藏的替换以及日常的选择和弃选决定。"

馆藏发展政策(Collection Development Policy)是图书馆馆藏发展相关的政策,也称"藏书发展政策"或"藏书建设政策",起源于20世纪50年代,当时又称作采选政策,其目的主要是应对出版物审查制度的检查,保护知识的自由。后来经过长期的发展逐渐成为界定图书馆使命与职责、分析服务对象及其需求、明确馆藏采选原则及馆内部门职责的有机体系。馆藏发展政策指的是图书馆为实现信息资源建设目标而制定的方针、原则、策略、措施以及对策等,是图书馆科学规划馆藏建设与发展,合理调整馆藏资源结构、获取方式和质量评价标准以及信息资源保障方式,合理安排文献购置经费的基本依据,其目的是为了建立符合读者需求的适当的馆藏[②]。数字馆藏发展政策是图书馆馆藏政策的一部分,是图书馆为实现总体的信息资源建设目标,而制定的与数字信息资源的评价、选择、购买、使用相关的方针、原则、策略、措施、对策、标准和规定。在数字资源建设超过纸质资源馆藏建设的今天和未来的泛在信息社会,数字馆藏发展政策将成为图书馆馆藏的主要部分,它要求明确数字馆藏发展的原则与目标,确立数字馆藏发展的基础模式,确定数字馆藏评价与选择的标准,提供数字馆藏评估与淘汰的指南,制定数字馆藏发展的基本策略。

狭义上,数字馆藏发展政策只与数字馆藏建设相关,仅指馆藏的采选政策,包括馆藏建设目标和方案的设定、相关原则的制定、建设方式的选择等,这在早期国内的相关研究中体现的比较明显。但从目前

① Joan M. Reitz Online Dictionary for Library and Information Science [EB/OL]. [2012 - 08 - 23]. http://www.abc-clio.com/ODLIS/searchODLIS.aspx.

② 肖自力.关于馆藏建设的思考[J].图书馆,2007(4):6-8.

国内外研究来看,数字馆藏的发展政策都已经突破原有采选政策的范畴,包括利用、管理等方面的内容,数字馆藏发展政策主要包括数字资源采访原则与方式、经费分配政策、数字馆藏发展目标与规划、数字馆藏开发和利用政策、数字馆藏管理政策、数字馆藏保护政策(包括版权保护政策和信息安全保护政策等)、数字馆藏和纸质馆藏协调发展政策等。从广义上讲,馆藏管理政策只是馆藏发展政策的一部分,由于这部分政策容易被忽略且其在数字馆藏未来发展中发挥着重要作用,这里单独将其提出来进行讨论。馆藏管理政策是关于规定如何选择、获取、组织、存储、利用、弃选(含剔旧)、保存馆藏资源的文件或系列文件,既包括数字馆藏,也包括纸质馆藏,本书主要讨论数字馆藏的内容。

3.2.2 图书馆建立数字馆藏发展和管理政策的必要性

图书馆数字馆藏发展和管理政策将图书馆涉及数字馆藏发展和管理相关的政策性内容进行系统总结,能够更加明确、更加宏观的从长远发展的角度来规范和指导图书馆数字馆藏建设。张新兴博士结合国内外的研究和实践将图书馆馆藏发展和管理政策的作用总结为"图书馆管理者制定馆藏发展决策的依据"、"图书馆员进行馆藏建设的指导"、"图书馆与外界沟通的工具"、"图书馆维护知识自由的声明"和"图书馆应对信息技术环境变化的指南"5个方面[①],国内外很多图书馆都意识到馆藏发展和管理政策的作用并制定了馆藏发展和管理政策,在美国截止到1993年就已经有高达72%的高校图书馆和78%的公共图书馆制定了馆藏发展和管理政策,国内的国家图书馆、厦门大学图书馆、香港大学图书馆、中国科学院国家科学图书馆等近年来也都制定了相关政策,CALIS在2010年制定了《高校图书馆数字资源采购联盟工作规范(草案)》。

但是,国内还有相当多的图书馆并没有为数字馆藏建设制定相关

---

① 张新兴.国外馆藏发展政策研究综述[J].图书与情报,2011(3):6-11,22.

的馆藏发展和管理政策,数字馆藏建设缺乏系统、完整的前期长远规划,馆藏建设呈现出很强的随意性和盲目性,只是被动地接受数据库商推荐的数字资源产品,或者盲从地跟随着其他图书馆购买数据库产品,或者未经评估就随意购买少数用户推荐的数据库产品。由于缺乏有效馆藏发展管理,订购前缺乏理性的需求分析,试用期间缺乏充分的用户调查,订购后缺乏及时、系统的使用统计和分析,缺乏对用户的有效调查和宣传。这就造成了斥巨资购买的一些数据库产品和用户的实际需要脱节,利用率非常低。而且由于缺乏有效的数字资源评估、服务系统评估和服务绩效评估,缺乏馆藏协调性发展的规划,数字馆藏与纸质馆藏之间重复、数据库之间重复的情况也比较严重。在自建的特色数据库建设中,随意性和盲目性就更强,一些特色数据库在申请相关项目时(比如参加 CALIS 一期和二期的特色数据库项目)仓促确定选题和参与建设,缺乏和馆藏长期发展规划的结合,很多特色数据库建成验收之后,就再也无人问津,数据在以后的数年间从未更新,甚至一些图书馆建成的特色数据库已经悄然消失。

正如本章第一节提及的那样,泛在信息社会图书馆馆藏建设的内容由于用户需求的变化而变得更加复杂,虽然图书馆在传统纸制资源建设方面积累了很多的经验,但泛在信息社会图书馆的数字馆藏和传统纸制馆藏建设有很大的不同,比如数字馆藏建设将更加模糊"藏"与"用"的关系,并非只有图书馆收藏在本地的资源才能被用户所使用,没有在本地收藏甚至不是图书馆馆藏的资源都可以借助于某种方式为本地图书馆用户所用,云技术将彻底模糊掉存储位置的概念;数字馆藏对使用条件、使用环境、使用方式、安全隐患、保护措施、淘汰或剔旧原因及措施等方面都要求都有了很大的变化;数字馆藏的加工整理及二次加工的方式和预达目标也基本上完全不同;数字馆藏的使用许可和版权控制也比纸制馆藏更加复杂,控制和保护的措施也会有很大的不同。因此,专门针对纸质馆藏的馆藏发展和管理政策无法全面适用于数字馆藏建设,泛在信息社会的数字馆藏则需要针对馆藏建设需求特点,从数字馆藏整个信息生命周期管理高度研究专门的馆藏发展和管理政策,以更好地指导数字馆藏建设实践。

3.2.3 面向泛在信息社会的数字馆藏发展和管理政策体系

3.2.3.1 数字馆藏的信息生命周期管理

由于信息的利用价值会经过时间推移而逐渐减弱直至失去,信息就像人和其他生命体一样都要经历产生、使用和消亡的过程。因此,信息具有典型的生命周期特征,承载这些信息的集合体纸质馆藏和数字馆藏也都具有生命周期,从信息生命周期管理角度思考数字馆藏发展和管理政策则会为数字馆藏建设、利用和维护提供更加全面系统的支持,也更便于数字馆藏长久的可持续发展。

关于信息生命周期划分,目前尚无统一的规定。国际标准化组织下属的"文件成像应用技术委员会(ISO/TC171)"2000 年改名为"信息生命周期管理技术委员会",在 405 号决议中,将信息生命周期划分为信息的生成、获取、标引、存储、检索、分发、呈现、迁移、交换、保护与最后处置或废弃 11 个阶段,并认为该阶段划分同时适用于物理形式和电子形式的信息管理。世界著名 IT 设备生产商 EMC 公司认为数据价值与管理成本会随着时间的推移发生非常大的变化,并于 2004 年开始将信息生命周期管理引入数字存储领域,推出了一系列具有信息生命周期管理特征的存储设备和存储系统,将数据的信息生命周期设定为数据的创建、保护、访问、迁移、归档以及回收(销毁)等 6 个阶段。国际科技信息委员会(ICSTI)的一项研究则将数字信息资源的生命周期划分为创建、采集、编目/鉴别、存储、长期保存、访问这 6 个阶段。结合图书馆数字馆藏的特点与上述有关信息生命周期阶段划分的分析,本书认为数字馆藏的生命周期大体可以划分为获取、组织、利用、老化处理 4 个阶段。

(1)获取阶段,囊括了图书馆数字馆藏的创建和采集过程,是图书馆数字馆藏的"入口"。创建过程主要是指图书馆对本馆纸质馆藏数字化,主要用于建设特色数据库。在馆藏建设实践中,绝大多数数字馆藏(包括购买的数字资源、网络上的数字资源和用户提交的硕博论文等原生的数字资源)是在图书馆之外创建后被纳入到图书馆数字馆藏的范围,这部分数字馆藏的生命周期中并没有创建过程;采集过程主要是指图书馆从外部购买或采集数字资源供本馆用户使用,资源包括网络上的免费资源、各类的 OA 资源、选购的数字资源提供商的信息资源产品等。资源并不一定存放在本地,有可能资源仍旧保存在数字资源提供商的服务器,图书馆只购买了一个"通道",但用户访问和利用并不受什么影响,涉及的活动包括选择资源、购买、取得使用权或下载资源到本地、协商知识产权等相关问题等。

(2)组织阶段,主要是图书馆将外部购买或采集的数字资源通过资源的登记、元数据标引、整合、二次组织、资源存储等工作纳入到图书馆数字馆藏体系,通过图书馆 Web 网站或者 Wap 网站提供资源利用的方式,通过各种类型的资源导航揭示这些数字资源,通过各类型的检索满足用户搜索利用的需求。数字馆藏建设的组织阶段需要考虑数字资源的存储问题,随着数字馆藏数量的不断增大,存储问题将直接关系到图书馆建设成本、服务效率、系统可靠性及稳定性。但随着云计算技术的飞速发展,数字馆藏的存储"界限"将进一步模糊,存储在何处将不再是主要关心的问题,而如何高效的对存储在云端的资源进行管理(含安全管理和版权控制管理)和利用则是下一步存储方面关心的重点。

(3)利用阶段,是图书馆数字馆藏建设目的实现阶段,主要涉及用户对图书馆数字馆藏资源的查询、下载或在线使用等活动的支持,也涉及图书馆借助于数字馆藏为用户提供更多细致深入的数字资源服务。该阶段需要考虑用户在利用数字馆藏过程中的权限控制管理(比如 IP 地址控制、用户名认证等)、知识产权控制、合法用户合法位置之外的访问控制(比如 VPN 等)、信息安全方面的管理(防黑客、防病毒、备份等系列措施)等。

(4)老化处理阶段,图书馆数字馆藏的实际利用价值会随着时间的推移逐渐降低,有的甚至最终消失,或者原有的保存格式已经不能被当前的硬件支持,无法提供有效的服务,此时就需要对这些数字馆藏进行必要的评估,然后根据情况的不同采取不同的措施,要么转换格式以便重新利用,要么进行长期保存以备日后查询和使用,要么确认可销毁的资源进行销毁,从而释放存放的资源。虽然图书馆具有"保存文化遗产"的责任,但随着各类图书馆数量的增加,并没有必要每个图书馆都保存所有资源,保存的责任应该更多地落在一些大型图书馆肩上,但对于各馆特色资源的保存则需要各馆特别关注,对于那些已经没有实际利用价值或者本馆利用价值较少的数字馆藏资源,如果通过方便渠道就可以轻易从其他保存单位获得,这部分馆藏就可以销毁掉。

3.2.3.2 数字馆藏发展和管理政策制定的基本要求

结合数字馆藏信息生命周期的分析,完整的图书馆数字馆藏发展和管理政策应该涵盖数字馆藏发展的各个阶段,但在创建和采集这样一个初始阶段,数字资源的选择非常重要,这关系整个馆藏建设的质量,是数字馆藏发展政策最需要关注的关键阶段。数字馆藏发展政策首先需要对图书馆服务进行准确定位,不同类型的图书馆具有不同的服务对象,不同的服务对象利用图书馆的目的也不一样。国家图书馆提供一国的出版物保存,公共图书馆提供社区服务和终身教育,大学图书馆为教学和科研服务,研究图书馆提供科研服务,特殊图书馆为特殊人群服务等等。当然,有些图书馆会兼具上述多类的特点,有些同类型图书馆虽然总体目标相同,但定位也有区别,比如研究型大学图书馆、教学研究型大学图书馆和单纯教学型大学图书馆,即便同是教学型图书馆,高职高专院校图书馆定位也会与其他同类型高校图书馆有所区别,数字馆藏建设需要根据这些图书馆的不同定位制定自己的馆藏发展和管理政策。

对于馆藏的建设和发展图书馆应该有自己的选择权,尽可能避免受制于资源提供者,不能因为资源提供者提供的多就多采集,资源提供者提供少就少采集或不采集,需要根据图书馆的定位广泛采集相关的资源。在相关的数字馆藏发展和管理政策的制定过程中,特别需要处理好以下5个方面的关系。

（1）"投入"与"产出"的关系。早在1876年，美国著名图书馆学家杜威就曾提出过"以最少的花费给最多的读者以最好的阅读"的"三最"观点。图书馆决策者和采访人员必须牢固树立效益观念，讲求投入产出比，在制定馆藏发展政策、规划文献采访方针时防止两种错误倾向：一是盲目贪"大"求"全"的倾向；二是粗选滥购、浪费资源的倾向。紧紧围绕馆藏定位构建文献信息保障体系，组织文献信息的采购、共享与开发，以最小的人力、物力和财力投入实现馆藏资源体系功能及效用的最大化。

（2）"藏"与"用"的关系。对于担负着保存人类文化遗产和提供文献信息服务双重使命的图书馆而言，文献信息自身存在着"典藏价值"和"实际利用率"两种相互依存却有可能相互排斥的属性，有些古籍善本、珍本典藏价值较大，但实际利用率不高，而有些娱乐性资源利用率较高，但典藏价值并不是很大。数字馆藏在建设过程中要尽可能使典藏价值和实际利用率实现统一，在"藏"和"用"不能同时兼顾的情况下，就要根据图书馆的总体定位来确定如何进行选择。"保存"责任比较大的图书馆就需要偏向于选择典藏价值较高的馆藏资源，而"利用"责任比较大的图书馆就需要为用而藏，以馆藏最大限度的开发利用为基本目标，尽可能采集适合读者需求，能有效提高馆藏利用率的馆藏资源。

（3）"一般"与"特色"的关系。随着数字资源的巨量增多，图书馆试图利用馆藏资源来满足读者全部需求，不仅是不可能的而且是不必要的。与其平均分配有限的经费采集各种一般性文献，建立一个"小而全"和"自给自足"的文献信息体系，不如好钢使在刀刃上，集中财力主要保证特色资源的建设。尤其是当前馆际之间的分工合作、资源共享，甚至组建区域性图书馆联盟等正在成为必然趋势的情况下，在对待一般文献与特色文献的关系问题上要"突出重点（特藏），照顾一般"。即收集特色文献以"求全"为重，尽量收多收齐，务必使其达到研究级甚至完备级，以提升馆藏的"核心竞争力"；而对一般性文献则以"求精"为主，要精挑细选，使其达到学习级或基础级程度即可，旨在满足各类读者的基本需要。

（4）"广度"与"深度"的关系。数字馆藏的全面平衡发展应该兼顾资源学科平衡、资源格式类型的平衡、不同年代不同语种资源的平衡、普及型资源和研究型资源的平衡、主要类型用户不同需求的平衡、健全和非健全用户不同需求的平衡，这是解决馆藏发展广度方面的措施。另外，数字馆藏的发展还需要关注资源内容深度方面的要求，要根据图书馆定位和用户需求特点，重点采集能反映各领域最新研究成果和最高学术水平的资源信息，形成门类齐全完整、内容专深系统、有主有从、有专有博、立体交叉的馆藏体系。

（5）"拥有"与"存取"的关系。网络环境下，特别是未来泛在信息社会中云计算技术高度发展的情况下，图书馆赖以提供信息服务的资源基础不仅有经过图书馆采集、整序、贮存并拥有"所有权"的现实馆藏，而且出现了大量通过网络存取利用的虚拟馆藏。虚拟馆藏虽然不像现实馆藏那样为图书馆所拥有，但其资源丰富、存取不受地点和时间的限制，十分方便快捷。最合理的关系应该是"拥有"和"存取"相互依存、互为补充、协调发展，但各图书馆目标定位不同，对于拥有和存取的具体需求的把握也会不同，应根据自己的性质、任务、读者需求、资料类型、经费多寡等因素的不同，对拥有与存取采取不同的方针。

3.2.3.3 基于信息生命周期的数字馆藏发展和管理政策体系

完整的数字馆藏发展和管理政策体系应该囊括数字馆藏的整个生命周期，涉及的政策包括但不限于数字馆藏发展规划政策、资源选择与采访政策、经费分配政策、馆藏组织政策、馆藏管理政策、馆藏评价政策、馆藏剔除政策、馆藏长期保存政策、馆际互借与资源共享政策、馆藏合作构建政策等，这些政策与信息生命周期的对应关系见图3.1。数字馆藏发展和管理政策是一个完整、系统的政策体系，政策之间需要互相补充、互相协调，也需要随着其他政策的变化进行必要的调整。

（1）数字馆藏获取前阶段的政策。图3.1中"数字馆藏获取前阶

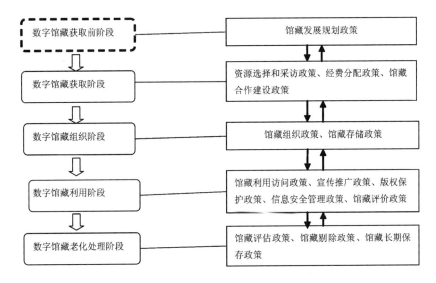

图 3.1 基于信息生命发展周期的数字馆藏发展与管理政策体系

段"用虚线描述,严格来说,它并不是数字馆藏信息生命周期的一个阶段,也可以合并到数字馆藏的获取阶段,这里主要是突出馆藏总体发展规划政策作用特别设立的阶段,强调在获取之前就应该建立相关政策,以更好地指导数字馆藏建设的实践。

馆藏发展规划政策是数字馆藏建设指导性的政策,将要解决的是馆藏发展定位(需根据本馆特色,结合上级机构的发展要求,进行馆藏发展的定位)、长短期发展目标(比如馆藏的数量、种类、排名、影响等)、特色馆藏的建设(馆藏特色分析、特色馆藏数据库建设的长期规划等)、发展趋势(比如增加数字馆藏的比重、增加音视频馆藏的比重、加强对互联网 OA 等免费资源的收集、将博客和微博客等新型资源纳入馆藏收集范围)、制度保障(比如纳入图书馆中长期发展规划;思考馆藏建设的众包及用户参与机制;建立相关的规章制度或政策保证馆藏建设政策和工作的连续性、常态化,最终完成馆藏的发展目标)。需要说明的是,馆藏发展规划政策的制定不应该是图书馆领导职工自己完成,政策的参与者,应该邀请馆藏建设方面的专家学者、部分热心用户等共同参与,高校图书馆还应该邀请深度参与学校学科规划、科研管理的管理人员、重点学科院系的专家学者参与,至少制定完成的馆藏发展规划政策要征求这些人的反馈意见。

(2)数字馆藏获取阶段的政策。数字馆藏获取阶段涉及的政策主要包括馆藏选择和采访政策、经费分配政策、馆藏合作建设政策等。

馆藏选择和采访政策首先要确定的是数字馆藏的采集标准。采集标准需要用明确的书面规范进行说明。其次,馆藏选择和采访政策需要保证图书馆有绝对的资源选择权,而不能只依靠数字资源提供商的推荐,这需要从制度层面规范控制资源采购的流程,比如具体数据库的选择需要经过严格的流程控制,包括数字资源采购小组严格论证、数字资源与已有资源的重复性检查、数据库的严格试用和相关典型用户的调研等。另外,馆藏选择和采访政策需要保证采购相关的文档能够被妥善和有效的保存,必要的话,可使用相应的电子资源管理系统进行管理。馆藏选择和采访政策还需考虑特色馆藏的创建,需要对将要建设的特色馆藏数据库进行明确定位,确定要采用的建设标准和资源选择标准,确定资源采集的原则、方式等。

经费分配政策需要确定印刷版馆藏和数字馆藏相关经费具体分配原则、方法和具体的规定。随着各类图书馆联盟建立和图书馆之间合作的发展,图书馆之间合作建设数字特色馆藏的需求越来越强烈,合作政策应该约束和规范这种合作行为,规定相关权利和义务。这种合作还包括图书馆与用户以及不特定的众包用户之间的合作,馆藏合作政策需要保证这种合作的顺利进行。

(3)数字馆藏组织阶段的政策。数字馆藏组织阶段主要涉及的是数字馆藏组织政策和数字馆藏存储政策等。数字馆藏组织政策是利用一定科学规则和方法,制订对馆藏数字资源的特征加以描述和序化的策略,以便于用户对馆藏数字资源的利用。数字馆藏由实体数字馆藏和虚拟数字馆藏两部分组成,数字馆藏组织政策也可以分为实体数字馆藏组织政策和虚拟数字馆藏组织政策两方面的内容。

根据揭示的层次,实体馆藏的组织主要有四个层面:①数据库层面,按照数据库学科、语种、音序(含 A－Z)、资源类型(如报纸、期刊、论文、图书等)、揭示层次(如全文、文摘)等方式对数据库进行导航和检索;②期刊图书层面,按照期刊、图书、报纸等资源学科、语种、音序(含 A－Z)等方式进行导航和检索;③文章层面,借助于 Metalib、WebFeat 等商业和自建跨库检索平台,Summon、Primio、百链等资源发现平台和书生移动图书馆等移动检索平台从题名、责任者、关键词、全文等方面实现文章层面的检索;④知识内容层面。通过对论文、图书、报纸、多媒体等资源中的数据、图表、定义、问题、趋势、图像、声音、合作作者、科研项目等内容的描述实现对这些知识内容的检索,比如中国知网的知识搜索、万方的知识搜索等已经实现了部分知识内容的组织和检索。虚拟数字馆藏的组织政策考虑的是对网络信息资源的组织和利用,图书馆的组织可以采用学科导航(比如 CALIS 重点学科导航库)、本地特色数据库收集整理(比如北京大学图书馆的博客特色数据库)、联机编目(比如 OCLC 的因特网资源目录项目)等。

目前国内外图书馆正在使用的资源发现系统不但包括了本馆订购的一些商业数据库,也包含了大量 OA 资源和其他类型网络资源,实现实体馆藏和虚拟馆藏的共同组织和管理。数字馆藏的存储政策则会涉及数字馆藏存储位置(是在本地服务器存储,还是在商家服务器存储,或是第三方的云平台存储)、存储设备日常监测与维护、存储空间的分配和责任管理、存储内容的备份机制和制度保障等方面内容。

(4)数字馆藏利用阶段的政策。数字馆藏利用阶段主要涉及馆藏资源利用访问政策、馆藏资源宣传推广政策、馆藏版权保护政策、馆藏信息安全管理政策、馆藏评价政策等。

馆藏资源利用访问政策要设定的是馆藏资源利用访问的限制政策,主要包括馆藏资源是否限制(免费使用还是限制使用)、限制范围如何(免费供全世界范围内用户使用,还是只供机构用户使用)、限定层次(是全部数据限定还是部分数据限定,比如对于元数据查询不做任何的限定,不管是不是机构用户都可以使用,但只有机构用户才能获得数字全文)、如何限定(比如通过IP地址限定、通过用户名和密码限定、通过数字证书限定等),有些还规定受限用户如何使用馆藏数字资源(比如利用VPN、代理服务器等)。

馆藏资源宣传推广政策是馆藏利用阶段的一个重要内容,是利用各种媒介向用户宣传推广,使用户了解和利用的这些数字馆藏。宣传推广的方式可以通过传统的媒介,包括校园或图书馆门口的海报、广播和电视媒体、报纸、用户熟悉的BBS论坛等,也可以通过移动短信平台、微博平台等当前用户比较喜欢的现代媒介。当然,图书馆参考咨询部门的资源推荐和利用指导等也是资源宣传推广的一个重要组成部分。至于宣传推广的形式,则既可以采用海报等传统的形式,也可以通过资源利用指南视频短片等当前用户比较喜欢的形式。数字馆藏资源宣传推广政策需要将宣传推广工作及其方式、形式制度化,使整个工作过程有章可循、有案可依。

馆藏版权保护政策主要规定如何保护馆藏涉及作者作品的知识产权,是免费广泛传播,还是限制性使用传播。比如只能在线浏览,不能下载;下载后不能传播,传播后不能使用;规定下载后使用的期限,过期下载文件使用失效;限制资源的打印、拷贝和剪切等编辑权限等。除了这些技术上保护以外,还会涉及版权保护侵权检测机制(含恶意下载)、相关制度的建立、相应的奖惩措施等。

馆藏信息安全管理政策主要涉及的是数字馆藏免受信息安全方面的威胁,比如哪些馆藏只能单机使用不允许连入互联网,如何防范黑客、病毒的侵害(如安装杀毒软件和防黑软件、及时更新补丁和定期杀毒等),感染病毒或遭受木马等威胁的补救措施等。在制定信息安全管理策略时,应综合考虑各种因素可能造成的安全隐患,并积极主动采取有效可行的安全防范措施,确保数字资源的安全。在制定馆藏安全管理策略时,也应依据各因素的重要性或可能出现安全隐患的概率,分类分级实施安全保护。对数字馆藏的安全保护应采取综合的系统防护措施,不能单纯地对某方面进行保护,而忽视其他方面,比如说,不能只重技术和设备因素,而忽视人员和管理因素。云计算技术的发展在给数字馆藏利用带来方便的同时,也会在信息安全方面带来新的挑战,需要思考和布置防范策略。

数字馆藏利用阶段还需要考虑的是馆藏评价方面的政策。数字馆藏建设的主要目标就是利用,利用也是检验数字馆藏建设政策和馆藏建设水平及质量的一个非常关键的指标。数字馆藏评价需要针对馆藏数量、结构、重点和利用率进行评价,相关政策中一般会包括相关评价标准和实施细则,评价结果会对整个数字馆藏建设工作(包括馆藏建设和管理的政策)下一步"继续实施"、"调整后实施"、"停止实施"原有政策有很强的指导作用。馆藏评价可以通过数字馆藏利用的日志或相关数据库记录的使用情况来分析,也可以通过用户问卷调查、访谈等实现,数字馆藏评价政策需要规范相关措施和方法。馆藏评价在泛在信息社会也将由原来的主要评价馆藏采集标准,而转向主要评价馆藏的存取质量和利用效果。

(5)数字馆藏老化阶段的政策。数字馆藏老化阶段涉及的政策包括馆藏评估政策、馆藏剔除政策和馆藏长期保存政策。

经过较长时间的使用后,需要结合利用阶段数字馆藏评价成果,对数字馆藏存留情况进行评估,决定剔除、变迁还是保留,这就是馆藏评估政策需要完成的主要工作。馆藏评估政策关系到馆藏的去留问题,因此,需要设立相关标准和严格的评估程序,避免馆藏评估的随意性和不严谨性,从而造成有利用价值馆藏的剔除。馆藏评估政策还需要解决的是对现有资源文件格式、存储空间等方面的评估,如果某种资源文件格式有将来消失的危险,应该及时决定资源格式的调整和变迁。

数字馆藏剔除政策是对没有利用率的资源剔除,以释放更多的存储空间给其他利用率较高的资源,这是数字馆藏急剧增长、占有空间不断膨胀而存储空间有限增长矛盾的产物。由于馆藏的剔除是综合本馆实际存储空间现状和未来发展预期及数字馆藏发展预期做出的,馆藏剔除政策中每个馆对低利用率的界定会不同,剔除的标准也会有所不同,再加上每个馆定位和承担的责任有所不同,某些需要承担长期保存责任的大馆剔除的内容更为有限,或者根本就没有数字馆藏的剔除政策,而某些与其他图书馆合作良好的中小型图书馆在存储空间无力迅速增长而又可以通过馆际互借、文献传递等途径轻易获得情况下,剔除的范围会更大一些。数字馆藏剔除政策不仅涉及数字馆藏原始文件,也会涉及到数字馆藏原始文件的备份文件。当然,馆藏剔除政策主要针对的是图书馆存储在本地的馆藏资源,由于近些年图书馆存储空间的不足,图书馆购买的数字馆藏很多只是一个"数据通道",元数据和原文都在数据库商的存储空间,其剔除的工作也就由数据库商根据自身情况进行处理。只要存在存储空间增长有限而资源存储所占空间无限增长的矛盾,就会存在馆藏剔除的问题,即使图书馆数字馆藏资源大多实现了云存储,也都需要有相关的政策进行约束。

　　数字馆藏的长期保存政策是关于馆藏数字资源长期保存的政策。馆藏数字资源长期保存是对目前图书馆所拥有和使用的数字形态的资源进行有效保存,以保证数字形态的资源可长期维护和其内容可长期获取的必要管理活动,其关键点是保证长期存储和长期可获取。数字资源长期保存政策的出台主要基于数字资源非常"脆弱"的现状:从物理存储上来看,数字资源及其所依赖的网络和存储媒体都非常的不稳定,网络数字资源随时都有可能消失,存储在磁介质上的资源也有可能会因为介质损坏部分或全部的失去使用价值,而且信息技术变化太快,硬件和软件也都在不可预测的老化,以某些格式存在的资源将来有可能会因为没有支持该格式的软件而无法识读,某些硬件也有可能在将来和其他硬件不兼容而无法使用;从资源使用方面来看,当前多数情况下信息机构购买的仅仅是数字资源的使用权,如果出现合同停止、出版商倒闭或停止提供类似服务的情况,云计算平台环境中的相关情况会变得更加复杂,所以会导致:若任一环节出现了问题,原来购买的数字馆藏资源将不复存在。因此要求图书馆必须进行必要的数字资源长期保存。保存内容和责任不同的图书馆会有比较大的区别,大馆责任更重一些,需要对购买的商业数据库进行长期保存,小馆可能只需要保存本馆的特色资源。具体政策应该包括：明确数字资源长期保存的目的和目标，确定数字资源长期保存的原则、规范和标准，定期制定不断适应新环境的数字资源长期保存的具体行动计划，规定数字资源长期保存的方法和步骤。政策内容涉及比较庞杂，可能会涉及组织技术、人文、法律、权益管理、知识产权、国际合作、商业运作、相关者培训、质量管理、审计策略等有关数字长期保存的方方面面。

3.3 面向泛在信息社会的数字馆藏整体布局与建设内容

3.3.1 面向泛在信息社会的数字馆藏整体布局

（1）虚拟馆藏和实体馆藏并存，但实体馆藏逐渐减少

泛在信息环境是由各类网络设施、软硬件设备、信息资源和人有机组成的新一代知识基础设施，它是一个无所不在的、自然的、易于使用的信息环境。泛在信息社会是泛在信息环境主宰的信息社会，泛在信息社会的图书馆要实现任何人在任何时间和任何地点利用便携的任何设备来获取他们需要的任何信息资源。在这种情景下，馆藏的物理界限将被逐渐打破，图书馆将大规模分布式的有组织地将数据库和知识库有机联系在一起，借助于云服务平台，将馆藏资源最大程度的与本机构用户以及其他机构用户共享。在网络高度发达的今天，用户更关心的是如何获取所需的信息资源而不是信息资源存放于何处，这些资源图书馆不必存放在本地，甚至可以不拥有，只要用户需要的时候能够通过网络提供给他们就足够。由于图书馆本身存储空间有限等原因，目前图书馆购买的商业数据库大多都已经采用购买"使用通道"的方式，资源在远程数据库商的服务器，图书馆本地存储的资源除特色数据库外，越来越少。因此，虽然实体馆藏仍旧存在并发挥一定的作用，但虚拟馆藏将发挥更为重要的作用，将逐渐取代实体馆藏。不过对于绝大多数图书馆而言，实体馆藏的量会减少，但不会完全被

虚拟馆藏所代替,二者将长时间并存。

（2）数字馆藏所占比重持续增加

随着数字化技术、多媒体技术、无线网络技术、即时通讯技术等信息技术的持续发展和高速普及,信息载体形式不断更新,以数字形式出现的资源越来越多,图书馆用户从接受数字形式资源转向偏爱数字形式资源,对于数字资源的需求逐渐超过印本资源,图书馆的馆藏建设中数字馆藏建设所占的比重持续增加,不排除部分主要面向理工医科的图书馆完全转向数字图书馆,目前斯坦福大学图书馆的工程图书馆已经实现了馆藏的无纸化。但是对于大多数图书馆来讲,数字馆藏虽逐渐增多,但印本馆藏也将长期存在,"数字馆藏＋印本馆藏"的复合馆藏模式将是泛在信息社会馆藏建设的常态模式。在数字馆藏建设中,由于所承载信息量的丰富性以及利用过程中的便捷性和直观性,多媒体资源正在被越来越多的用户,尤其是被年轻用户所接受和喜爱,以"图、文、声、像、动画、视频"等形式存在的多媒体资源所占的比重也会持续增加。

（3）数字馆藏的内容日益多元化

在数字馆藏的采集方面,馆藏采集的渠道和内容也在发生较大的变化。原来只是依靠图书馆采访部门进行资源采集的情况也会发生很大的改变,数字资源管理的相关部门和岗位将发挥越来越重要的作用。①由于开放获取资源（OA）的持续增加,国内外的很多图书馆都开始在系统的收集开放获取资源并提供给用户服务,也有很多图书馆正在通过构建机构知识库的形式收集整理本机构用户发表的科研成果为本机构用户服务,有的则为全世界范围内任何用户免费使用。随着 OA 资源（含期刊、机构知识库、第三方学科仓储）的进一步增多,图书馆数字资源管理部门或岗位不仅要建自己的机构知识库,还会对其他机构建设的免费机构库进行整合为自己的用户所用,OA 资源将成为未来数字馆藏非常重要的组成部分。②随着商业数据库同质化情况的加剧,各馆特色馆藏的建设力度将加大,对于网络新媒体资源,包括博客、Wiki、网络视频等整理和组织的工作也会加强,这些都是图书馆数字资源管理部门和岗位在泛在信息环境中大有可为的基础。③图书馆还需要为残障用户提供更多的支持，由于残障用户对于数字馆藏的要求会有别于普通用户，数字馆藏建设需要根据本馆服务用户的特点和主要残障用户的特点，适量购买和建设相应的数字馆藏，比如有声读物等。④泛在信息社会用户在数字馆藏中发挥更加重要作用，用户不仅是数字资源的利用者，也是数字资源的创造者和整理者，用户将通过捐赠、增加标签、评论等形式参与到图书馆的数字馆藏中来，用户贡献类馆藏反过来为用户更好的服务。

（4）数字馆藏服务提供形式和内容日益复杂化

正如本章第一节提及的那样，由于各类信息技术在用户端的发展和普及，馆藏所要面对的利用环境也日趋复杂，纯印本书的时代已经过去，用户不仅要使用台式电脑、膝上电脑使用图书馆的资源，用户手中的手机、iPad、MP3、MP4 等 PDA 设备也都可以用来使用图书馆资源，用户使用其他智能设备，比如智能电视等也已经纳入到图书馆用户利用途径之中。未来泛在信息社会，随着各类智能设备的增加，图书馆资源的利用环境会更加复杂，图书馆的数字资源建设需要考虑用户的这些设备的变化，并采取相关的措施来保证资源可以被这些不同的设备所用，以避免失去相应的用户阵地。另外，泛在信息社会的图书馆信息服务，应该根据本馆读者的情况向用户提供学术信息、科技信息、市场信息、投资信息、金融信息、证券信息、文化信息、娱乐信息、旅游信息、公共健康、医疗保健信息、生活信息等方面的内容，这就要求数字馆藏建设需要进行相关的资源储备。由于学术类信息资源组织利用市场已经被少数起步较早的数据库商所垄断，其他新兴的数据库商目前已经转向学术信息之外的领域，包括文化信息、出国学习信息、大学生就业信息、金融信息、统计信息等，图书馆也已经在购买这类资源。未来泛在信息社会，非学术类但与用户学习、生活、工作密切关联的信息资源，也会在图书馆数字馆藏建设中占据相当重要的位置。

3.3.2 图书馆数字馆藏建设的主要内容

3.3.2.1 印本馆藏的采购和建设

严格说来,印本馆藏并不是数字馆藏的建设内容,但二者是一个互相补充、协调发展的整体,泛在信息社会图书馆的主要馆藏形式也应该是"印本馆藏 + 数字馆藏"的复合体,在数字馆藏建设中,应该注重数字馆藏与印本馆藏的协调发展。未来的印本馆藏建设需要根据用户的变化调整建设的思路和方向,侧重于那些用户更愿意在印本上阅览的图书、没有数字版本或没有购买数字版本的图书、数字版本无法全面彰显印本有特定研究价值馆藏特征的图书(比如古籍、善本)、有长久印本保存价值的图书以及其他图书馆和用户有印本阅读需求的图书。

印本馆藏建设在未来主要有两类建设方式:(1)印本资源采访,分为采和访两个部分。采是采购,访是访求,其中采购是印本资源采访的主要渠道。图书馆资源采访人员通过与出版社、图书供应商等机构签订购买合同,以书单挑选、现场采购、读者荐书采购等多种形式进行采购印本书籍、报纸和期刊等。图书馆印本资源的访求则是通过交换、捐赠等方式获得。印本资源的采访建立在用户需求和馆藏特色定位的长期发展目标之上,需要严格遵循资源采购遴选的标准,印本资源的采访需要采访馆员和学科馆员紧密合作。(2)数字资源采访后的按需印刷。由于印本资源采访主要还是依靠采访馆员而不是用户,这就造成了图书馆购买的相当多的一部分馆藏的利用率非常低,近年来又出现了另外一种印本资源的获取方式:图书馆购买数字形式版本或者将相关书目纳入到图书馆 OPAC 目录检索系统,如果用户需要该数字资源的印本形式或者数字资源利用率相当高需要补充印本馆藏的时候,才和出版商联系按需印刷其印本形式或者在出版商授权下由本地图书馆打印其印本版本给读者阅览,读者阅毕印本版本补充进印本馆藏书库中,被其他读者利用。按需印刷印本馆藏将来在整个馆藏中所占的比重将不断增多,成为印本馆藏的有力补充。

3.3.2.2 商业数字馆藏的采购和建设

虽然图书馆之间商业数字馆藏建设呈现了越来越强的同质化态势,但不管是现在,还是未来的泛在信息社会,通过商业购买形式获得的数字馆藏都将是图书馆数字馆藏的主要组成部分,只是购买的形式和内容会有很大的变化。目前商业数字馆藏的购买主要以学术期刊数据库、电子图书数据库、数字报纸等传统图书馆主要收藏对象的数字化版本为主。目前,绝大多数数据库商提供的都是此类数字资源产品。此类数字产品的订购过程一般先经过资源与本地馆藏的查重、用户试用和最终购买此类数字产品。这样带来的一个严重问题就是,数据库商之间数字资源存在着相当多的重复,采购时需要进行细致的资源查重。需要注意的是,部分数据库为了显示自己产品与其他产品的不同,还人为将原本正确的元数据改为错误的元数据,这需要在资源查重的时候特别注意并思考相应的措施。这类数字资源在泛在信息社会依旧存在,也是未来商业数字采购的主要组成部分,只是其组织和服务方式会发生变化,这些数字资源的描述和组织粒度进一步的细化,由原来文章、图书篇章级别描述粒度转变为以其中图表、定义、数据等知识点为描述粒度,更侧重于对知识服务提供支持。

除了传统图书馆一直重视和购买的图书、期刊、报纸等资源外,多媒体资源将成为数字馆藏采购非常重要的内容。多媒体资源虽然具有信息量大、直观性强等方面的优势,但是所占的存储空间比一般的数字资源更大一些,借助于网络提供服务时对于网络带宽和硬件的要求也比较高。因此,在当前图书馆的数字馆藏中,多媒体的利用率在某种程度上受限于当前存储空间、网络带宽和其他软硬件设备。但是随着信息技术的高速发展,多媒体资源利用受限的约束条件正在逐渐减弱,用户对于多媒体资源使用的需求也会越来越强,多媒体数字馆藏将成为馆藏的重要组成部分。同时在数字馆藏中逐渐增多的是数据类商业数据库,这些数据库主要收集的是各类统计数据,泛在信息社会将主要在数据及时性和涵盖范围两个方面得到更大的改善。而且,涉及市场信息、投资信息、金融信息、证券信息、文化信息、娱乐信息、旅游信息、公共健康、医疗保健信息、生活信息等方面的商业数据库也将会随着用户信息需求多元化而逐渐增多,并对泛在信息社会的数字馆藏内容给予强有力的补充。

另外,商业数据库购买管理流程将系统化和正规化。随着图书馆要购买的数据库的增多,不管是数据库采购人员,还是采购人员背后的数据库采购工作小组,单纯依靠数据库选择标准制度来决定数据库购买与否已经不够,需要可以个性化设置相关标准的采选系统进行辅助。而且,用于规范购买流程的数字资源管理系统也将在图书馆进一步推广,诸如 ProQuest Serials Solutions 的 360 Resource Manager 之类商业数字管理系统和美国 Notre Dame Hesburgh 大学图书馆开发的 CORAL(Centralized Online Resources Acquisitions and Licensing)之类的开放源代码的数字管理系统将会在国内外图书馆商业数据库采购过程管理过程发挥更大的作用。

3.3.2.3 特色数字馆藏的建设

特色馆藏是指一所图书馆所收藏的文献资料具有自己的独特风格。特色数字馆藏就是特色馆藏中已经具有数字化形态的馆藏。整个特色数字馆藏体系一般由以下四大类资源组成:母机构特色资源,反映母机构科研能力的教研成果、反映母机构历史发展轨迹的资源内容等,比如大学图书馆对于大学相关资源内容的收集,科研院所图书馆对于科研院所相关资源的收集;学科特色资源,与某重点学科有较突出的关系或具有交叉学科和前沿学科特色的资源;地方特色资源,具有一定的地域和历史人文特色或与地方的政治、经济和文化发展密切相关的资源;馆藏特色资源,具有他馆、他校所不具备或只有少数馆具备的特色馆藏,或散在各处难以被利用的资源。前文已经提及,随着数字资源比重的不断增加以及集团采购、联合采购等模式的普及,不同图书馆之间的资源"同质性"危险正在增强,特色馆藏将是图书馆数字馆藏建设的关键,特色馆藏对于馆际互借与文献传递、业务协作以及国家战略资源保障都具有非常重要的意义,因此必须重视和强化特色数字馆藏的建设。

图书馆的特色数字馆藏建设需要根据本馆的馆藏发展目标和本馆的馆藏结构及技术实力,依据地区优势或机构本身的优势,有计划地选择有特色、有价值的馆藏印本文献资源及其他载体文献进行数字化处理,将其转化为计算机可读、可检的电子资源数据库,重点突出地域或机构的经济特色、文化特色、自然资源特色、行业特色、学科特色、研究优势特色等,向用户提供信息服务。特色数字馆藏建设要先结合本馆特色收藏选择本馆资源进行数字化,再结合地域特色或学科特色选择和收集相关资源数字化或直接收集数字原生资源。资源要选择那些最有特点或者特别急需数字化后进行保护的印本馆藏,先进行数字化,数字化过程要特别注意对珍贵印本馆藏的保护,避免其在数字化过程中遭到破坏。具有类似优势特色馆藏的图书馆,在特色数字馆藏建设中,还要加强共建共享,既要尽可能使该类特色数字馆藏全面,也要避免重复建设。大学图书馆应该偏重本校的学生、老师及学科、专业优势,建立相关数据库,如本校学位论文数据库、师生作品数据库、研究专题数据库等。公共图书馆则从本地区的经济、历史、文化、人文、科技、民俗等方面出发,建立区域的历史、人物、文化、行业、产品、资源等特色数据库。在建立这些数据库时坚持标准化、规范化、实用化,保持数据库的连续性、系统性和完整性,不断加大投入,及时更新。

　　需要注意的是,特色馆藏建设为了实现更大范围的资源共享,应该在建设之初就对相关的标准规范进行充分的调研和分析,使用那些普遍接受的标准规范进行建设,建成的特色数据库也要具有一定的拓展性和开放性,以适应将来特色馆藏发展的需要。

3.3.2.4　网络虚拟馆藏的开发和建设

　　毋庸置疑,网络信息资源已经成为社会信息资源的重要组成部分,也已经成为用户信息需求获得满足的一个重要渠道。除了单纯的信息网络媒体产生大量的数字信息外,传统的信息服务媒体,如报纸、电视、广播等,都已开展数字化的网络服务工作,每天都贡献着大量的高质量数字信息。与此同时,用户利用社交网络等网络媒体也创造了大量高质量的数字资源,这类资源应该纳入到图书馆的数字馆藏开发和建设中来。

2000 年前后国内图书馆对于网络信息资源的组织主要借助于网络资源导航的形式实现,相关资源采集馆员根据学科主题或其他采选依据搜集相关资源网络,经过"主题内容、网站创建者、更新频率、网站URL"等方面的描述性编目,纳入到图书馆的虚拟馆藏体系,CALIS 也曾组织成员馆以"项目"的形式建设网络资源导航。时过境迁,网络资源极度膨胀,能够人工遴选收集的资源非常有限,只保存网络 URL 而不保存相关内容的建设方式由于网站的动态易失性维护难度非常大,用户更需要的也不再只是 URL,而是网站中有价值的内容。因此,只是以收集网站为主要对象的网络信息资源导航已不应再是图书馆网络虚拟馆藏主要方式,网络虚拟馆藏的开发和建设工作面向泛在信息社会需要进行调整。

虚拟馆藏收集的内容将不再只是有价值网站本身,而是网站中具体的有价值的资源和内容。面对庞杂的网络信息资源,全面收集所需资源的难度非常大,需要设立更加明确可量化的标准和更加可行的收集措施。网络收集的内容还要向新媒体倾斜,比如博客、Wiki、微博客等,使馆藏涉及的内容和形式更加全面。收集到的网络虚拟馆藏也应该和图书馆自有的实体馆藏进行有效的整合,用户在搜集实体馆藏的时候就可以同时搜索到图书馆精心搜集和组织的网络虚拟资源,为广大用户提供更加个性化、系统化、便捷化的网络资源服务。对于网络虚拟馆藏的收集和整理,图书馆也可以突破只由馆员来搜集整理的模式,借助于用户的力量,将他们搜集到的优质资源共享给所有用户使用。

3.3.3 面向泛在信息社会图书馆数字馆藏建设的内容拓展

3.3.3.1 移动数字馆藏与新媒体馆藏的建设

移动馆藏是指图书馆为智能手机、掌上电脑、iPad、MP4 等手持设备用户提供的数字媒体资源,用户通过手持设备检索、浏览、下载使用或在线使用。移动数字馆藏和新媒体馆藏建设并不是全新的馆藏体系，而只是图书馆为适应用户手持设备、数字电视等利用图书馆设备的变化而开展的拓展性工作，这类馆藏图书馆大多都有其印本馆藏或普通 PC 电脑可用的数字馆藏。

当前为移动设备提供服务最大的困难在于网络链接速度比较低，移动网站设计较差，不能与访问设备兼容，小屏幕、小键盘、无鼠标导航和较低的容错能力。移动设备与 PC 设备的不同决定着即使是同样的资源，在提供移动服务的时候，也需要进行调整和完善。目前，图书馆的移动馆藏建设还处于建设初期，基本上还停留在直接使用或购买商业数据库提供的直接由原数据库改造而成的移动馆藏版本。目前很多商业数据库开始支持移动设备访问和利用而转变成移动馆藏，如 EBSCOhost、LexisNexis、IEEE Xplore、PubMed、ERIC、JSTOR、WorldCat、Factiva 新闻数据库和 Westlaw 法律研究数据库等。另外，Gale 借助 AccessMyLibrary 提供数据库移动设备访问，Mobi 联合多个数据库商推出了专门用于移动设备的数据库，参考文献管理软件 RefWorks、Endnote 也都开始支持移动设备利用。国内的 CNKI 数据库、龙源期刊数据库 2010 年下半年也先后推出了数据库查询的手机版。亚马逊、Overdrive、古登堡项目、Google Books、书生数字图书馆的移动版电子图书也是重要的移动数字馆藏。部分图书馆已经开始将本馆馆藏中借阅率非常高的图书转化为移动设备可读的电子图书，虽然工作整体还不成规模，但从未来发展来看，图书馆整理转换现有馆藏为移动馆藏的工作将继续发展，成为移动数字馆藏建设非常重要的组成部分。

新媒体数字馆藏是图书馆为用户在其他媒体上使用而建设的数字馆藏，这里其他媒体是指用户 PC 电脑、膝上电脑、掌上电脑之外的媒体，目前主要指的是数字广播电视等媒体。根据国家广电总局的规划，我国将于 2015 年完全实现数字电视，数字电视的发展使得图书馆的信息服务得到了进一步的拓展和深化，目前国家图书馆、上海图书馆、天津图书馆、深圳图书馆等都已经在数字电视上开辟栏目，使得用户通过数字电视就可享受到数字图书馆带来的便利。但是由于受广电行业内容制作标准的严格制约,电视上所提供和展示的信息与资源服务与互联网有很大的不同,数字电视在内容呈现时对屏幕分辨率、操作键控制、页面代码等有严格要求,数字图书、期刊若想在数字电视中显示,就需要进行大量的二次加工和制作。无论是图文信息还是视频资源,都要从图书馆长期保存的数字化资源形式转化成电视所需要的格式。

3.3.3.2　开放获取类数字馆藏建设

开放获取(OA)是一种全新的出版模式,其主要特点是由作者、科研机构或基金会支付出版费用、用户免费获取信息内容。开放获取是国际科技界、学术界、出版界、信息传播界为推动利用因特网自由传播科研成果而发起的运动,以此促进科学信息的广泛传播、促进学术信息的交流与出版、提升科学研究的公共利用程度、保障科学信息的长期保存。自 2002 年 2 月正式发布《布达佩斯宣言》以来,开放获取运动在世界范围内风起云涌,开放获取资源发展势头非常强劲。截至2012 年 8 月底,开放获取期刊数量 DOAJ 上登记收录就已经达到 8070种,开放获取知识库的数量 ROAR 登记的机构知识库数量已达 2924个,webometrics 统计的第三方学科知识库数量已达 1552 个。

面对数量日益庞大、种类日益增多且大多免费使用的开放获取资源,图书馆应该加强 OA 资源的选择和组织,将其拓展到图书馆数字馆藏建设之中,从而将未来图书馆数字馆藏建设由原来以"采购商业数据库 + 本馆数字化 + 获取免费网络资源"模式转变为"采购商业数据库 + 本馆数字化 + 获取免费网络资源 + 开放获取资源征集"模式。将开放获取资源纳入图书馆数字馆藏的方式主要有以下几种:(1)系统的搜集和组织网络上发布出来的开放获取资源网站,以资源导航的形式,供用户按照主题、学科、语种、影响力等方式对高质量开放获取期刊网站进行浏览和检索。也可以通过将开放获取期刊和图书等网站的资源整理入库的形式,提供篇章级和内容上的检索和利用;(2)建设开放获取机构知识库,制定开放获取资源收集的相关政策,鼓励机构的作者通过与出版社签订增补协议等形式获得非排他的版权授权后提交给本机构图书馆构建开放获取机构知识库，机构知识库中可以存放作者已获出版社授权的出版版本，也可以存放作者经同行评议修改后但未出版的版本，也可以同时提交与之相关的数据、课件等；(3)通过购买资源发现系统免费获得系统商整理的开放获取资源。目前正在图书馆界迅速推广和应用的资源发现系统，比如 Primo、Summon、WorldCat Local、EBSCO EDS 等，这些基于元数据仓储的资源发现系统收集的海量资源元数据中就包括已经系统整理的开放获取资源，这部分资源对于所有购买该发现系统的图书馆的用户和所有可以使用该发现系统的用户都是免费检索和使用。

开放获取运动对于传统出版模式的冲击仍在继续，其对于未来图书馆数字馆藏建设方式的影响也不容低估，但是不管哪种方式获得开放获取资源，都应该纳入到图书馆全部数字馆藏的统一检索平台中，以实现开放获取资源的充分利用。

3.3.3.3 无障碍数字馆藏的建设

从社会未来发展来看，整个社会对于残障人群保障的意识正在加强，国家也通过颁布法律、制定规章等措施保障残疾人权益，高校招收残障学生的比例正在增加，残障市民的文化素质也正在提高，利用图书馆服务的能力和需求也正在攀升。图书馆无障碍服务以无障碍馆藏建设为基础。图书馆提供无障碍服务是对社会成员的尊重，对提高人的素质，培养全民的公共道德意识，推动和谐社会建设都具有重要作用，彰显着图书馆的社会责任。

由于残障用户群体利用数字资源方式的特殊性，图书馆无障碍数字馆藏建设主要是购买专门的无障碍数字馆藏和对本馆部分数字化馆藏的无障碍改造。残障用户中利用数字馆藏有强度障碍的主要是视障用户和听障用户，至少应该为这两类用户群提供必要的无障碍数字馆藏。在无障碍数字馆藏中，有声读物应该是其中非常重要的组成部分，有声读物是含有文字朗诵作品的录音产品，主要针对的是视障人群，也可以为无法阅读印本资料的其他用户提供服务，有声读物可以通过购买的方式获得，也可以通过互联网免费获得，还可以通过请热心用户或馆员朗读录制的方式制作有声读物,也可以在图书馆网站提供可供读屏软件识读的数字馆藏文本。无障碍数字馆藏建设中,还通过为音视频资源增加字幕的方式或增加手语的方式对部分残障用户最感兴趣的资源进行改造以适应听障用户和语障用户利用的需求。

3.3.3.4 用户增值类馆藏的建设

泛在信息环境是一种鼓励用户参与和贡献的环境,它希望利用集体智慧将互联网变成一种全球大脑,用户在便捷使用泛在信息环境中信息资源的同时也会创造一些信息资源,图书馆应该充分利用相关技术手段和必要的激励措施,推动用户增值类馆藏的建设。

用户增值类馆藏建设借助于用户对现有馆藏基于 Web2.0 的操作而实现增值,这些操作包括标记 tag、评论、打分、评级、排序等。实现增值的数字馆藏可以从用户角度多方面揭示资源,也有助于用户更好地选择和利用数字馆藏。用户增值类馆藏主要体现在:通过用户丰富数字馆藏的相关元数据或修改相关的元数据,使数字馆藏描述更加准确,更多揭示基本元数据之外关于数字馆藏的信息,便于用户对数字馆藏的选择;用户通过给数字馆藏增加 tag 标签的方式,从用户角度揭示数字馆藏的主题和内容,在图书馆分类编目之外提供了更加适合用户的资源分类方式,tag 标签汇集以后,还可以通过标签云实现相似数字馆藏的聚类,为用户查找自己需要的数字馆藏提供了更加灵活的方式;用户对使用的数字馆藏评论、评级和排序则丰富了资源应用评价信息,其他用户根据这些评价信息可以选择到更符合自己需要的资源。

参考文献

[1]中华人民共和国文化部. 数字电视有了"国图空间"[EB/OL]. [2012 – 06 – 20]. http://www. ccnt. gov. cn/xxfbnew2011/xwzx/gzdt/201206/t20120605_253234. html.

[2]涂文玉. 一周综述:"看电视"正向"用电视"转变[EB/OL]. [2012 – 06 – 20]. http://info. broadcast. hc360. com/2012/07/090819514481 – 2. shtml.

[3]黄旭.图书馆数字资源长期保存策略研究[D].长春:吉林大学,2009.

[4]高红,等.世界各国图书馆馆藏发展政策精要[M].北京:海洋出版社,2010.

[5]罗春荣,曹树金.电子馆藏及其发展政策研究[J].大学图书馆学报,2001(2): 37 – 41.

[6]索传军.论数字馆藏管理政策[J].中国图书馆学报,2005(5):62 – 65.

[7]Cedars Guide to digital collection management [EB/OL].[2012 – 08 – 23]. http://www. leeds. ac. uk/cedars/guideto/collmanagement/guidetocolman. pdf.

[8]索传军,马越论.高校图书馆数字馆藏发展政策[J].图书馆理论与实践,2006 (6):88 – 90.

[9]李书宁,等.985 高校图书馆数字特藏建设现状调查与分析[J].图书馆杂志, 2011(8).

[10]杜国强.信息生命周期管理[M].哈尔滨:黑龙江科学技术出版社,2004.

[11]Gail M odge. Best Practices for Digital Archiving:An Information Life Cycle Approach [J]. D-Lib Magazine,2006(1).

[12]索传军.基于 ILM 的数字馆藏管理策略[J].图书情报工作,2005(7): 76 – 79.

[13]梁达基.基于信息生命周期的数字图书馆馆藏资源动态存储模型[J].现代 情报,2010(3):158 – 162.

[14]金声.高校图书馆制定馆藏发展政策时应处理好的几个关系[J].图书馆论 坛,2007(6):37 – 39.

[15]胡振宁.数字资源与馆藏发展政策[J].图书馆论坛,2006(3):149 – 151.

[16]宛玲.数字资源长期保存的管理机制[M].北京:北京图书馆出版社,2006.

[17]范媛静.数字资源长期保存政策比较研究[D].保定:河北大学,2007.

[18]任宁宁.泛在图书馆与社科院图书馆的服务创新[J].情报资料工作,2012 (4):77 – 81,105.

[19]李莉.泛在图书馆的新型信息服务模式[J].高校图书馆工作,2011(1): 72 – 74.

[20]孙波.泛在知识环境下图书馆信息资源建设策略探析[J].图书馆学研究, 2009(9):51 – 53.

[21]杨灵芝.泛在环境下图书馆服务创新研究[J].情报科学,2012(3): 347 – 351.

[22]王娜.泛在环境下交互式知识网络的形成与结构分析[J].情报理论与实践, 2010(9):58 – 60.

[23]王娜.泛在环境下基于用户协作的信息组织机理研究[J].图书情报工作, 2010(7):97-101.

[24]方春华,李书宁.走向移动互联时代的图书馆服务[J].图书情报工作,2011 (23):72-76.

[25]牛琳琳.开放存取环境下图书馆馆藏发展政策研究[J].情报理论与实践, 2009(3):81-84.

[26]李春明,张炜,高恩泽.基于数字电视的国家数字图书馆服务实践[J].国家 图书馆学刊,2012(1):28-32.

[27]李书宁.用户参与的图书馆数字资源建设研究[J].图书馆杂志,2011(12): 23-27.

4 面向泛在信息社会的数字馆藏建设与共享模式

4.1 数字馆藏建设模式概述

模式,英文常被译为"Mode"或"Pattern",是解决某一类问题可能的、习惯或推荐的方法。在现实世界中,把解决某类问题的方法归纳总结到理论高度,那就是模式。良好的模式,将现实实践中相关问题、解决方案和实施效果都进行了系统深入的归纳,借助于良好模式,可以逼近找到解决问题的最佳方法,达到事半功倍的效果。数字馆藏建设模式就是图书馆数字馆藏建设实践中相关问题、解决问题方法的归纳和总结,是指导图书馆数字馆藏建设的有力武器。

数字馆藏建设是数字时代,乃至泛在信息时代图书馆对外提供高质量服务的基础。人们在图书馆馆藏建设的实践中根据工作需要和社会的发展探索着不同的建设模式。结合本书第三章对数字馆藏生命周期的分析,数字馆藏建设涵盖了数字馆藏创建和采集阶段、数字馆藏组织阶段、数字馆藏的老化处理阶段,但数字馆藏建设的重点仍在于前两个阶段,本书关于数字馆藏建设模式的探讨将主要停留在创建采集和组织层面。

4.1.1 创建采集阶段的数字馆藏建设现状分析

在创建采集阶段,商业数字馆藏引进仍是数字馆藏建设的主要内容。商业数字馆藏引进主要采用单个图书馆购买和集团联合购买两种方式。单个图书馆购买是数字馆藏引进初期采用的基本建设方式,但随着商业数字资源的频频涨价,几个馆(主要是大型图书馆)联合购买开始出现,发展到后来就出现了 CALIS 和 NSTL 这样的集团购买。当前大馆的商业数字馆藏引进中这两种模式并行存在,而一些中小型图书馆甚至已经停用了单个图书馆购买的方式,全部采用联合购买的方式。

在创建采集阶段,非商业数字馆藏的建设一直是数字馆藏建设的重要组成部分,而且随着商业数字馆藏同质化现象的加剧,非商业数字馆藏建设将成为将来数字馆藏建设工作的核心内容。非商业数字馆藏建设方面,目前主要采用本馆数字化加工、外包数字化加工、图书馆用户缴存与捐赠、图书馆搜集整理以及图书馆联合构建五类方式。非商业数字馆藏建设在馆藏中主要体现载体是各馆的特色数据库,特色数据库建设主要是利用引进和自己开发的数据库平台,将通过各种方式创建和采集的数字资源揭示和发布出来,为用户所用。特色数据库建设初期,图书馆对自有特色馆藏资源数字化加工的方式比较普遍,但囿于各馆的财力、设备和人员,本馆数字化加工的数量不多,质量也不太高,标引也比较简单。随着数字图书馆建设热潮的到来,大量以数字化加工为主要工作的公司应运而生,也有一些公司专门打造了特色数据库建设和服务平台,馆藏数字化加工通过外包形式实现逐渐成为馆藏数字化加工工作的常态。图书馆用户缴存数字馆藏则是指用户按照相关规定向图书馆提交的数字资源,比如大学图书馆和研究机构图书馆对本机构各类学生学位论文和已经发表研究成果收缴而建设的学位论文数据库和机构知识库。图书馆在构建特色数据库过程中也可以向用户征集相关的印刷版资料或数字版资料,比如,美国纽约图书馆构建"菜单"特色数据库时向纽约市民征集其就餐过程中拍摄的特色菜单,普林斯顿大学图书馆钱币数据库中的钱币照片完全由学生用户捐赠。图书馆也会通过其他方式搜集一些网络免费高质量资源构建特色数据库为用户服务,比如北京大学图书馆收集整理的北大博文数据库,再比如各个学校构建的网络资源导航数据库等。另外,图书馆之间以及图书馆与其他机构之间也在通过协作的方式构建特色数据库,比如北京大学与香港大学、北京大学历史地理研究所联合构建北京历史地理数据库,再比如清华大学图书馆与教务处、经济与管理学院联合构建学生优秀作品数据库等。

4.1.2 资源组织阶段的馆藏建设现状分析

在数字馆藏的资源组织阶段,数字馆藏都存在一个资源描述和组织问题,主要涉及印本馆藏的数字描述组织(最突出的就是机读目录格式 MARC 书目数据)、商业数字馆藏的描述组织和非商业数字馆藏的描述组织。

印本馆藏的描述组织,目前主要是采取图书馆编目人员编目、中等层次的编目外包(除 CNMARC 905 字段外所有书目数据的编目外包)、高等层次的编目外包(包含 CNMARC905 字段在内所有书目数据的编目外包)、图书馆间的联合编目(比如 CALIS 的联合编目、国家图书馆主导的联合编目以及诸如 ILAS 这样的国内部分自动化系统提供商用户之间的联合编目)四类方式。其中,图书馆原始编目量,尤其是中小型图书馆,正在越来越少,采用编目外包和联合编目基本上可以获得自己所需要的绝大多数可套录的书目数据。一些大中型图书馆印本馆藏的原始编目主要转向于外文馆藏,尤其是英文文献之外的日俄法等小语种的馆藏。中等层次的编目外包是国内图书馆印本馆藏书目数据获得的主要方式,这部分编目外包严格意义上讲,只是一种准外包。此种外包编目数据主要由图书供应商为其提供图书进行编目,一般而言,图书馆并不和图书供应商专门因书目数据编制而签订合同,而是在签订购买印本图书购买合同时约定内容,甚至并没有在合同中进行约定或者只是口头承诺,图书供应商为获得图书馆图书订单主动提供,对编目数据质量并没有严格的要求。高等层次的编目外包需要外包数据商对本馆的分类号和索书号有更好的把握,这需要长期的摸索和实践。因此高等层次的编目外包风险更大一些,具体的实践中采用的比较少。另外,图书馆之间联合编目也是书目数据建设和共享的重点途径之一。图书馆之间,借助相关约定和标准,对印本图书实现描述组织并纳入到整个书目数据库中,其他机构则可以直接下载已经描述组织的书目数据。

商业数据库资源描述与组织,目前主要采取的方式是数据库商负责具体数据库资源内容层面描述,图书馆负责对数据库描述。不管是传统的期刊类、报纸类、图书类等传统媒体内容数据库,还是日渐增多的音视频的多媒体数据库,具体资源内容层面的描述在数据库商构建数据库的时候已经完成,图书馆购买数据库时购买到的是一种经过描述可以进行检索浏览的成品,因此,当前情况下数据库资源内容层面描述组织的质量主要依赖于数据库商的技术、态度、人员素质、业界标准采用情况和责任心等。虽然国内外少量的数据库商,尤其是新入行的数据库商的元数据质量还有待改进,但绝大多数数据库的元数据质量还是令人比较满意。也正因此,以商业数据库为主要内容的数字馆藏在泛在信息社会若想支持知识服务,将主要依赖于商业数据库商资源描述的细化和深入。值得庆幸的是,相当多的数据库商,比如国内的 CNKI、万方,国外 ISI Web of Science 等已经开始进行学术定义、学术趋势分析等方面知识内容挖掘并已经取得了一些卓有成效的建设成果。相比较而言,图书馆在商业数据库层面能够进行描述的内容并不太多,基本停留在数据库层面的描述,比如数据库名、数据库商名、数据库涵盖的学科、主题、资料类型、揭示程度、涵盖时间范围等。图书馆通过这些描述为商业数据库建立各类导航,并试图通过商业或自开发的跨库检索软件提供跨库检索。在进行跨库检索时,还需要对各个数据库的检索规则进行描述和应用。但这种利用方式、实际上仍旧是数据库商对资源和内容描述的元数据,对图书馆的知识服务支持力度有限。目前在图书馆行业应用日渐广泛的知识发现系统提供商正在通过商业谈判、合作等方式将商业数据库的元数据整合在一起,经过去重、完善等工作,为图书馆用户提供检索浏览服务,但目前很难说是一种知识发现系统,还是只提供跨库检索服务。若想提供真正的知识服务,还需要对获得元数据做进一步的整理和分析,揭示学科趋势、研究热点、新兴领域等知识内容。

非商业数字馆藏资源描述与组织,目前主要采用图书馆员资源描述、外包资源描述、用户参与的资源描述和众包的资源描述四种方式。这里的非商业数字馆藏主要是指图书馆建设特色数据库和收集整理的互联网免费资源，包括开放获取资源。这类数字馆藏的描述组织主要由相关图书馆员来完成，图书馆员需根据馆藏建设的实际需要和相关标准，设置相应地元数据描述字段并对具体资源进行描述。也有一些资源描述工作是在图书馆提供相应元数据描述字段和描述要求的基础上由参与数字化加工的外包公司，利用扫描的数字化版本的 OCR 识别来实现，图书馆员负责元数据质量的评估和验收。也有一些是用户利用图书馆特定数据库系统已经设定的元数据字段在提交数字资源内容同时对资源进行描述，图书馆员负责数据的审核，比如高校图书馆的学位论文就是由用户在提交论文的时候按照设定好的描述元数据字段进行自描述；同时适用的还有用户提交到机构知识库中的资源以及其他由用户提交的特色数据库，比如美国普林斯顿大学图书馆钱币数据库中的钱币照片，不但是用户捐赠的，同时用户还需要对这些照片进行描述。另外，图书馆在非商业数字馆藏描述与组织过程中，还可以通过非特定群体描述和修改描述的众包方式来实现。具体参与方式包括：利用馆藏 OPAC 的 Web2.0 用户参与功能（目前包括ALEPH、汇文等在内的国内外主要图书馆自动化系统和独立的新一代OPAC 系统 WOPAC、SOPAC、Vufind 等都提供了供用户对资源进行评论、设置标签、资源评级和排序等的功能）、图书馆提供馆藏描述参与平台（如澳大利亚国家图书馆的数字报纸归档系统就允许用户设置标签和评论）、图书馆借助于第三方社交网络收集用户描述信息（如美国国会图书馆就将 3115 幅无版权的照片在其 Flickr 的主页上发布，让用户为这些历史照片标注和评论）等。澳大利亚国家图书馆报纸数字化、芬兰国家图书馆数字化报纸等项目中都采用众包的方式邀请不特定的大众对资源数字化过程中 OCR 技术识别错误进行挑错和改错。

综合图书馆数字馆藏创建采集阶段和描述组织阶段建设的主要方式，数字馆藏建设的模式大体可以分为自建模式、协作建设模式、外包模式、用户参与建设模式和众包模式五大类。相对于其他几种建设模式,用户参与建设模式和众包模式出现时间较晚,正处于上升空间,但这五大类模式各自有各自的适用空间,彼此之间虽出现了此消彼长的排斥现象,但却并不完全排斥,一般情况下也不会完全替代彼此,而是在将来相当长的时间内相互依存,共同应用于图书馆的数字馆藏建设。

4.1.3 数字馆藏建设模式转变和多元化原因分析

与印本馆藏建设时代的馆藏建设模式相比,数字时代的馆藏建设模式发生了很大的转变,也更加复杂和多样。究其原因,主要有以下四个方面。

(1)馆藏来源的多元化和复杂化造就模式的转变和多元化。传统印本馆藏时代的图书馆馆藏基本上都是通过出版社、书店等机构获得,后来增加了第三方图书供应商,这些供应商一般本身并没有资源,只是从图书馆获得采购需求,然后根据需求到出版社采购后再售卖给图书馆,获得中间利益。随着第三方图书供应商的增加,供应商之间的竞争愈见激烈,于是图书编目业务外包形式出现,供应商以提供配套书目数据的方式获得更多的图书馆采购订单。相对于印本馆藏,数字馆藏的来源则更多,既需要从数据库商那里购买,也需要自己数字化和描述组织数据库商无法提供的本馆特色馆藏,还需要收集整理互联网上各类有价值的资源,在具体实践中图书馆也探索了多种有效的建设模式。也正是在构建特色馆藏实践过程中,由于有的特色库建设的资源直接来自于用户的捐赠和数字化,而且量也非常大,于是就出现了由用户对资源按照设定好的描述字段内容进行描述组织的用户参与建设的模式。

(2)降低馆藏构建成本的需求推动联合建设模式。虽然国内图书馆的资源采购经费大多能够保持稳定或持续增长,但商业数字资源价格的持续高速攀升(部分数据库每年有百分之十几的增幅),远远超过了采购经费的增长率,这就使得图书馆在购买商业数据库数字资源的时候显得有些捉襟见肘。要想利用有限的经费最大程度的满足用户需求,就要降低购买成本,于是几家图书馆,甚至几十家、几百家图书馆联合购买模式就出现了。不管联合购买成员采用的采购费分摊方式是 FTE(全时当量),还是按使用量,或是平均分摊,单个图书馆购买的费用都会有不同程度的降低,而数字资源商则可以借机扩大市场,增加销售总额。因此联合购买模式为图书馆和数字资源商双方接受,成为当前商业数字资源采购的主要模式。另外,在特色数据库建设过程中也存在类似的问题,由于某类特色资源馆藏为多个图书馆共有,若需保证特色数据库涉及内容的全面性,任何一个图书馆收集全该类特色资源的成本都会非常高,几个图书馆联合构建,利用别馆共享的资源则可以大大降低相关成本。

(3)馆藏建设量急剧增长但相关工作人员增长缓慢催生新建设模式。外包、用户参与和众包在馆藏建设中出现的一个最为重要的原因就是馆藏建设量的急剧增长而相关工作人员增长缓慢,相关工作人员无力应对或者虽然可应对但耗时较长影响用户正常使用。比如,编目外包,第三方图书供应商提供配书的书目数据虽然是图书供应商一种商业促销的手段,但根本原因则是由于高校规模扩张、本科教学评估等原因造成的购书量增加、未编目图书大量积压影响到读者正常使用而出现的尽快完成编目的需求。再如,由用户捐赠资源构建数字馆藏的资源描述工作,比如学位论文的提交工作,如果作者只提交数字原文,而元数据描述工作由工作人员完成,少则几千篇,多则数万篇的论文编目工作量可想而知,而每个用户对自己提交论文按照设定好的字段进行描述只会耗费用户很短时间,借助于用户力量则可以以较短的时间顺利完成。再如,澳大利亚国家图书馆报纸数字化后 OCR 错误识别和纠错工作单纯依靠工作人员来做,其工作量可想而知,而采用众包方式则大大降低了工作完成难度。

(4)用户的变化为新模式实施提供人力保障。随着 Web2.0 理念的普及,用户在利用数字资源过程中,已经不再停留于只使用图书馆提供的固有组织方式,更愿意按照自己喜好和习惯利用 tag 标签等描述组织数字资源,也愿意通过评论、评级,甚至补充相关元数据的方式实现对数字资源的组织、建设与管理。用户这些参与习惯的养成对于图书馆数字馆藏建设中用户参与和众包都提供了一定的人力保障。而且，随着信息技术的高速发展与普及，用户手中的手机和其他终端设备已经可以轻松完成某些数字化工作，而无处不在的无线互联网则允许用户轻松共享数字化资源。比如，美国纽约州建设的菜单数据库，用户在就餐的时候就可以随手用手机拍下特色菜单立即上传到图书馆网站。移动设备智能化使用户可以最大化利用碎片时间。这些变化有利于用户参与模式和众包模式的顺利实施，也使相关工作具有更强的吸引力。

4.2　数字馆藏当前主要建设模式分析

4.2.1　商业数字资源购买模式分析

不管是当前，还是未来，商业数字资源的购买都将是图书馆数字馆藏建设非常重要的组成部分，在过去比较长的一段时间中，也逐渐探索出系统的购买模式。商业数字资源（商业数据库）购买模式主要由单个图书馆购买和集团购买（联合采购）两种方式构成，其中以集团购买为主，但多数情况下，集团购买只是由集团负责与数字资源提供商的谈判，仍需各个图书馆分别与数字资源提供商签署合同，支付相关费用，因此集团采购除集团代表与数字资源提供商进行谈判以及集团内部商讨具体的付费规则外，对于各个图书馆而言，其组织保障、购买流程等大体相同。在具体的实施过程中，还出现了一种用户参与购买的 PDA 模式，本书在本节的最后也详细讨论。

4.2.1.1　商业数字资源购买模式的组织保障

商业数字资源的购买工作，目前主要由各馆数据库采购人员负责，数据库采购人员所处部门则有可能不同，有的设在采编部（文献建设部），有的则设在咨询部或系统技术部。但是由于商业数字资源数据库的价格不菲，且一旦购买，除非极特殊情况，以后每年都要续订。

因此,商业数字资源数据库的购买在各个图书馆都比较慎重,绝大多数图书馆除数据库采购人员之外,都设立了商业数字资源采购的相关工作组。

商业数字资源采购工作组一般是由作为组长的主管馆长(或副馆长)、作为小组成员的采编部门、系统技术部、参考咨询部、数字化部等相关部门负责人组成的、跨部门分散工作的动态工作组。在实际订购过程中各部门负责人可根据需要调动部门其他人员参与进来,其他部门负责人可根据需要由主管馆长指定临时加入到某个数据库的订购工作中来。采购组的工作主要是对要购买的数据库根据已有的全馆数字资源建设方案和本馆用户数字资源使用要求,从各部门利用维护等角度进行评估和投票,决定是否购买。在整个采购工作组中的具体职责是:(1)主管馆长(或副馆长)的主要职责是从全馆高度,结合领导班子、馆员和典型用户及专家的意见和建议,制定全馆数字资源发展的政策、中长期规划,制定本年度数字资源建设计划和实施方案;全面组织、协调本馆数字资源的订购流程;数据库订购最终决策;合同谈判、签署等。(2)数字资源采购部门搜集、汇总最新数字资源的相关信息,负责与数据资源提供商联系、试用、调查与评估,还要负责待购数字资源与本馆现有资源的查重、匹配,参与合同谈判,具体订购事务(比如价格核算、审议合同、根据合同履行财务手续等)处理、已购数字资源的续订工作等。在当前数字资源采购需要招投标的情况下,采购部门还需要负责组织招投标工作组或联系招投标管理机构开展招投标工作,对参与集团采购的数字资源进行必要的备案工作等。(3)信息咨询及其他用户服务部门,负责收集用户对于数字资源的需求,并将需求反馈至数字资源采购部门,负责数字资源试用期间的用户宣传、用户教育以及用户试用情况调查和效果评估、待续订数字资源数据库的使用评估等。(4)系统技术部门负责提供电子资源订购和试用所需要的技术支持,包括参与本地数据库的订购决策;相关软硬件的配置;本地试用数据库的技术支持;本地镜像数据库的安装和维护;数据库使用技术支持(IP段的变更通知、代理服务器的使用等),相关统计软件和读者调查系统的开发等。(5)数字化部门则根据本馆已建特色数字馆藏和特色数字馆藏的长期发展规划,对欲购商业数字资源进行评估并参与试用评估。

除各馆独立的组织保障以外,对于图书馆多数商业数字资源的购买而言,还涉及集团采购的组织保障问题。图书馆电子资源集团采购的组织,大多从已有的资源或者成员馆之间拥有的共同资源和共同需求出发组织采购集团,以达到充分利用现有资源,节约成本的目的。集团的组团主要有两大类:(1)因需求组团。需求是采购行为最直接最有效的动力,国内最早的数字资源集团采购就是出于共同的需求而达成的集团购买协议。因需求组团的采购集团多为同样性质的图书馆,比如高校图书馆、公共图书馆或科研院所图书馆,或同行业的图书馆,比如外语院校图书馆、农业院校图书馆、工科院校图书馆等。这些图书馆之间可能并没有特定的行政隶属关系,也没有相关联盟关系,但是由于需求的相同或互补性,使得组团很容易成行,组团图书馆之间通过协商确定付费比例,分别同数字资源提供商签署合同。这样的组团约束性较弱,因此具有很强的灵活性,保证了数字资源在花费尽可能少费用情况下为用户所使用。(2)因行政隶属或联盟而组团。鉴于国内很多图书馆具有相同的行政隶属关系,比如高校图书馆都隶属于各类教育行政管理部门、公共图书馆大都隶属于各类文化管理部门,这样某行政管理部门下属的各个图书馆可以因共同的经济或行政支持而组团购买。同样还有各类联盟,比如CALIS、河北数字图书馆联盟等。因有共同的经济或者行政支持,集团内部容易达成统一的意见,其组织形式相对稳定和持久。

4.2.1.2 商业数字资源购买模式的主要工作流程

商业数字资源购买主要涉及商业数字资源采购信息的获得、依据本馆的馆藏政策和发展规划对待购买数字资源进行初评、根据本馆的馆藏内容对待购买数字资源进行查重、联系数字资源提供商进行试用、数字采购工作小组评估和用户试用、参与集团采购或设立招标谈判小组与数字资源提供商谈判、签署合同、付费使用以及已购买数字资源数据库的续订等环节,具体工作流程如图4.1。

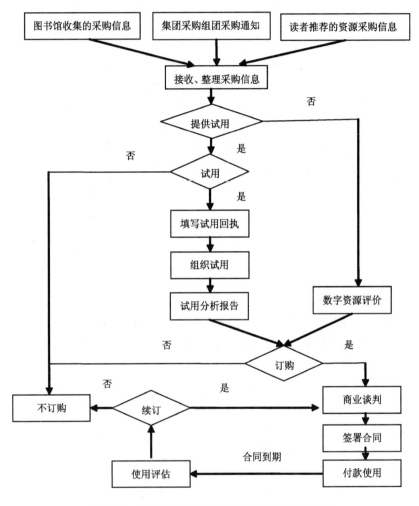

图 4.1 商业数字馆藏购买模式的主要工作流程

总之,商业数字资源购买模式工作流程中最为关键的环节有三个:(1)数字资源采购信息的获取和分析。不管是图书馆员自己搜集商业数字资源的采购信息,还是图书馆用户推荐或者是集团组团采购信息,图书馆数字资源的采购人员都需要根据本馆馆藏的长期发展规划、本馆特色和本馆用户的需求进行认真的权衡。在第三章讨论数字馆藏发展政策时已经提及,对于数字资源采购人员而言,最好有落在纸面上可以遵循的相关规则或审查量表,这些规则或审查量表应该获得图书馆管理层的授权和认可,这对于采购信息的初选非常有必要,而且对于图书馆整个数字馆藏质量的提升也大有裨益。

(2)数字资源使用评价和评估。数字资源使用评价和评估有多种方式,比如用户试用、商业数字资源采购工作组的评估、对已购买该数字资源的图书馆的调研、欲购买数字资源与本馆现有资源的重复度分析等。这些都是保障数字馆藏质量的根本,确保有限的资金购买的是用户需要的资源,因此这些评价和评估的方式都应该落到实处,而不是流于形式。对于可以使用的数字资源数据库,图书馆需要加大宣传力度,甚至可以通过各种方式直接邀请有代表性的用户参与试用,保证试用效果;商业数字资源采购工作组也需要结合自己的工作实践,从不同角度对欲购买的数字资源进行认真的评价和评估,评价和评估依据当然是图书馆数字馆藏的长期发展规划、馆藏特色和用户需求,采购工作小组也可以邀请用户(尤其是可能在国外已经使用过该资源的用户)参与评价和评估;对于相当多的图书馆而言,在其准备购买某种数字资源数据库的时候,已有一些图书馆购买和使用,图书馆需要从数字资源供应商那里获得已购买用户的名单,专门针对已购买用户的使用情况进行调研和分析,然后再结合本馆实践进行决策;对于欲购买数字馆藏与本馆现有资源的重复度分析也非常关键,资源重复度的分析可以是和现有印本馆藏的重复度检测,也可以是与已有数字馆藏的重复度检测。

(3)商业谈判和签署合同。前两个环节是保证数字馆藏的质量,这一个环节则是保证在资源可用前提下尽可能的压缩购买成本。商业谈判可以是单个图书馆与数字资源提供商之间的谈判,也可以是多个图书馆或采购集团代表馆与数字资源提供商之间的谈判,谈判的内容包括数字资源数据库的使用方式(是选择镜像方式还是选择远程"通道"服务方式,有时候为了本馆全体数字馆藏的统一检索或知识发现,还需要获得该数据库的资源调用接口等)、付费方式(一次性付款还是分期付款)、付费额度(在数字资源提供商报价基础上尽可能争取更多的折扣、使用期限的优惠、技术支持服务优惠等)、数字资源长期保存方面的需求等等。集团采购或联合采购的成员馆之间还需要商谈具体的付费比例等。合同签署是商业数字资源购买的最终环节,需要对合同文本字斟句酌的推敲,必要的话可以邀请法律专家或顾问对合同进行研究。合同之外敲定的内容,一定要以附加条款的形式落在纸面上双方签字,以避免将来不必要的麻烦。

4.2.1.3 集团购买模式分析

集团购买是指由若干图书馆自愿组成集团,共同推举谈判代表与电子资源提供商谈判价格与使用条款,最终购买合同则由提供商与各加盟馆签订,购买费用由各成员馆自行支付的一种新型的电子资源购买方式。数据库资源集团采购是国际图书馆界适应网络环境的需要,实现资源共享、消除数字鸿沟的新举措。集团采购改变了图书馆各自为政、自行采购的传统采购方式,降低了采购成本,节省了人力和时间[①]。集团购买已经成为图书馆商业数字资源购买的主要方式,因此有必要单独对其深入分析。

(1)集团购买的优劣势分析。集团购买最大的优势就是降低成员馆的资源采购成本。通过集团形成采购议价优势,为集团的各成员馆争取到了更优惠的价格,节约了大量的经费,集团购买也会因用户量的增加而使得网络传递成本因分担而有效降低。以集团名义与数字资源供应商洽谈业务,多家图书馆一次谈妥,既免去了各图书馆重复谈判而耗费的多余的时间和精力,也避免了各图书馆在相互信息不通

---

① 孔庆杰,等.图书馆数据库资源集团采购策略分析[J].图书馆建设,2006(3):52 - 54.

的情况下与同样的供应商谈判,购买的是相同的电子资源,却支付不同的成本。某些联盟主导的资源需求互补性集团采购还可以在联盟之间实现资源有效配置,在保障数字资源供应商利益的前提下,通过商业谈判,各成员馆分组购买不同的数字资源但在联盟之间共享。但是集团采购也有一些劣势需要注意,比如,集团采购在增加图书馆可购买资源采购信息的同时,也带给很多图书馆数字资源评价的额外工作,如果不能客观全面思考本馆的需求,而只是盲目从众,就有可能购买到一些别馆需要但本馆并不是很需要的数字资源,结果用户利用率非常低,浪费了宝贵的采购经费。另外,如果费用分担模式不合理,还有可能出现参与集团采购比单独采购付更多费用的情况。这就需要图书馆在参与集团采购时认真的衡量利弊,结合本馆需求慎重决策。

(2)集团购买的主要购买和使用方式。从购买资源的使用方式来看,目前集团购买主要有三种方式:①集团购买分馆自用式。集团出面和数字资源提供商进行谈判,但数字资源提供商与集团各分馆根据集团谈判的折扣分别签署合同,各成员馆购买后自行使用。这是当前集团购买数据库采用最多的方式。②集团谈判分馆采购共用式。在集团的统一规划和组织下,各个图书馆分别购买数据库的一部分内容,然后将各馆购买的数据库合并成一个整体数据库,由参加集团采购的各个图书馆共同使用。③整体采购共用式。集团根据集团内各图书馆的总体需求,由集团出面与数据库供应商谈判,统一购买整个数据库,参加集团的各分馆共同使用,每一成员馆只需要很少的一部分资金就可以使用很丰富的数字资源。

(3)费用分摊的主要模式。目前,集团采购的费用分摊模式主要有三种:①费用均摊模式。费用均摊模式是指采购集团将采购的费用和组织采购产生的额外管理费用平均分摊给各个成员馆的付费模式。该模式实现简单,也容易操作。由于付出的费用相同,大馆由于用户规模大,资源利用率高,大馆的收益会远远高于小馆,这对于小馆来讲不公平。因此这种模式适用于集团内资源规模、资源流量、读者规模大体相仿的图书馆之间,否则的话,集团采购难以长期维持下去。费用均摊模式更适用于采购价格比较低的数字资源。②使用量费用分摊模式。使用量费用分摊模式是采购集团根据各成员馆数字资源使用量计算各成员馆需要付的费用。具体费用的计算可以根据数字资源数据库自动统计的下载论文篇数、期刊浏览使用次数等。由于由数据库自动统计，具有一定的公正性和客观性。按各成员馆的使用量分摊费用，可以体现各成员馆之间的规模差异效应，使小馆不会承担过多的费用。使用量费用分摊模式直观、易懂、简单、可操作性强，也是一种较为客观和公平的费用分摊模式，适用于各种类型的采购集团。但费用分摊模式也有它的局限性，这种方法所依赖的标准太过单一，考虑的方面不够周全，忽略了采购集团的整体效益。对于使用量高的大图书馆来说，有可能出现单个图书馆分摊的费用超过该图书馆独立购买电子资源的费用的情况，这样就违背了降低成本的初衷，影响一些大型图书馆的利益，甚至有可能导致集团采购的终止。③FTE 费用分摊模式。FTE(Full－Time Equivalent) 是指全时学生当量数，将学校的教师、学生数按一定的加权数，折合成全时学生数，来计算学校的规模，然后根据学校规模设定相应的等级，计算费用分摊比例和数量，FTE 人数越多，分摊的费用也越多。由于高校图书馆的用户相对容易计算，基于 FTE 人数的费用分摊法，与高校在学校规模、专业设置、科研水平上呈现出的明显的等级式分布状态也基本吻合，FTE 更多的用于高校图书馆组团采购。实际上，高校的在校学生和教师并不一定使用图书馆的数字资源，而且各学校学生的信息素养和信息获取能力也有较为明显的差别。FTE 模式从用户可能需求出发进行计算，这种单纯依据规模进行费用分摊的方式，虽然由于实施简单而应用非常广泛，但客观上并不一定合理公平。当然，具体实践中还有一些其他的费用分摊模式，比如基于"影响指数"的费用计算和分摊模式等。总的来说，数字资源集团采购的费用分摊是一个比较复杂和系统工作，需要考虑多种因素，针对具体的实践，灵活采用不同分摊模式，并根据需要不断调整，兼顾到各方面的利益，才能使集团采购顺利进行和可持续发展。

（4）集团采购的适用情景分析。集团采购基于共同采购某一个或某几个特定数字资源数据库的需求，而且需要达到相当的数量，集团采购才能组团成功，也才能达到降低相关购买费用的目的。这就要求集团采购所适用的数字资源数据库一般应该是使用面非常广、能够为成为众多图书馆需要购买的资源，比如学科范围比较广的数据库、综合性数据库、面向不特定用户的数据库等，而只有少量图书馆需要的数字资源数据库则一般不宜利用集团采购获得。也正因此，集团采购适用于地缘上接近的图书馆之间，比如江苏高校图书馆联盟、江西的昌北高校图书馆联盟等，地缘上的接近可以大大减少组团成员馆之间的联系沟通成本；也适用于学科类型相仿的图书馆之间，比如外语院校图书馆联盟、卓越六校图书馆联盟、全国师范院校图书馆联盟等，这些图书馆在采购资源需求方面有极大的相似性，基于相同的需求组团也更容易成功；还适用于有行政隶属关系的图书馆，比如省级图书馆带领全省市级图书馆集团采购，这些图书馆经费基本上是同一个来源，在经费管理和分担方面也有很强的优势；还有 CALIS、NSTL 这样的机构，由于其涉及的成员馆很多，又有丰厚的国家专项拨款，也适合组团集中采购。

4.2.1.4　商业数字馆藏购买中的 PDA 模式

读者决策采购（Patron – Driven Acquisition，PDA），也称用户驱动采购，是图书馆根据读者的使用情况，按照与数字资源提供商合同约定的标准确定购入馆藏资源的建设模式。PDA 是一种以读者为主导的资源建设模式，使读者首次从文献资源建设的接受者和终端转变为发起者和首端，成为文献资源建设的决策者。国外许多大学图书馆如美国加州大学、康奈尔大学、杜克大学、普渡大学、丹佛大学等图书馆都实施了这一以读者为主导的文献资源建设模式，主要运用于电子书的采购。2010 年，美国大学和研究图书馆协会（ACRL）发布了未来大学图书馆的十大发展趋势[①]，其中"馆藏的增长取决于用户"被列为第

---

① ACRL. Research Planning and Review Committee. 2010 Top Ten Trends in Academic Libraries［EB/OL］.［2012 – 04 – 08］. http：//crln acrl. org/content/71/6 /286. short.

一大发展趋势。PDA 模式的出现和发展也是这一趋势的重要体现。

（1）PDA 模式的工作流程。PDA 电子图书购买模式与现有印本图书基于读者挑选的购买模式有点相似，都是商家提供书单记录，读者挑选书单中自己需要的图书，图书馆为其购买并充实到馆藏中。具体的操作流程是：图书馆与书商签订合同确定相关原则和标准，图书馆与书商确定符合藏书发展政策的预设文档（profile），之后书商提供符合预设文档要求的图书 MARC 记录，图书馆把 MARC 记录导入图书馆自动化系统，读者通过 OPAC 查到书目记录后，或者点击链接直接阅读电子书，或者要求提供印刷本，由图书馆统一付费租用或购买。各馆同书商谈判确定的租用或购买的标准各不相同，视读者点击浏览的次数和时间决定，有的三次点击即触发购买，有的则十次，不足规定次数按浏览的时间收费，一般为书价的 5%。

（2）PDA 模式的优劣势分析。总体来讲，PDA 模式采购的馆藏资源是读者真正需要的资源，在图书馆未购买之前就产生了资源使用记录，从根本上改变了馆藏文献资源利用率低的现状。同时，PDA 模式保障了读者在需要时立刻就能获得所需文献，不像原来读者推荐购买以后需要相当长的时间才能使用，因为没有时滞，高效的运作方式会增加用户的满意度。PDA 模式又不像专门的荐购，读者不需要在图书馆提供的单子上勾选使用，只是按照自己的习惯直接查询和利用资源即可，图书馆为其购买的资源买单，这个过程中不会给读者带来额外的负担。对于馆藏建设整体而言，不管采访馆员以及学科联系人等如何努力，其学科背景和知识领域都是有限的，借助于读者的选择构建馆藏则突破原来的限制，对提高馆藏的整体质量大有裨益。但是，PDA 模式应用也有一定的限制，比如，当前 PDA 模式主要应用于电子书，应用于其他资源类型的 PDA 商业模式尚不清晰，限制了其应用范围，总的来说能够发挥的作用还有限；PDA 模式目前还只是国外电子书商在国外应用，国外电子书商在国内仍未有采用迹象，国内电子书商对此模式也不屑一顾，国内图书馆采用该模式尚需时日；另外，由于PDA 完全基于读者的利用行为自动实现预购买图书的记录和最终的购买,因此读者的利用选择行为必须防止被滥用,需要有配套的相关措施。

4.2.2 特色数字馆藏的建设模式分析

在互联网上各类商业数据库和资源日趋雷同的情况下,特色数字馆藏的建设已经成为图书馆在互联网时代谋求长远发展的重要保证。特色数字馆藏构建和发展不仅可以更好地满足本馆用户日益多元化的信息需求,也可以通过图书馆之间的资源共享为全国乃至全世界其他用户提供有价值的服务,还可以极大地扩大图书馆在因特网时代的社会影响力,为图书馆谋求更好的发展未来。因此,特色数字馆藏建设模式在泛在信息社会的发展中也越发重要。特色数字馆藏建设主要采用自建模式、合作建设模式、外包建设模式、用户参与建设模式和众包建设模式。其中前三种是当前使用比较多的建设模式,后面两种新近出现的建设模式,但众包模式应用目前尚不明朗,本书只讨论前四种。

4.2.2.1 特色数字馆藏建设的组织保障

特色数字馆藏建设是图书馆内部的重要工作之一,具体的建设也是一个比较系统的工程,需要图书馆领导层和普通员工的共同参与。图书馆馆长或主管副馆长应该主导建立图书馆特色数字馆藏的长期发展规划、建立相关标准并负责特色数据库建设过程中馆内各部门及合作建设单位的协调,馆内相关部门或工作组则负责特色馆藏(数据库)具体的实施和维护。

4.2.2.2 特色数字馆藏建设的工作流程

特色馆藏建设是根据图书馆的性质和馆藏任务,选择传统馆藏和本校教学科研成果并开发网上信息资源构建特色数字化资源。特色数字馆藏的主要体现是各类特色数据库。特色数据库建设的工作流程主要涵盖特色馆藏选题、选题相关资源的搜集、选题相关资源的描述入库、选题相关资源的维护,最终实现特色馆藏的利用,具体参见图4.2。

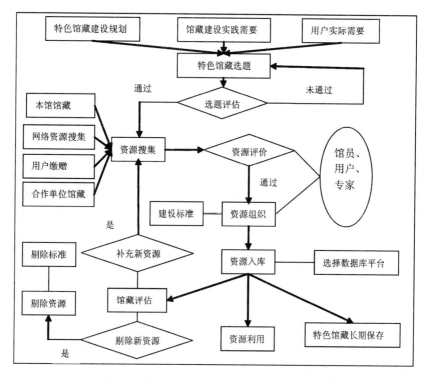

图 4.2　特色数字馆藏建设的工作流程

特色数字馆藏建设的工作流程中有如下三个涉及评估的方面需要特别注意：

（1）特色数据库的选题评估。特色数据库选题是构建特色数据库最初需要考虑的问题，也是该特色数据库将来能否长期发展、能否更好地为用户所用的关键所在，错误立项的特色数据库选题不但达不到预想的效果，而且劳民伤财，还会影响到其他工作的开展。因此特色数据库的选题要从用户的需求、馆藏的发展实践、本馆特色和馆藏长期发展规划角度科学、慎重地选择。选题确定以后还要邀请相关专家、用户代表、资深馆员等结合本馆馆藏情况、人员、平台、商业数据库、其他馆的特色数据库等情况对选题进行评估,只有评估通过的选题才能进入到建设的下一个环节。

(2)搜集资源的评价。特色数据库收集的数字资源有可能来自于本馆数字化的印本馆藏、本馆原生的数字馆藏(如照片、会议视频等)、本馆购买的商业数字馆藏、合作单位的数字资源(如学校教务部门优秀学生论文和毕业设计)和数字化的印本资源(如档案部门提供的数字化手稿等)、馆员从互联网收集的各类免费资源、用户呈缴和赠送的原生数字资源(如高校学生提交的学位论文)和印本资源(名人赠送的图书、摄影作品等)等,来源多样,参与搜集整理的人也比较多,每个人对搜集标准的把握不同(有时可能没有相关搜集标准),如果不进行较为严格的资源评价,所有资源全部入库,很难保证特色数据库的质量。相关评价标准需尽可能量化,使评价工作更易于实施。资源的评价可以由相关馆员完成,对于专业性较强的资源评价则尽可能聘请相关专家或专业人士(北京大学图书馆的历史地理特色数据库的建设就是聘请该校历史地理研究所的专家参与了遴选和评价)。也可以由用户完成评价,具体的方式可以是由特定的用户代表进行评价,也可以通过网络征集不特定的用户,以公众投票等方式实现部分资源的评价。

(3)建成数据库资源的评估。图书馆的特色数据库建设更多的是一种"项目"成果,数据库的资源搜集、描述组织入库工作都是一个"临时性"工作,待项目结束或者数据库投入使用后,数据库建设过程结束。由于人力、设备、资金等方面的限制,很多图书馆的特色数据库也就进入了"停止"维护的状态,有的数据库甚至提供利用不久就无法继续使用。事实上,除少量古籍类数据库由于前期建库的时候资源搜集的比较全面,之后又很少有相关的新资源诞生,其除了必要的"数字资源长期保存"工作外,并不需要太多的后续维护工作,其他学科、地方特色、机构特色的数据库在数据库建成之后都还会有一些新的资源和数据产生,只有不断更新资源、更换新数据,建成的特色数据库才有实际的参考意义。因此,特色数字馆藏在投入使用之后,需要定期评估,评估已有的特色数据库和现实需要及相关资源的发展情况,需要更新资源的,应该建立相关机制,定期搜集整理、评估、描述组织新资源到建成的特色数据库中,需要剔除的资源和数据,则需要借助于相关的标准进行更换和剔除。

4.2.2.3 特色数字馆藏建设的自建模式分析

特色数字馆藏的自建模式是图书馆工作人员利用本馆计算机网络设备及信息技术进行数字化馆藏建设的一种模式。

（1）自建模式的优劣势分析

自建模式自主能力很强,在上述特色馆藏建设的工作流程中,自建模式对整个流程的各个环节都能够进行控制,因此,该模式主要具有以下优势:①由于原始信息和建成的数字化信息都掌握在图书馆手中,数据安全非常有保障。②资源选择和组织都是经过专业训练的图书馆员完成,图书馆员对于本馆馆藏情况比较熟悉,经其动手搜集和描述组织的特色数字资源质量比较高,由于描述组织涉及的元数据全面且质量较高,这对于后期数字馆藏的具体利用也提供了高质量的保障。如果建设队伍稳定的话,由于熟悉建设过程,后期的维护和数字资源长期保存的实施也较为方便。③该模式仅涉及本馆内部部门的协调,工作效率较高,对于整个特色数据库的建设进度有更好的把握。

当然,该模式的劣势也比较明显:图书馆本身需投入较大的人力、物力和财力资源,在这些资源不够充足的情况下,项目的建设周期就会被不断延长,影响后期的使用;自建模式的图书馆特色数据库建设由于不涉及与其他机构和数据库的互操作,是否采用相关建设标准以及标准是否严格实施等都是该模式主导下特色数据库建设容易忽略的问题。

（2）自建模式的适用情景

图书馆特色数据库建设的自建模式主要适用于以下情景:特色数据库涉及内容基本上都是本馆已有馆藏,额外搜集的资源量比较少;特色数据库涉及馆藏多为本馆的珍贵资源,出于对这些资源的保护,不宜采用外包等方式进行建设;特色数据库揭示的层次主要以资源文献特征的书目数据为主;整个特色数据库建设的规模不是特别大,图书馆现有的人力、设备和精力以及技术力量完全胜任。

4.2.2.4 特色数字馆藏建设的合建模式

特色数字馆藏建设的合建模式是由图书馆与其他部门或单位合作共同建设数字化馆藏的一种模式。随着信息数量的剧增、经费的紧缩,单个图书馆无法收集所有的资源以满足读者的需求,于是合作发展特色数字馆藏成为大势所趋。它可提供读者更广泛的馆藏及服务,减少罕用资源的重复购置,凭借利用组织内各馆的资源,使图书馆资源扩充而不增加成本。图书馆在特色数字馆藏建设过程中,由于本馆自身资源、人员、技术、设备、经费、经验等方面的有限性,部分特色数据库单纯依靠本馆的力量很难完成,就希望通过与其他部门或单位合作的方式共同完成相关特色数据库的建设,快速发展的通信技术和高度发达的互联网技术为图书馆与其他部门或单位之间合作建设数字馆藏奠定了坚实的基础。

(1)合建模式的主要类型及其侧重

纵观目前特色数字馆藏建设中的合建实践,主要存在图书馆之间的合作建设、图书馆与院系所等其他机构的合作建设、图书馆与数字资源加工机构的合作建设等合建模式。这几种合建模式的侧重点有较大的不同。

图书馆之间的合作建设主要基于图书馆之间馆藏的互补性开展,比如对于民国书籍期刊的收藏不同图书馆收藏内容有较大的互补性,几个图书馆收藏的内容可以囊括该类收藏的绝大多数内容,这几个图书馆如果都有建设民国书籍期刊特色数据库的意愿,就可以共同建设特色数据库为几个图书馆的用户所公用。

图书馆与院系所等其他机构的合作则更多的基于这些院系所等机构的资源和图书馆收集、整理、组织资源方面的经验和优势,即图书馆将这些机构提供的资源数字化加工、描述、组织后建设相关数据库成为本馆数字馆藏的一部分,也方便了这些机构对资源的利用。比如清华大学图书馆与教务处等机构联合构建的学生优秀作品数据库,南开大学图书馆与教务处联合构建创新计划数据库,中国人民大学图书馆与科研处、档案馆联合构建教师成果库等,都是基于这些机构已有的数字资源。

图书馆与数字资源加工机构的合作建设则是基于图书馆提供资源而数字资源加工机构提供设备、人员和技术。与数字资源加工机构是合作,还是外包,主要看二者之间的合同关系。外包关系,数字资源加工机构只负责数据加工,加工完成的数字资源所有权归图书馆所有。而合作关系则是加工完成的数字资源所有权归双方所有,图书馆利用数字化加工的成果建成相关数据库为本馆用户所用,数字资源加工机构则可以将这些资源作为产品商业化,卖给其他图书馆的用户使用,这种合作建设模式在国内数字图书馆建设的初期被部分图书馆和数字资源加工企业所采用。

(2)合建模式的优劣势分析

合作建设特色数字馆藏的优势主要体现在:①充分发掘和利用图书馆本馆没有的资源,通过共建共享,极大地丰富本馆馆藏,更好地为用户服务。本馆共享给其他图书馆使用的数字资源则可以大大提高本馆资源的利用率。②可以提高效率、降低开发和维护成本。在多方合作的基础上,做好建设周期的统筹以及维护费用的预算等工作,可以降低固定成本和管理成本。而对资源的统一规划就可以避免重复建设,节约大量的时间和经济成本。③图书馆与图书馆之间合作建设的特色数据库一般都比较重视建设标准的选择和使用,这有利于将来更大规模的共享。④图书馆与其他机构之间通过合作建设的交流达成的互信,则有利于这些机构将来在其他方面的交流和合作。

但是合作建设模式也增加了相互之间的协调成本,由于图书馆与其他部门或单位之间贡献的资源等很难做到均等,所以容易出现利益分配不均的问题,而且合作模式建设中,除图书馆与数字资源加工企业之间合作,大多都没有相关合同或协议进行约束,合作机制对合作机构的约束效力较弱,容易引发合作机构消极怠工的现象,甚至可能导致合作机构中途退出。另外,合作建设中资源版权问题也是一个处

114

理起来比较棘手的问题,在合作之初就需要考虑好,尽可能选择没有版权的资源进行合作建设,建成之后也要进行相关的版权合同约束。合作建设某些过程中,也会产生原生数据和数字化后数据的安全问题,这也需要合作之初进行思考和约束。

（3）合建模式的适用情景

特色数字馆藏合作建设模式主要应用于图书馆及其他机构之间馆藏资源互补或者技术设备人员等资源互补而机构之间又有强烈的合作建设意愿情景之中,在这种情景下,合作能够实现机构之间共建共享和共赢,也只有在共赢的情况下,合作才能顺利开展和最终完成。合作建设模式不适用于对数据安全性要求较高的特色数据库建设,也不适用于对版权保护有较强要求的资源和数据库建设。

4.2.2.5 特色数字馆藏建设的外包模式分析

特色数字馆藏建设的外包模式是图书馆以合约的方式把馆藏文献数字化(或资源搜集)、资源描述和构建特色数据库业务承包给数字化业务承包商,建设成果由图书馆提供给自己用户使用的一种模式。

由于专业的数字化业务承包商有效率颇高的专业设备,也具有从事该工作较为丰富的经验和较为充足的人力资源,再加上规模化的经营模式,将特色数据库建设工作承包给数字化承包商可以大大降低图书馆购买相关设备的费用,也可以大大减少培训相关工作人员从事数字化和资源描述的成本,是解决特色数据库建设中投入大、费用高、人力缺乏问题的一个非常好的方案。当前,特色数字馆藏建设外包主要停留在印本馆藏数字化、数字化后 OCR 识别、为数字化馆藏资源提供相关描述元数据、相关数字资源搜集整理和数字化原文及其元数据的下载等工作。

（1）外包模式优劣势分析

外包模式最为主要的优势就是降低数字化加工成本、减少数字化加工的时间,在当前各馆经费紧张、人员紧张情况下,利用外包的方式可以以比较低的成本完成图书馆无力完成的特色数字馆藏建设工作。但是,外包业务将自己业务承包给对本馆情况和图书馆业务都不是特别熟悉的承包公司具有较高的风险,外包公司的工作质量大多无法得到保障,有可能造成数字化加工后的产品存在这样或那样的问题,降低数字馆藏的服务水平。提供给外包公司的印本馆藏还有丢失的危险,其数字化后的馆藏资源还存在被"滥用"的风险,有可能在向图书馆提交数字化成果的同时,保留相应备份用于其他商业化用途,给图书馆带来版权方面的问题。这些都需要在外包模式实施过程中加强管理,尽可能考虑到各种有可能的问题,并用合同进行严格约定,以避免数据和信息安全方面的问题。

(2)外包模式的使用情景

特色馆藏建设中的外包模式一般适用于图书馆进行较大规模数字化加工、OCR识别、相关元数据整理录入等工作,这部分工作图书馆由于缺乏相关设备,人员也比较紧张而造成数字化加工的效率和投入产出比较低。数字化加工的印本馆藏不宜为本馆的善本、珍本等珍稀馆藏和其他有信息安全以及有较大商业利用价值的资源。外包业务在当前印本资源和数字资源编目中也有较多的应用。

4.2.2.6　特色数字馆藏用户参与建设模式分析

特色数字馆藏用户参与建设模式是图书馆邀请用户通过各种方式参与到其特色数字馆藏建设中的一种模式。

(1)用户参与模式的主要参与方式

特色数字馆藏用户参与建设方式主要包括数字资源缴赠、数字资源遴选与整理、资源目录库的补充性描述、特色资源的社会分类性描述和数字资源内容纠错维护等。

①数字资源呈缴赠与。国内外特色数字资源建设实践中,有相当多的图书馆利用呈缴和赠与的资源构建特色数据库。缴送是图书馆某些特色数据库的主要构建方式,机构用户对其有缴送的义务,比如高校图书馆的学位论文数据库的学位论文是学生用户在毕业前集中缴送的,各馆建立的机构知识库中的数字资源多数也属于用户的呈缴和赠与。图书馆还有一些特色数据库的资源是用户捐赠的,有的捐赠印本资源,如国内西北工业大学的姜长英数字图书馆;有的则捐赠原

生数字资源或者用户自己数字化的资源,如美国普林斯顿大学钱币数据库、古登堡数字图书馆等,古登堡项目还要求用户将上传的数字图片进行 OCR 识别后再上传。

②用户参与资源遴选和整理。这部分数字资源多数都限定在专门学科,用户可基于自己学科背景知识帮助图书馆遴选和整理相关的优质资源。如美国卡耐基大学图书馆科学史方面的馆藏就是聘请专家 Henry Posner 收集整理的,北京大学北京历史地理数据库则聘请该校历史地理研究所的专家参与资源选择和整理,俄亥俄州大学图书馆建立的 Biz 商业维基资源库的商业参考书、网站等也是在大量用户参与帮助下收集整理建设的。

③资源目录库构建与补充。Web2.0 环境中,资源编目不再是图书馆员这一职业特有的工作,借助于众多用户对图书、期刊等资源的编目,Library Thing、Biblios. net 和 Open Library 等都建立了庞大的资源目录库。图书馆现有资源目录库,与亚马逊网上书店相比,最大的不足就是提供的内容过于简单。图书的目录、相关评论、部分全文阅读等很多内容,对于用户选择图书是非常有意义,可邀请用户参与补充完成。

④特色资源的社会分类性描述。随着 Web2.0 技术的普及,用户已逐渐熟悉 tag、交叉引用、踩、挖、埋等社会媒体术语并逐渐养成标记 tag、评论、打分、评级、排序等习惯。图书馆数字资源的社会分类性描述则可从用户方面多角度揭示资源,更好地满足用户多样化的需求。用户对数字资源社会分类性描述主要通过诸如 ALEPH、汇文等在内的国内外主要图书馆自动化系统和诸如 WOPAC、SOPAC、Vufind 独立的新一代 OPAC 系统,也可以通过资源平台提供的评论、标签、评级、排序和关联功能和第三方社交网络实现。

⑤数字资源的内容纠错。数字资源服务系统中数字资源由于 OCR 识别、网络资源 URL 失效等技术问题或者内容构建描述者的疏忽等方面的原因,内容上出现这样或那样的问题也很难避免。除了图书馆采用技术手段或者人工进一步自查以外,吸引用户参与也可实现

良好效果。澳大利亚国家图书馆报纸数字化项目中吸收用户参与对OCR技术识别错误的挑错和改正,芬兰国家图书馆数字化报纸项目也鼓励和吸纳用户参加 OCR 技术的错误识别,为吸引用户参与,还专门请公司设计原始扫描图片和 OCR 识别后图片限时比较查错的游戏软件。

（2）用户参与模式的优劣势分析

用户参与特色数字馆藏建设的主要优势在于:借助于用户参与,图书馆数字馆藏得到了广大用户的补充和完善,用户参与对资源的多样性和丰富性都有着很好的促进作用。借助于用户参与,图书馆的特色数字馆藏建设效率得到了极大的提高。主要劣势则在于:大多数情况下,图书馆对于能够参与的用户情况无法较为清晰的把握,不知道是否会有人参与,也不确定参与的人数和参与深度,对于整个建设进度、参与结果及参与质量难以明确把握,这就为整个建设过程增加了很多不可控因素。邀请用户参与,需要事先了解用户的参与动机和具体的需求,全面建立参与激励机制和措施并适时根据需要进行调整,以更多地吸引用户更加深入地参与。

（3）用户参与模式的适用情景

用户参与模式的出现源于 Web2.0 环境中用户参与意识的普遍提升,用户参与技术的普及和完善,这是用户参与模式能够顺利推行的前提。用户参与模式适用于图书馆特色数字馆藏建设中本馆没有相关资源,需要通过不特定用户集体的力量补充资源。比如美国纽约图书馆在建立"饭店菜单数据库"时,本馆基本上没有相关的资源和数据,基本上都依靠热心用户的捐赠。用户参与模式还适用于馆藏资源从用户角度进行遴选和组织的需求处理。比如,对于资源进行社会分类法分类、描述、评价、评级等,在这种情况下,图书馆无法代替用户进行遴选和组织描述,只能邀请用户参与。或者虽然图书馆可以完成,但没有人力、财力和精力来支持完成,比如馆藏描述书目信息的补充、OCR 识别内容纠错,可以尝试邀请用户参与完成。

4.3 数字馆藏共享模式分析

4.3.1 图书馆数字馆藏共享面临的新信息环境

多年来,资源的共建共享一直都是图书馆界和理论界实践和研究的重点内容之一。国外的 OCLC、国内高等院校资源保障体系 CALIS 等各类联盟也都在积极推动各种类型的共建共享,但共建共享首先是要解决共知的问题,因为共知是图书馆资源共享的基础。印本馆藏盛行的时代,借助于图书馆各类自动化系统,图书馆将自己的印本馆藏信息编目,然后借助于图书馆的对外服务网站和各类联盟的统一检索平台,实现了印本馆藏信息图书馆之间的共知,为印本馆藏的共享奠定了基础,出现了馆际互借和文献传递的图书馆资源共享模式。进入数字馆藏盛行的时代,尤其是泛在信息社会,随着信息技术的进步和各类互联网的普及和发展,图书馆的数字馆藏共知和共享也迎来了新信息环境。

(1)新技术的发展模糊了图书馆对资源存储位置的概念,使用激发了共享的需求。早期图书馆购买的商业数据库,大都要求数据库商以光盘或镜像的方式安装在图书馆本地服务器,"拥有"的理念仍占据图书馆数字资源管理和利用主导位置。但随着互联网技术的高速发展,越来越多的图书馆开始放弃必须"拥有"的理念,只要能够实现为用户服务的需要,数字资源存放在何地并不是很重要,"利用"成为图书馆数字馆藏建设和管理的主要理念。当前飞速发展的云计算技术下,数据库商为了满足图书馆数字资源访问迅速和顺利的要求,将数字馆藏资源纳入到云计算平台,图书馆用户利用的数字资源源于哪朵"云"就更无从所知。图书馆以购买数字馆藏"使用权"方式购买数据库,用户的具体利用都是通过访问数据库商的网站来实现,或者图书馆并没有购买该数字资源,但用户有需要的时候可以通过其他方式获取使用。从"拥有"到"利用"理念的变迁,激发了资源共建共享的需求。

（2）资源发现系统助力数字馆藏信息揭示，实现共知共享。进入数字馆藏盛行时代之后，图书馆一直都在努力借助于各种工具来揭示自己的数字馆藏，以帮助用户更好地利用这些数字馆藏，也便于实现图书馆之间的共知共享。从整个发展轨迹来看，图书馆利用的数字馆藏揭示工具主要有：①商业数据库或特色数据库本身提供的检索系统。图书馆以资源列表的形式陈列出图书馆已购买或建成的特色数据库，合法用户点击进入相关数据库执行检索，其他用户无法了解数据库具体内容，共知层面在于已有数字馆藏资源的初步揭示，通过图书馆对于该数据库学科内容、文献类型、时间跨度等方面的描述了解基本情况。②跨库检索系统或数字资源管理系统。这类系统将图书馆购买的商业数据库和构建的特色数据库集中管理，实现对数据库信息的检索和导航，实现数据库内容的统一检索，其机理是同一个查询请求由系统分发给多个数据库并对返回结果集中处理。因受限于网速、查询数据库的效率等，统一检索的实用效果不佳，虽然向数据库具体内容共知推进了一步，但推进步伐有限。③资源发现系统。近年出现并成为图书馆资源引进热点的资源发现系统，将商业数据库和自建数据库的相关元数据收割在一起统一管理和检索，大大提升了检索响应速度，可以大大促进数据库内容层面的共知。由于发现系统的权限控制不同，共知的层次还有些不同，诸如 Summon 这样的元数据全部公开、全文权限控制的发现系统大大提高了数字馆藏的共知力度，而诸如 Primo 这样的将元数据和全文都进行控制的发现系统则实现了同类系统之间的资源共知。联盟推出的发现系统，比如 CALIS 的 e 读系统，整合了成员馆相关数字馆藏的元数据，最大限度地实现了联盟之间的资源共知。

（3）各类联盟的涌现为图书馆之间数字馆藏共享打下了坚实的组织基础。资源共享虽然依赖于技术实现，但根本还是一种理念问题。"完全基于图书馆本馆为用户提供服务"理念下不可能出现资源共享，"总想共享其他图书馆资源而不共享本馆资源"的理念也不可能使数字馆藏的共建共享顺利、可持续的发展，"基于馆藏互补共建共享"才可能真正实现数字馆藏的共享。近些年来,随着数字资源数量的急剧膨胀和频频涨价,图书馆有限的购买资金能够购买数字资源的量越来越受限制,图书馆之间需要借助于集团采购降低采购成本,当这种采购成本的降低也开始使购买资金捉襟见肘时,图书馆就需要考虑不同图书馆之间分组购买不同的资源然后实现资源的共享,图书馆也需要利用本馆特色与其他图书馆合作建设特色数字馆藏以满足本馆的馆藏建设和利用需求。在这种情况下,图书馆之间自愿合作结成的非官方性质联盟的数量逐渐增多,比如,近些年国内出现的外语院校图书馆联盟、农业院校图书馆联盟、音乐院校图书馆联盟、师范院校图书馆联盟、昌北高校图书馆联盟、南京地区图书馆联盟、长三角地区图书馆联盟等。这些联盟基本上是基于共建共享的需求自愿结成,因此,联盟成员馆对于联盟共建共享工作的支持也会更强、更加深入。此外,带有一定官方性质的联盟,比如 CALIS 及其地方中心联盟体系,都会推动数字馆藏的共建共享,这些都为图书馆数字馆藏的共建共知共享提供坚实的组织保障。

4.3.2 数字馆藏共享的主要模式分析

4.3.2.1 文献传递共享模式分析

馆际互借和文献传递共享模式是图书馆之间基于某种协议或约定,通过馆际互借和文献传递的方式实现数字资源共享的一种模式。馆际互借是印本时代图书馆之间资源共享的主要方式之一,图书馆的用户在本馆借不到所需图书时,可以申请所在图书馆从签署馆际互借协议的其他图书馆借到该图书为自己所用。即使到了数字图书馆时代,馆际互借所发挥的作用也并没有太多的变化,目前还是主要用于印本书籍的借阅,而且尚无迹象表明馆际互借可以用于电子图书,即便是将来的泛在信息社会。与馆际互借不同,文献传递这一印本图书馆时代图书馆之间资源共享的重要方式,原来是通过复印邮寄的方式实现,到了数字时代,文献传递则演变出了通过电子邮件或相关文献传递系统传递资源的数字版本,在未来的泛在信息社会也将发挥重要的作用,因此这里侧重讨论文献传递的共享模式。

(1)文献传递的主要模式分析

目前文献传递主要存在集中式和分布式两种模式。集中式文献传递模式是由一个国家级的图书馆或文献供应中心集中提供文献保障服务,图书馆及其用户直接向该中心提出文献申请,供应中心通过自身馆藏或从其他渠道获得文献后提供给申请方,与文献传递相关的用户和事务管理由供应中心负责,如我国的 NSTL 和 CASHL 等[①]。分布式文献传递服务模式指以区域性的图书馆或文献提供中心作为资源收藏和服务单位,彼此间组成文献传递服务网络,网络内任何一家成员单位均可向网络内部的其他成员单位索取所需文献,同时也有义务为其他成员单位提供文献传递服务,典型的有 OCLC、CALIS[②]。

集中式文献传递模式要求有一个强大的文献供应中心,文献供应中心自己就有丰富的馆藏,比如国家图书馆提供的文献传递就是依托国家图书馆强大的馆藏力量,中国科学院文献情报系统内部的文献传递则主要依托中国科学院国家科学图书馆,这种文献供应中心在整个文献传递网络中具有强大的"中心"优势。集中式文献传递系统较容易实现,文献传递网成员馆及其用户只需要查询文献供应中心的数字馆藏目录即可,只要文献供应中心有相关的文献就可以申请,由于申请没有中间环节,文献供应中心直接获得申请,直接处理申请,响应速度比较快。如果所需文献在文献供应中心没有收藏,成员馆及其用户也可以提出申请,文献供应中心则利用其参与的其他文献传递网获得文献,然后传递给本网的申请馆或用户,满足率也比较高。

分布式文献传递模式更加强调传递网内成员馆之间的合作,传递网虽然也有部分成员馆资源非常丰富,外向文献传递量非常大,但这样的成员馆并不是一个,成员馆之间更主要的是通过充分利用各个馆的馆藏资源实现彼此之间的共享。分布式文献传递模式需要相对健

① 常红,张毅君.区域性图书馆联盟文献传递模式研究[J].现代情报,2007(8):18－21.

② 李勇.山东省文献信息资源保障体系建设研究[D].淄博:山东理工大学,2007.

全的文献资源联合目录,即要实现传递网成员馆之间的共知,不然文献传递无从谈起。CALIS 正在建立和日趋完善的 e 读系统就是这样的一个成员馆之间的数字资源联合目录。分布式文献传递模式主要有两种传递方式:一种是馆对馆的方式,即读者先向本馆提出文献传递请求,再由本馆的文献传递馆员在本馆资源中查找,如果本馆有则通知读者在本馆直接查找或直接传递给本馆读者;如果本馆没有再借助于专用文献传递网络查询哪个图书馆收藏有该文献,然后把文献传递请求直接发送给该馆,获得所需文献再转给本馆的申请用户。此种方式操作流程和环节较多,周期较长。另一种方式是馆对读者,即读者通过检索联合目录直接将文献传递请求发送给收藏馆,当然在请求发送之前需要在本馆文献传递系统中认证成功,以便于收藏馆对外馆读者的身份进行验证,实现后续文献传递以及成员馆之间文献传递费用的结算。图书馆对读者的文献传递效率相较于图书馆对图书馆方式更高一些,但对于其他馆资源目录或联合目录的要求更高。随着各馆资源发现系统的部署和实施,外馆读者对于本馆数字资源了解也更加方便,便于图书馆对读者方式的进一步实施。分布式文献传递依赖于联合目录等成员馆之间"共知"系统,各馆也需要分别管理本馆用户的文献传递事务,处理外馆文献传递事务,文献传递馆员的工作量会比集中式文献传递模式更多一些。

(2)文献传递共享模式中需要注意的问题分析

文献传递共享模式中首先需要注意的就是文献传递费用的问题。文献传递费用是文献传递过程中资源收藏馆完成和传递请求馆的传递请求产生的费用,包括资源收藏馆查找相关资源产生的费用(某些联机检索系统收费)、本馆文献复印费、打印费或数字化费用以及相关的通讯费用。文献传递费用是对资源收藏馆传递工作的一种承认,也是保障整个文献传递能够可持续发展的基础。但目前文献传递的费用不同的传递网尚不统一,读者选择不同的文献传递网传递文献付出的费用会有较大的区别,文献传递费用急需统一标准。文献传递费用的成本也需要遵循"公益性"的原则,尤其是当前高速发展的互联网环境中,相关的成本在下降。各馆也应该拿出部分文献采购经费用作文献传递中读者的补贴或承担相关费用。

文献传递共享模式还需要注意的就是各个成员馆协调的问题。文献传递网内各成员馆之间,由于资源丰富程度不同,实际上资源共享并不是"对等"的,资源丰富的大馆在其中"贡献"更多。再加上不同图书馆之间文献传递政策不同,比如有的可以传递全文,有的只允许传递部分全文,有的允许传递数字化版本,有的则只允许传递印刷版资源,这就造成了另外一种"不对等"。如何充分调动大馆的积极性,协调成员馆之间的利益关系,将是文献传递共享模式需要重点考虑的问题,这关系到该模式的长期可持续发展。

文献传递共享模式另外需要注意的是资源的版权问题。文献传递必然要涉及资源复制权、信息网络传播权的保护和利用等问题。国际图联也曾多次召开相关研讨会议,讨论全文电子传递中的版权问题。就我国版权法而言,并没有专门针对文献传递的法律规定。一般来讲,对于印刷型文献的传递适用合理使用的规定,而对于电子文献的传递则需要版权人或版权集体管理组织或者其他方式的授权,或者获得"合理使用"的豁免。文献传递中,如何化解法律风险,如何完善版权法,使其在保护作者利益的基础上,更有利于信息资源共享,也是值得图书馆界长期关注和思考的问题。

4.3.2.2 共建共享模式分析

虽然馆际互借和文献传递在当前图书馆界数字馆藏共享中占据了非常重要的位置,但严格来说,馆际互借和文献传递囿于版权控制、传递成本、成员馆之间利益等限制,虽然易于操作,但应该不能作为图书馆之间数字馆藏共享的主流,只能是一种补充。图书馆之间数字馆藏共享的主流模式应该是走共建共享的道路。

(1)共建共享主要模式分析

共建是真正共享的前提。具体实践中,图书馆数字馆藏共建主要是两个层面,一个是共同购买相关的商业数字馆藏,一个是共同建设相关的特色馆藏。

鉴于商业数字馆藏仍旧是图书馆馆藏的主体部分,共同购买商业数字馆藏是图书馆合作建设数字馆藏的重要途径。不管是参与集团采购,还是少数几个图书馆之间的联合购买,图书馆都能在降低购买成本的基础上获得更多的数字资源,但如果只是购买同样的资源,同质化的资源并不需要各个参与馆之间的共享。因此,集团购买和联合购买就需要进行必要的分组,分别购买大家都需要的不同数字资源,这些数字资源可以是不同数字资源提供商提供的,也可以是同一数字资源提供商的不同数字资源。当然,对于相关数字资源的选择也是非常重要的事情,分工的前提是保障各馆购买本馆最需要的资源,对于本馆读者少量需求的资源则可以通过与其他馆共享的方式获取,这些都需要各个图书馆之间进行事先的商讨和约定。因此,在当前同类型高校建立的联盟(如,外语院校图书馆联盟、农业院校图书馆联盟)的基础上,加强不同类型图书馆及其联盟之间的合作共享就成了未来联盟建设和合作建设商业数字馆藏的重点。

共建共享模式最关键的方式还是各馆特色数据库的联合建设性共享和互换性共享。联合建设性共享是指具有互补性特色馆藏结构的图书馆之间,通过联合建设的形式,将彼此没有的馆藏内容贡献出来,建设相关的数字馆藏数据库,建成以后通过网络开放给联合构建的图书馆读者共同使用。互换性共享则是针对已经建成的特色数据库,图书馆之间通过签署相关协议或者进行相关约定,彼此将自己的资源通过互换的方式开放给对方读者使用,互换性共享并不一定是严格的等量互换,这都是依靠图书馆之间的相关约定。同类型图书馆建立的联盟,由于馆藏结构大体相仿、读者需求也大体相仿,更适合于联合共建的方式。而不同类型图书馆建立的联盟则更适合于互换性共享的模式。具体共享的实现则需要根据具体实践需求特点采用不同的技术线路,可以是将彼此图书馆合法 IP 地址纳入到特色数据库的合法地址列表中,也可以采用为彼此图书馆设立账户和密码等其他认证方式,对于对方有集成融汇等个性化利用需求的情况,还可以为对方开发或提供相关的 API 接口。

（2）共建共享模式应用需要注意的问题

共建共享模式首先需要注意的是各个成员馆协调问题。虽然共建共享模式应用不是以各成员馆权利和义务均等为基本前提，但权利义务的尽可能均等则是共建共享能够可持续发展的关键内容。一般情况下，某个馆并不可能在牺牲自己太多利益的情况下与其他馆长期共享自己的资源，如果不能实现利益的均衡，就要尽可能采用其他的方式进行弥补。

共建共享模式应用需要重视标准的问题。特色数字馆藏的联合共建需要重视相关标准的调研和应用，采用共同的标准是下一步共享服务的基础。

共建共享模式应用还需要重视信息安全的问题。不管是采用账户密码、IP 地址的认证方式，还是采用 API 接口的方式，都将自己的系统和资源对非本馆用户进行了一定程度的开放，需要保证系统数据安全和数据不被滥用，这些都需要事先进行思考和进行必要的约定。

参考文献

[1]模式.百度百科[EB/OL].http://baike.baidu.com/view/37878.htm.

[2]谌爱容.对文献传递服务中收费标准的思考[J].图书馆学研究,2011(2)：51 – 55.

[3]李书宁.用户参与的图书馆数字资源建设研究[J].图书馆杂志,2011(12)：23 – 27.

[4]胡振宁.数字资源与馆藏发展政策[J].图书馆论坛,2006(3):149 – 151.

[5]彭雅飞.高校图书馆电子资源集团采购的博弈分析[D].哈尔滨:黑龙江大学,2012.

[6]黄胜国,徐文贤.图书馆数字资源集团采购模式研究[J].图书馆学研究,2009(9):31 – 33,53.

[7]郑小茹.高校图书馆数字资源联合采购的运行与推进[J].高校图书馆工作,2009(1):24 – 26.

[8]章红.数字资源的评估内容与联合采购[J].图书馆学刊,2006(5):94 – 95.

[9]肖珑,姚晓霞.我国图书馆电子资源集团采购模式研究[J].中国图书馆学报,2004(5):31 – 34.

[10]陈寿.高校图书馆数字化馆藏建设模式[J].图书馆学刊,2011(8):49-51.

[11]刘霞.大学图书馆采购数据库流程[EB/OL].[2011-06-14].http://wenku.baidu.com/view/10e07066783e0912a2162ace.html.

[12]刘华."读者决策采购"在美国大学图书馆的实践及其对我国的启示[J].大学图书馆学报,2012(1):45-50.

[13]刘华.馆藏建设的风向标:读者决策采购[J].图书馆杂志,2012(1):38-41.

[14]吴蜀红.图书馆业务外包的风险控制分析[J].图书馆建设,2005(2):91-93.

[15]王天亮.区域图书馆联盟资源共享模式研究[D].长春:吉林大学,2008.

[16]马江宝,高波.台湾图书馆联盟信息资源共享模式研究[J].图书情报工作,2009(3):137-141.

[17]吴慰慈,李富玲.区域性信息资源共建共享保障体系建设研究[J].图书馆论坛,2005(6):16-21.

[18]张书晗.电子文献传递的发展趋势与要解决的若干问题[J].现代情报,2007(3):31-33.

[19]李军凯,等.从CASHL和NSTL看我国文献传递服务的模式和发展趋势[J].大学图书馆学报,2004(6):33-37.

[20]杨坚红.CALIS与CASHL文献传递系统比较研究[J].情报资料工作,2008(5):51-56.

[21]胡永生,等.电子资源的集团采购:21世纪图书馆的必然选择[J].图书情报知识,2004(6):42-44.

[22]李勇.山东省文献信息资源保障体系建设研究[D].淄博:山东理工大学,2007.

[23]张永杰.国内外网上文献传递系统的基本特征及评析[J].情报资料工作,2008(1):51-54.

[24]徐速.BALLS原文传递服务问题分析与发展对策[J].新世纪图书馆,2011(3):33-35.

5 面向泛在信息社会的数字馆藏管理

5.1 面向泛在信息社会的数字馆藏利用管理

5.1.1 数字馆藏利用管理概述

随着因特网的普及和信息资源的快速发展,数字馆藏的急剧增加,数字馆藏建设、管理和服务等方面的矛盾也日益突出。关于数字馆藏的使用状况、利用效果等问题,已经成为各图书馆采购数字资源和数字馆藏建设的重要依据。而数字馆藏的利用情况,一方面由资源本身的质量来决定,另一方面还取决于数字馆藏的推介和利用管理等因素。

数字馆藏不同于传统的纸质馆藏,根据存放载体形式和服务要求的不同,管理方式有很大区别。比如,以光盘和磁带为载体的电子资源具有一定的物理形状,它们通常类似于图书的管理,可以分类、加工,并存放在特制的书架上或光盘柜内。同时,他们又与纸质文献不同,可以通过特定的软件系统(光盘管理系统、光盘库、磁带库等)支持在线使用。此类数字馆藏只是图书馆数字馆藏的一小部分,大量的数字馆藏是以数据库形式,存储在本地镜像或远程访问的虚拟馆藏。这部分数字馆藏不占用本馆的物理空间,但却是数字馆藏的主体,是用户访问、利用最多的部分。其利用的效果往往会因各馆的设备、软件系统以及网络环境不同而有很大的差异,所以对于此类馆藏的利用管理也就显得尤为重要。

泛在信息社会,数字馆藏将是图书馆馆藏建设的主体,数字馆藏的利用情况将是衡量馆藏建设的重要指标。如何适应日新月异的技术更新,对数字馆藏的利用途径和方式、方法进行管理,尤其是如何对利用情况进行有效监控、监测,从而及时调整数字馆藏的建设和服务内容、方式,是泛在信息环境下需要探索的问题。

5.1.2　数字馆藏利用管理的现状

5.1.2.1　国外现状

国外关于数字图书馆的研究早在 20 世纪 70 年代就已经开始,比国内早近十年,而且其研究也更加深入具体。比如关于"信息生命周期"的研究,大英图书馆在"生命周期馆藏管理"一文中提出了信息生命周期,包括选择、获取过程,编目著录、预保存、存贮、检索等过程①。美国信息学家霍顿基于信息交流将信息的生命周期划分为创造、交流、利用、维护、恢复、再利用、再包装、再交流、降低使用等级、处置各阶段②。世界著名的存储供应商将信息生命周期划分为搜集和组织、保护恢复、复制监控、访问共享、迁移归档、删除销毁等阶段。因而,从不同的角度或不同的出发点,信息的生命周期可以划分为不同的阶段。关于数字馆藏价值的研究,认为信息价值不是一个绝对的概念,不同用户或者同一用户的不同需求,都会导致数字馆藏价值的不同发挥;信息的价值与用户需求有着密切的联系,具有很强的"场景"特点,通过数字馆藏服务绩效评估可以确定其利用效能和对图书馆的价值。此外,还对数字资源进行了详细分类,力求实现分级管理,并根据分级情况开展分级存储管理等。总之,国外的数字馆藏管理发展较早,成果较多,但目前仍缺乏相应的成熟理论,研究有待进一步深入并指导具体实践。然而信息环境的改变,泛在社会的新需求以及对象、方式手段的变化,也对数字馆藏的利用管理提出了新的要求。基于信息生命周期管理的理论,能否作为对数字资源科学有效管理的理论基础,也尚待实践的检验。

①　索传军.基于信息生命周期的数字馆藏管理研究[J].大学图书馆学报,2005(1):26 – 29.

②　杨忻.数字馆藏管理方法:基于信息生命周期的管理[J].焦作大学学报,2008(4):111 – 127.

5.1.2.2 国内现状

数字馆藏的建设同传统馆藏一样,是一个漫长而复杂的过程。在其发展的过程中,有许多因素对其作用,既有政策、信息技术和经济等客观因素,也有认识和管理等主观因素[①]。随着数字图书馆的建设和发展,我国的数字馆藏建设已经取得了一定的成果;与此同时,大量的数字资源仍在不断涌入国内市场,图书馆资源选择的余地较以往也更加宽松。在技术方面,绝大多数图书馆,特别是高校图书馆,都已实现了计算机网络化管理和服务。在数字馆藏服务方面,参考咨询、用户教育等传统服务内容得以更大范围使用和发展,移动、智能等新的服务手段得到越来越广泛地使用。高校图书馆还开展了面向院系的学科馆员服务,力求使服务更有针对性,更加深入。数字馆藏的管理方面,不但有针对各类型数字馆藏建设的元数据标准和规范,还有专门负责数字馆藏采购、维护的部门或岗位,并有学科馆员、参考咨询员等进行数字馆藏的推介和服务;但是对数字馆藏具体的利用效果和产出效能的研究,尤其是实践操作还有很多可提高的空间。整个数字馆藏建设和发展的过程中,用户的信息意识不断提高,对数字馆藏的接纳度和使用率也有了很大的提高,越来越多的用户倾向于使用数字馆藏,甚至在数字馆藏与纸质馆藏同等条件下,选择使用数字馆藏。

但是深入考察数字馆藏的具体实践,依然存在很多问题有待解决,如系统地数字馆藏采访、发展政策问题,数字馆藏建设的标准规范问题等。就数字馆藏的利用管理而言,则有更多需要解决的问题,比如利用过程中的"痕迹"管理问题、服务绩效问题等等。

5.1.3 面向泛在信息社会的数字馆藏利用管理探析

数字馆藏的管理实际上就是解决合理配置资源,即如何能够实现资源效用最大化的问题,具体而言包括数字资源种类的全面化、数字资源配置的效用化,以及培训、引导读者最大化利用数字馆藏等一系

[①] 杜海云. 我国数字馆藏建设与管理现状调查分析[J]. 图书馆,2008(3):66 – 68.

列问题。此外,由于数字馆藏又分为采购数据库、自建数字馆藏、开发虚拟馆藏,每种馆藏资源在内容、方向、限定、技术维护等方面都存在差异。如何采用最新最适用的技术手段,将多种类型的数字馆藏进行适用性整合、分布和提交,以期实现资源使用上具有统一的终端接口,方便终端用户检索,减少信息冗余,提高信息的利用价值,将成为泛在信息环境下需要解决的问题。

适用性决定了数字馆藏的价值和利用情况,没有需求的数字馆藏是没有价值的,自然没有人去利用。所以,数字馆藏的利用管理首先需要明确服务的终端是谁,谁是潜在的服务对象,需求空间和容量如何,用户需要什么形式、什么制式的载体文件或服务,由此而确立的数字馆藏社会效益和经济效益如何,这种定位的提升空间有多大,由此产生的后续服务保障性如何,综合性价比如何。这些问题,在泛在信息社会将更加明显。信息的泛在以及获取的便捷,使得用户充斥在信息洪流中,如何了解、跟踪用户的需求和资源使用过程,从而有针对性开展数字馆藏建设和管理,提高馆藏利用率?如何在各类信息技术手段中,保证数字馆藏利用的安全性?新的泛在环境下,数字馆藏的利用管理更加重要;而同时,多方面因素的影响,也使得数字馆藏的利用管理操作难度逐步加大。具体而言,可从以下几方面进行适应性调整。

(1)数字馆藏的安全管理

随着电子出版、网络出版和图书馆数字化的发展,图书馆的数字资源日益增加。从总体上说,支撑数字信息资源系统的关键技术主要有信息处理、信息存储和信息传输。而这种由新技术所带来的数字化、网络传输、资源共享,为各种不安全因素提供了可乘之机,使图书馆的数字资源网络的数据安全面临威胁。如何保证数字馆藏的安全高效运行,成为泛在信息社会数字馆藏管理中一项迫在眉睫的重要任务,更是馆藏利用的基本保障。首先,需要加强安全教育和培训,提高信息安全意识。其次,要加强制度建设,完善安全管理。根据数字馆藏的安全要求,制定机房、服务器与磁盘阵列等设备以及网络安全的管理制度，明确职责，加强管理。同时，还要加强安全技术手段，保证数字馆藏利用的安全和高效。

（2）数字馆藏的版权管理

数字馆藏以其易检索、易复制等特性，受到广大用户的普遍欢迎，但也由此，不法分子有了可乘之机。数字馆藏的版权问题，较传统纸质馆藏要更加突出。一些图书馆由于缺乏有关版权方面的知识，在购买数字资源时对版权问题不够重视，常常使得由于资源供应商的侵权给图书馆带来不必要的连带责任。可以说，数字馆藏建设中的版权问题是目前数字图书馆建设中矛盾最为突出的。数字馆藏不同于传统纸质文献的存储、处理和传递方式，对以纸质文献为基础建立起来的版权制度构成了强大冲击。数字版权问题已成为世界图书馆理论研究的焦点之一，问题主要集中在合理使用、信息资源建设以及用户服务等方面。数字馆藏利用管理层面，主要涉及数字馆藏的复制、传播、使用等版权问题。

数字馆藏的复制、传播、使用问题，可视具体的内容、形式、目的、功用而定。一般图书馆如果是为了保存古籍、特藏而将本馆中一些特色资源经过扫描、加工成数字化形式加以保存，并不以此提供传播或营销获利，也就相应地不存在侵权问题。如果图书馆为了解决印刷本图书共享性低的问题，经著作权人同意，利用数字化加工工具将印刷版文献数字化后，在局域网上发布，供读者使用，亦不属于侵权问题。一些图书馆为了提高馆藏文献信息的利用率，自主开发建设的二次文献数据库，如书目数据库，题名摘要数据库等。由于被加工对象大部分享有著作权保护，尤其是期刊论文，享有双重著作权保护，在将其收入数据库时就更容易涉及著作权问题。一些馆员，往往认为，开发建设题名摘要数据库，不存在侵权问题，实际上不是这样。二次文献的目录、题录、文摘等也涉及了著作权中的演绎权，故在建立文摘索引库及编制检索工具时，应了解有关版权法规定，以避免侵权。对于购买的数字资源而言，一些数据库不同程度地存在侵权问题。这方面的侵权问题，反映在数据供应商和图书馆两个方面，以市场上销售的一些中文电子图书全文数据库为例,一方面,数据库中的许多图书未经所有权人授权,不时有著作权人将有关公司告上法庭;另一方面,图书馆在服务中没有科学的访问管理控制,使得图书被任意下载和复制①。

(3)数字馆藏的访问管理

访问管理也叫访问控制,一些人称之为访问条款和访问条件,出版业通常称之为"权利管理",都是指如何对数字馆藏合理使用加以管理。既保证版权所有人的利益,又使公众能够有效地利用。图书馆对数字馆藏进行访问管理,一方面是遵守版权法,维护知识产权人的利益另一方面也是维护图书馆读者的利益。我们要优先保护合法读者对这些数字资源的阅览权,而限制其他未经授权的非法读者的访问。再者经济因素也是对数字馆藏进行访问控制的一个重要因素②。泛在信息环境下,数字馆藏的访问管理越发困难。用户采用的途径和设备越发多样,不再仅满足于特别空间限制内的访问,而是希望访问无处无时不在。这就对访问的认证、技术、政策等方面提出了更高的要求。比如,现在高校图书馆对于本馆的数字馆藏多限于本校校园网络内访问,任何校外的访问或 IP 范围内的访问都将被限制,受到严重的空间或 IP 约制。而即便在校园内、IP 范围内,对于一些数据库,如新东方网络课程,在访问过程中,如果使用"搜狗"等加速浏览器,或者使用移动或联通等账号登录网络访问,都将被默认为 IP 范围之外。这些访问管理方面技术的革新进步、问题的解决,将直接影响数字馆藏的利用。

(4)数字馆藏的技术管理

数字馆藏的内容固然是用户利用的重点,是价值的最大之所在。但数字馆藏的利用,很大程度上受限于软、硬件设备的支持和传播。首先,存档问题就直接影响着数字馆藏的访问速度和稳定性。数字化存档对应的技术是刷新保持精确位串和移植保持语义层的内容,而不是位串,并需要定期进行刷新。其次,数字馆藏的访问和阅读设备影

---

① 索传军.论数字馆藏的管理[J].大学图书馆学报,2003(2):30 – 35.

② 同上

响访问的途径和速度,也是现行环境下冲击最大的环节。泛在信息社会,用户不再满足于仅仅通过图书馆主页访问数字馆藏,而是希望通过手机、移动终端设备,甚至于电视就可以访问图书馆的数字馆藏,这也对数字馆藏的技术管理提出了更高的要求。而技术环节的解决,也必将带来利用的增长。

(5)数字馆藏的推介问题

数字馆藏的质量和技术管理水平,对于数字馆藏的利用有着很大的影响;但是数字馆藏的推介也同样有着不容忽视的影响和作用。目前,我们的图书馆大部分拥有相对丰富的数字馆藏,尤其是"高校教学评估"之后,全国大多数高校图书馆在资源建设尤其是数字资源建设方面都取得了长足的进步;但资源本身并不意味着资源服务,拥有资源只是开展资源服务的基础,这其间的关键环节就是图书馆数字馆藏的推介。如何开展资源营销、资源服务,在资源推介过程中提高信息意识,掌握信息检索和分析利用的方法,对用户利用数字馆藏有着非常重要的意义。

随着服务意识的不断增强,图书馆员也在积极开展数字资源推介,使读者了解图书馆丰富的数字馆藏,提高数字馆藏的利用率,并认识到图书馆资源巨大利用价值,从而增强对图书馆工作的认可度。但往往收获甚微,改善状况不容乐观。究其原因,不是读者不需要资源,而是图书馆的数字馆藏推介确实存在读者用户群定位不够准确,推介方式手段过于单一,推介理念不够新颖等问题。考虑周全、行之有效地资源推介,可以恰当的满足用户的需求,获得用户的认可,提高数字馆藏的利用状况。各种通讯设备、终端设备、访问方式的发展,以及微博、微信、QQ等新的传播交流方式的发展,为泛在信息环境下,数字馆藏的推介提供了更多的推介途径和平台。

(6)利用过程中的"痕迹"管理

数字馆藏的利用管理最难操作的环节,也是现阶段最容易忽略的环节就是数字馆藏利用过程中的"痕迹"管理。在当前阅读环境中,阅读、学习、工作都会或多或少的记录下使用的痕迹。阅读电子书时,会留下痕迹。通过痕迹可以反映用户的阅读倾向、阅读习惯、阅读过程等等;对图书馆而言,则可以反映数字馆藏的利用状况和利用价值。另外,对于广大科研工作者而言,需要关注领域内最新的动态、成果,而书籍、论文都具有一定的滞后性,科研工作者最需要的往往是尚未发表的研究动向和研究成果,而这些信息是可以通过阅读痕迹、学习痕迹、科研痕迹来获取的。所以,未来图书馆不但要提供数字馆藏服务,而且还要记录透过数字馆藏的利用所反映出的阅读、学习、科研的需求和动向;要帮助学习者说出学习过程。与此同时,这种"痕迹"的捕捉和管理,又必须是在合法、合理的条件下来开展,要充分考虑到用户的隐私和用户的知识产权。

(7)数字馆藏服务的绩效管理

随着图书馆数字馆藏的大量增长,数字馆藏的利用与图书馆的服务之间关系也愈加密切。数据库服务商的选择、数字平台的检索性能、资源的维护与运行及相关用户培训、参考咨询服务等方面,诸多因素都影响着读者对数字馆藏的利用效果。而同时,不同用户对数字馆藏的满意度也逐渐成为评价图书馆服务质量和服务能力的重要指标。数字馆藏的服务绩效评估正在逐渐成为图书馆科学管理的重要组成部分,它有助于增强图书馆的服务效能。应该承认,我国图书馆的数字馆藏长期处于一种消极管理和模糊管理的状态,导致了数字馆藏服务效能发挥不足。实际上,数字馆藏的绩效,与数字资源自身的服务质量和用户满意程度息息相关之外,还与很多其他因素和环节有很大关系,比如说资源的推介、成本的投入、用户的利用效果等等。用户的使用量和投入成本,文献的下载量和单篇文献的下载成本,对绩效的测评结果也会有很大影响。目前许多图书馆投入大量资金采购的数据库,如果用户访问量寥寥无几,势必影响数字馆藏的服务绩效,利用效果自然也无从谈起。这就需要图书馆在影响因素分析的基础上,制定一整套切实可行的服务绩效评估指标体系,使具体的评估有据可依。

数字馆藏的绩效管理科学与否,不仅与制定的指标体系息息相关,同时在实施中要有一套具体的方法与过程。比如,评估计划、数据采集、数据处理、数据分析、报表生成等等。其中评估部分要充分采用定性分析法、定量分析法以及综合分析法等科学方法相结合。定性分析法,是长期以来图书馆最常使用的分析研究方法。其中用户满意度评价法是较常用又比较简单易行的方法。一般通过电子邮件或 Web 调查表,或者与用户面谈交流的方式,提供给用户一些比较简单的评价指标,由用户对电子资源质量的高低和服务的好坏等满意程度进行定性的评价,最后得到不同用户群体的满意程度情况的评判结论和分析结果报告。通过分析数字馆藏自身的服务质量、不同用户群体的满意度及图书馆为数字馆藏所支付成本的指标值等之间的关系,来对数字馆藏的绩效进行合理的评估。定量分析是目前图书馆绩效评估研究的主流,通过对若干项覆盖电子资源各个领域的标志性指标进行测量,并对测量数据进行统计分析。定量分析的可操作性更强,可以排除定性描述研究中不可避免的主观感觉带来的偏差,而且结果也更加直观、精细,对于图书馆数字馆藏的利用管理具有更强的现实指导性。实际管理过程中,往往采用多种不同分析法相结合,比如定性与定量相结合,对数字馆藏的成本效益分析采用定量分析法,对服务水平满意度可以采用定性分析法。

此外,数字馆藏服务绩效评估还应考虑评估的对象特征、影响因素、评估指标、评估模型和机制等问题。通过数字馆藏的服务绩效评估更科学地反映数字馆藏的利用情况,进而考察数字馆藏的利用效果、效能,从而更好地指导数字馆藏建设,完善数字馆藏的管理工作。数字馆藏服务绩效评估是图书馆绩效管理一部分,是对数字馆藏利用状况进行标准化、定量化管理的工具,它有助于管理者在特定环境中作出适应性决策。详细情况可见第七章面向泛在信息社会的数字馆藏服务创新。

数字馆藏是未来的发展趋势,数字馆藏的利用状况,直接反应图书馆数字馆藏的建设和管理水平;数字馆藏的利用管理将直接影响图书馆资源建设和管理的整体布局和实施。因此,首先要制定适合本馆的数字馆藏利用管理策略,对数字馆藏的利用情况作统筹规划和指导。既要全面了解国内外同行通用的管理惯例,还要结合本馆的实际,以拟订的数字馆藏内容、特色和级别为前提,制定适用本馆的利用管理政策。其次,具体落实环节,要按标准、按流程进行规范操作,采用科学的统计分析方法,从而保证数据和结果的准确、科学。然后,要以数字馆藏的利用管理为基础,进行图书馆数字馆藏建设、服务和管理工作的适应性调整,从而更好地指导图书馆工作。

5.2 面向泛在信息社会的数字馆藏长期保存

5.2.1 数字馆藏长期保存概述

数字资源所依赖的基础是网络和电子的存储媒介,而这些媒介往往不够稳定;同时,信息技术的发展速度惊人,无论是软件还是硬件,老化的速度都很快,这些不稳定因素都造成了数字资源存储载体的极其不稳定。另外,就图书馆的数字馆藏而言,目前,多数情况下,各图书馆购买的都只是资源的使用权,不具备拥有权。各数据商和出版商可以终止或停止向图书馆及用户提供资源及服务。如此之下,数字馆藏的长期保存问题,可以说更为严重。

图书馆作为保存人类精神产品的社会机构,长期以来担负着保存文献典籍,保存和传承人类文化遗产的重要职责。进入网络时代、数字时代以来,数字馆藏逐渐成为图书馆馆藏资源的重要组成部分,且有着超越传统馆藏之趋势。泛在信息社会,数字馆藏将成为图书馆的资源主体。数字馆藏的长期保存问题,在图书馆工作中所占的比重也将进一步提升。如何确保数字馆藏存储媒体的可读性,如何保证格式化的内容被使用者很好的获取和理解,如何保证长期保存之后的数字馆藏与其所代表的原体相同……这些都成为泛在信息社会数字馆藏长期保存需要考虑的问题和实现的目标。

数字资源长期保存主要是为了解决资源的长期存储(Storage)和

长期可获取(Access)问题。就存储而言,先要明确保存什么,即保存的内容——资源。面对越来越丰富的海量资源,就需要衡量资源的价值,既包括当前价值也包括长期价值;考虑资源的不可替代性以及其他收藏性等因素,从而有选择的保存有价值的资源。具体的保存过程中,则要注意纯数据、文本内容、格式和处理信息、处理环境、版本及相关知识产权等信息元素的保存质量和效果。这期间,还要综合考虑资金的来源、保存的对象、具体的组织者和管理者、相关政策制度、操作规范等各个环节。就长期可获取而言,则要保证经过保存后的资源具有长期的可使用性。总体来说,数字馆藏长期保存是一项具有历史意义的长期的综合性项目。它需要良好的运行模式和强有力的基础设施、政策法规做保证。

5.2.2　数字馆藏长期保存现状分析

目前,数字馆藏的长期保存已经引起了世界各国的关注和研究,许多长期保存的政策和项目不断投入建设和完善。美国的 NDIIPP (National Digital Information Infrastructure Preservation Program)项目,以全国数字资源保存所需技术、标准、统筹等问题的解决为目标,以美国国会图书馆为主,联合全国高校图书馆、研究机构、商业组织共同开展数字资源的收集和长期保存研究。英国的 CEDARS(CURL Exemplars in Digital Archives)项目,是由英国高等及继续教育基金会联合信息系统委员会资助建立的高校研究图书馆联盟数字存盘项目,以解决数字资源保存过程中遇到的问题为目标,不断推进资源的长期保存工作。在欧洲方面,还有以荷兰为首的 NEDLIB(Networked European Deposit Library)项目,荷兰之外还有法国、挪威、德国、葡萄牙、瑞士和意大利六国,以及 KLUWER、ELSEVIER、SPRINGER-VERLAG 等出版社的参与,长期致力于电子出版物的获取研究。德国的 NESTOR(the Network of Expertise in Long-term Storage of Digital Resources)项目,是由德国教育和研究委员会资助、启动资金80万欧元的数字资源长期保存项目,致力于增强并推广数字资源长期保存意识和理念,引起政府对此问题的重视;解决数字资源长期保存与相关机构战略联盟中的各项问题。澳大利亚的 PANDORA（Preserving and Accessing Networked Documentary Resources of Australia）项目,是一个为了保护和存取澳大利亚网络资源的项目。LOCKSS(Lots of Copies Keep Stuff Safe)项目是较为典型的代表。它以解决电子期刊长期保存与利用为目标,通过建立多个副本保证数据安全,并力求通过图书馆与出版商或其他相关行业的长期协作,共同为电子期刊的长期保存提供支持和服务。其主要的保存对象有电子期刊、报纸和政府文件等所有通过网络传递的、拥有稳定 URL 的连续出版物。LOCKSS 联盟是一个非营利的服务组织,全球已经有 80 多家图书馆和 50 多家出版商参加,我国的中科院文献情报中心和香港理工大学都已参加该项目。

我国的国家图书馆是各类信息资源的国家法定保存机构,长期致力于资源的保存,是全国的总书库。随着资源的增加和长期保存的需要,国家图书馆不断对本馆的特色馆藏进行缩微、扫描等数字化加工,力求使这些资源得以长期保存并能广泛传播使用。

据国家图书馆邢军的调研和研究可知,国家图书馆数字化资源呈几何级数增长,特别是全文文献和多媒体信息资源大量增加,这使数字资源的存储容量需求以一种跳跃方式增长。为此,国家数字图书馆已经初步搭建起了围绕海量数字资源生命周期管理的一套统一的现代化、智能化的存储网络系统平台,有效提高了系统性能,加强系统和资源的安全可靠性。截至 2010 年底,已完成国家图书馆部分自建资源的保存备份工作,完成 2007 年、2008 年加工的博士论文 TIFF 数据及中文图书 TIFF 数据的保存工作, 共计 90.46TB、172 570 册、47 233 955页;完成国家图书馆已开展部分合作项目数字资源的保存工作,完成哈佛燕京大学数据 2.94TB、2617 册、207 197页保存工作;完成部分发布数据的备份工作,完成数字方志、西文善本、文津图书奖、国际敦煌等八大类数据的备份工作,共计 11.02TB、6 862 296册、164 907 968页。在长期保存管理规范方面,国家图书馆已于 2007 年编制了《国家图书馆数字资源保存管理暂行条例(草案)》,该条例从数字资源保存原则、保存级别、不同类数字对象的保存格式等方面进行了阐述;结合数字资源长期保存技术的发展和业务流程的变化,于2010年对该条例做了进一步的修订。结合数字资源保存实际工作,制定了一系列切实可行的操作规范和流程,如《长期保存数字资源交接流程》《典藏数字资源长期保存归档检查规范》《长期保存数字资源保存工作流程》《长期保存数字资源定期检查工作流程》等,特别是针对数字资源保存措施进行了细化,明确规定了定期检测间隔、数据抽样率等。目前国家图书馆针对数字资源长期保存问题所涉及的系统架构、技术实现、标准规范、管理策略和相关法律环境等方面均进行了广泛的研究,对数字资源长期保存面临的挑战进行了多角度、多层面的探索①。公共图书馆则在各地方文献及数字资源的长期保存方面开展了一定的研究和实践,对地域性资源的保存起到了重要的推动作用。

高校图书馆在数字馆藏保存方面的工作,主要是针对引进数字资源的存档和自建数字资源存档;采用的方式主要有镜像模式、备份模式和裸数据模式;引进的重要资源当中,考虑长期存档的占66%,未考虑的占34%。在引进数字馆藏的过程中,各馆均希望能引进长期的保存和获取权,而非单纯的访问权;但往往限于自身经费以及一些版权问题等原因,选择远程访问的方式,尤其是一些外文数据库。总体来看,高校图书馆的数字馆藏较为丰富,多数馆在条件允许情况下,会选择获得资源的长期保存权。但依然存在一些问题,比如:缺乏完整的数字资源长期保存政策和战略规划;技术上缺乏系统的研究和实施方案;引进资源方面,缺乏强制性的有效措施;自建资源方面,缺乏政策指导和统筹规划及监督;最根本则依然是缺乏资金投入问题。

数字馆藏的长期保存是一个有机体,受媒体、技术、法律、经济等多方面因素的影响。如何统筹协调国家馆、公共馆、高校馆、专业馆等各类型图书馆以及 Web 信息、视频、音频、数字期刊、电子图书、数字电视等各类型资源内容,构建一个整体的数字馆藏长期保存机制和策

---

① 邢军.国家图书馆数字资源长期保存现状与研究[J].数字与缩微影响,2011(4):18-22.

略,将是数字馆藏长期保存发展的重要工作和方向。

5.2.3 面向泛在信息社会的数字馆藏长期保存

长期的研究和应用积累了一定的经验,但在实践过程中也暴露出了一些问题。泛在信息社会,信息的数量剧增、信息的种类更加繁复、信息的获取手段也不断革新,信息的长期保存也应适应社会的发展和需求,有所侧重、有所统筹,做到资源的有效保存和利用。全国的图书馆乃至世界各国图书馆应联合起来,并与其他相关系统联合协作,共同建立安全存储的网络环境,对一些缺少和没有存档的有价值的资源进行保存,尽量减少资源的丢失。对于海量资源,应该集中与分散相结合,同类资源选择集中在一起,集中保存,异地备份,分散的资源再选择各自保存。增加数字馆藏保存的资金投入,为各项技术的更新以及资源的增加、软硬件的更新提供保障。

5.2.3.1 数字馆藏长期保存策略

(1)资源选择

数字馆藏的保存应该是选择性的,而不应该是盲目的,要对信息加以过滤,保存有长效价值的资源。保存所有数字资源不仅没有必要而且也很难做到,因此如何做到有的放矢、恰当地选择合适的资源作为长期保存的对象就成为了首要问题。这就要求首先在资源选择方面,要明确具体的保存方案和实施措施,确定资源的保存范围和级别。可以将数字馆藏划分不同的等级,等级的不同决定了资源的存储介质和应履行的存储职责也不同。数字馆藏等级的划分,应该有严格的标准和规范,以资源的实际价值和长效价值为准则,针对不同的资源类型,进行详细的界定。比如,采购的重要数字馆藏,如果是本馆单独购买的,则要针对用户群体以及资源的价值和购置经费情况,综合考虑是否选择本地长期保存;而有 CALIS 或其他共享组织联合购买的资源,可以分工协作保存,并做战略性存档。自建数字馆藏往往是有组织、有目的开展建设的,多数在建设之初就会集中存档。这一类数字馆藏应做好备份工作,以防突发事件的破坏和影响。网上的免费资源,也要选择必需的有用资源进行规划和协作保存。

（2）技术保障

数字馆藏的长期保存,不仅要防止数字资源的破坏和丢失,还要保证数字资源的长期真实性和可获取性,这就需要技术手段的支持和保护。在数字馆藏的长期保存过程中,技术因素是最不稳定的因素,一方面技术的发展速度越来越快,更新周期日益缩短,所以如何保证技术的长期稳定性,需要引起足够的重视。而另一方面,新技术的开发成本较高,技术的监测,尤其是稳定性、应用性等方面的监测差异较大,需要长期跟踪和检测。数字馆藏常用的保存策略有复制、迁移、透明、多样、审查等。复制,就是直接对资源进行备份。迁移是将资源迁移到新的系统或平台。透明是采用公开资源的编码等方式让更广泛的用户熟悉和使用,从而保证资源的利用和长效。多样,就是采用多种格式和形式同时对资源进行保存,以起到备份的作用。审查,则是不断地对资源进行检查,发现问题及时解决,从而确保其质量完好。针对这几种策略,图书馆可以更多地采用载体更新、原始形态保存、资源迁移和环境模仿等方式,实现对资源的复制、迁移、透明等保存。

（3）经费管理

经费问题,是数字馆藏长期保存的一个关键问题,也是困扰各机构实施的长期保存最主要因素。数字馆藏长期保存涉及资源的购入、保存、传播、维护等几大方面,而每一方面又都涉及诸多因素,这其中每个环节的费用支出都不容小视,所以数字馆藏长期保存的成本昂贵,而且许多开支无法提前预算。数字馆藏长期保存工作的开展和持续,离不开经费的保障和支持,这就需要在明确需求的基础上做好预算,并对具体的实施进行科学管理。

（4）法律问题

法律问题是数字图书馆建设过程中不可逾越的问题,泛在环境下也会更加突显。数字馆藏的长期保存是一个复杂的问题,涉及的法律问题也比较多样,比如版权法、合同法、署名权、著作权、呈缴制度等等。有些数字资源购买的只是使用权,所以作为数字馆藏而言,就不

142

具备擅自长期保存的权利,而只有使用的权利。各国为了确保资源的有效收集和长期保存,多会建立呈缴制度,但呈缴制度的落实情况却不尽相同。比如,有些国家虽有呈缴制度,但却没有很好的监督和奖惩机制,仍会有很多作品没有呈缴。于是,有些国家就以法律的形式规定要向国家图书馆提交,并不断根据社会的发展和实际的需要对其进行修订和完善,这对资源的收集和长期保存有着深远的意义。

5.2.3.2 数字馆藏长期保存的国家战略

（1）制度的建立和完善

政策的制订,是管理得以长效开展的保证。制定合理完善的长期保存政策,建立长期保存的制度机制,是数字馆藏长期保存的有力保障。首先,要明确长期保存的目标。数字馆藏的长期保存,不仅要收藏、保存馆藏原物,还要保存馆藏资源的内容以及格式等等,使数字资源与它所代表的原体相同,从而保证资源的可读性。其次,要提高长期保存的重视程度和在日常管理中的地位。一直以来,"收藏"都是图书馆的重要职责。数字馆藏的收藏,同样也是图书馆较为热衷的,从最初的本地收藏保存,到后来的较为理性的选择性收藏,都体现了图书馆对数字馆藏收藏的重视和热衷。但对收藏的重视,并不代表对长期保存的重视。长期以来,数字馆藏如何保存等政策问题,没有很好的规范;同时数字馆藏建立之后,也缺乏必要的长期保存措施和对保存质量的评价及监督。整个数字馆藏长期保存的管理和重视程度严重不足。再次,要建立数字馆藏保存的责任与合作机制。数字馆藏生命链上的任何环节都有可能发生丢失现象,所以要明确保存的责任和职责,具体而言,可以包括制作者、发行者、提供者、使用者以及监督者等方面。各自承担相应的责任,充当不同的角色,发挥不同的作用,分工协作、紧密合作,共同建立数字馆藏的长期保存机制。然后,还要有规范的操作流程和评估机制,加强监管力度,保证操作和落实的规范及效果。

（2）统筹协调保存战略

泛在信息环境下,数字资源的数量飞速增长。单纯依靠单个图书馆的力量,很难完成数字馆藏长期保存的任务。这就需要各图书馆以及其他相关领域共同努力、统筹协作,力求建立一个国家级的数字资源中心,还可在此基础上建立立体、分级的全国数字资源保存体系,充分保证资源的集中和分布,实现资源的长期、有效保存。在整个体系当中,国家图书馆要发挥主导作用,公共图书馆、高校图书馆和其他专业图书馆系统通力协作;此外,各出版机构、数据库商以及计算机等行业,也要共同为数字资源的长期保存做出相应的努力。整个统筹协作过程中,既要考虑各方面的安全性,也要考虑用户使用的便利性,还要统筹成本和效率等问题。

(3)标准和规范

数字馆藏长期保存的开展,需要建立在规范的操作和统一的标准之上。各机构只有采用统一的规范和标准,才能实现共享和统筹协作。否则各自为战,自成体系,彼此之间根本无法实现共享和互通,更无从协作共享。所以,标准和规范是数字馆藏国家战略的基础和必要环节。

(4)基础设施的保障

数字馆藏长期保存,是一项长期、多层面、多领域、费用较高的工程,对基础设施的要求也比较高。只有高品质的基础设施做保障,才能确保长期保存的开展。所以,各图书馆都要配置一些服务器,甚至有些馆要配备大量的服务器,用于数字馆藏的保存。同时,还要配备相应的系统维护人员,以及其他一些基础设施,从而保证数字馆藏保存工作的顺利开展。随着数字资源的海量增长,以及存储压力的不断增大,各图书馆在数字馆藏的存储方面也都面临着一定的压力和考验。基于此,部分机构开始考虑联合存储、有选择的保存,以及建立保存网络等措施,以分摊责任和费用。比如,美国的 NDIIPP、德国的 Nestor、加拿大的 Multicultural Canada 及我国拟建的国外科技文献数字保存网络等;更有少数国家的保存网络,已经不再局限于本国范围,向跨国保存发展,比如荷兰的 e-Depot。目前,大家已经基本达成共识,就是有选择保存和协作保存将成为泛在信息社会数字馆藏长期保存的趋势和发展方向。在此过程中,必然会涉及法律、经费、管理、技术等各方面问题的探讨和解决。

（5）技术研究与实践

长期保存技术一直是长期保存研究领域的重点。各国开展的项目主要集中在机构仓储、存档系统、网络保存等技术的研究和实践。机构仓储是对知识成果统一组织和管理的系统,已经有很多图书馆参与和实施。欧洲的 DRIVER 项目就是要构建一个交互的知识库网络;国内的中国科学院图书馆、清华大学图书馆等多家图书馆都在建立自己的机构仓储;而且尚有很多图书馆在陆续加入到机构仓储的建设中。存档系统作为长期保存的基础组成部分,在各国保存活动中得以充分发展。作为拟建的 NSTL 数字信息资源长期保存网络的一部分,中国科学院国家科学图书馆采用 Fedora 作为底层存储系统,构建了电子期刊长期保存系统（CAS E-Journal Archiving System）,选择一定规模的电子期刊资源作为试验资源,通过数据预处理、保存管理、数据访问服务 3 个主要系统功能,初步实现了数字对象的长期保存功能[1]。泛在信息环境下,数字馆藏长期保存技术的发展有待更多层次和角度的开发和实践,从而为长期保存提供强有力的技术支撑。

数字馆藏的长期保存是一个复杂的系统工程,涉及数字资源本身以及管理、技术、经济、法律等各个方面。在泛在信息环境下,数字馆藏将以我们不可能实现的管理和保存增长率增长。同生产能力相比,保存能力则相对不足。面对分散而海量的数字资源,所需要的人力、资金和技术上的投入也会更加巨大,这就需要依靠全社会的共同努力,构筑科学合理的数字馆藏保存责任体系,建立并实施积极可靠的、可持续发展的合作机制。

---

① 吴振新,等.数字资源长期保存:当前进展和最佳实践[J].现代图书情报技术,2007（11）:1-6.

5.3 面向泛在信息社会的数字馆藏质量评价

5.3.1 数字馆藏质量评价概述

数字馆藏凭借其自身高度的可共享性和使用的便捷性等优势得到了越来越多读者的青睐,已经成为图书馆馆藏中不可或缺的重要组成部分。数字馆藏的甄选、鉴别和构成等问题,也受到了各个图书馆的重视。其中,数字馆藏质量评价是数字馆藏建设过程中必然要考虑和分析的重要部分。

所谓质量,是指产品或工作的优劣程度。馆藏质量,是指馆藏的优劣程度,即关于图书馆文献收集的合理程度的一种度量。数字馆藏质量是对图书馆关于数字资源建设合理程度的度量。数字馆藏质量优化,是指图书馆在建设数字馆藏中,依据本馆的数字馆藏发展政策和馆藏建设原则,根据本馆的性质、任务、采购方针等,从需求调查、采选过程、馆藏构成配置以及馆藏利用和评价等诸多环节对馆藏进行质量跟踪,从而确保采集到优秀的适合本馆读者需求的数字资源①。数字馆藏质量评价就是对数字馆藏的质量和价值进行分析,并根据某种标准对图书馆中资源服务体系的功能及其发挥情况进行科学客观地检测和评估②。通过对馆藏数字资源的质量分析和服务情况的测度,可以为制定数字馆藏发展政策、管理政策,并有效控制数字馆藏的建设和服务过程提供客观的依据。

数字馆藏质量评价,是数字馆藏建设的一个必要环节,是数字馆藏管理过程中的重要方面,是数字馆藏优化管理的前提和基础。没有高质量的数字馆藏,自然无从谈论服务、利用、绩效等其他各方面。数字馆藏相较于传统馆藏而言,具有发展时间较短、资源量较大、形式多

---

① 索传军,袁静.论数字馆藏质量控制需考虑的因素[J].图书情报工作,2007(6):72-76.

② 索传军.论数字馆藏的质量评价[J].中国图书馆学报,2004(4):43-46.

样、类型多样等特点,这给馆藏的质量评价带来了一定的难度。比如,计算机系统、网络系统对数字馆藏的支持水平和稳定性,对数字馆藏的质量而言,具有重要的意义和影响;而传统馆藏则不存在这些因素。数字馆藏的质量评价和质量控制,涉及因素较多、时效性更强,操作的难度更大,需要综合多方面因素,有计划、有步骤、规范的进行操作实施,才能保证评价的有效、客观和实用。

5.3.2 数字馆藏质量评价现状分析

数字馆藏质量评价的重要性已经被广大图书馆所认知。各馆在数字馆藏引进或自建过程中,均会进行数字馆藏的质量分析。在采购数字馆藏之前,多由数据厂商进行资源、系统、功能等各方面的介绍,并提供相应的资料,包括在最终签订的合同中也会就资源的质量状况进行描述和界定。同时,在数字馆藏的建设过程中,也会对资源的内容、形式、实现功能等方面进行再次的协商和处理。此外,部分图书馆会在数字馆藏使用一段时间以后,对数字馆藏的质量进行分析测评,并综合用户的利用情况,做出相应的资源调整。CALIS 作为高校图书馆的联合体系、共建共享组织,以为广大高校图书馆服务为宗旨,经常组织数字资源的集团采购。在采购之初,会详细考核欲购数据库的质量,并向成员馆做出介绍和分析;采购之后,CALIS 还会定期将使用报告发送到各成员馆,同时,还会就所购数字馆藏的质量状况和使用状况,定期进行分析、测评,并向成员馆公布。CALIS 的集团采购以及相应的质量和利用状况分析、评价,为成员馆数字馆藏建设提供了有力的质量保证。具体而言,数字馆藏的质量评价包括数字资源内容和系统支持两个方面。

5.3.2.1 数字资源内容

数字资源的内容质量,是数字馆藏质量的核心;数字资源内容的评价,是数字馆藏质量评价最重要的因素。如果数字馆藏内容质量无法保证,无论有多么先进的设备、技术支持,多么完美的界面和功能实现,也都只是空壳,没有核心价值可言。高品质的数字资源内容,是一个好数据库的最基本条件,也是用户衡量数据库的关键。比如,美国化学文摘(CA)数据库,就是世界公认的化学领域的权威数据库。它不仅收录的期刊数量多,而且收录期刊的质量非常高。如果想对化学领域的某一个问题查找相对全面的资料,CA 数据库是首选;如果想保证资料的高质量,CA 数据库也是很好的选择。而这两个核心环节,也就决定了 CA 数据库的质量。

数字资源内容的质量,可以从信息的准确性、完整性、规范性和时效性等方面进行考察。其中,准确性是对数据质量最基本的要求。完整性是指数据库提供的信息要保持连续程度,信息源应能够充分覆盖国内外该学科的最新研究动态和成果。规范性是指数据的组织和描述,较为规范的标准既便于用户的使用,也为数据库的稳定提供了保证。更新时间也是衡量数据库质量的一个重要因素,数据库的生命力就在于其是否及时更新,数据库的更新频率越高,内容的时效性就越强[①]。

以上所及,多是数字馆藏的绝对质量评价,即所收录的数字资源的自身质量的高低。比如上文所述的化学领域的权威数据库——美国化学文摘,他收录期刊的数量和质量都很高,这就是资源的绝对质量。他不因使用图书馆的不同而有所差别。另外,CA 数据库在一些高水平的综合性高校以及化工等专业学校的利用率很高,而在一些普通学校或其他专业类院校的利用率却很低。对于利用率很高的学校而言,其必然是一个高质量的数字馆藏;而对于利用率较低的学校而言,此数据库虽绝对质量很高,但相对质量则较低。所谓相对质量,也就是具体数字资源内容对不同的服务机构或读者,所产生的不同的质量效果。所以,数字馆藏的建设不能只单纯考虑资源的绝对质量,更要考虑其相对质量。

5.3.2.2　系统支持

数字馆藏系统支持性能的质量是数字馆藏质量的一个有机组成

①　宋迎迎.论数字馆藏的评价[J].图书情报知识,2006(5):19－22.

部分。虽然数字馆藏的核心是数字资源的内容,但是脱离了相应的存取服务系统和检索系统,数字馆藏的使用也就无从谈起。在对馆藏数字资源进行评价的同时,图书馆也在逐渐改变过去"重资源轻系统"的评价模式,重视对数字馆藏系统支持的评价。只有建立科学合理的数字馆藏系统,才能保证数字资源内容的检索和使用,才能为数字馆藏的利用提供坚实的基础。目前,涉及的数字馆藏系统支持方面的质量评价,主要是存储和服务两个方面。

(1)存储系统

存储系统是一切工作的基础,没有强大的存储系统,其他的任何功能都是空谈。数字馆藏存储系统的质量对保存的所有数字资源都有着重要的影响。具体而言,数字馆藏存储系统的质量评价主要从存储量、数字资源的保存质量、数字资源的访问质量、数字资源的获取效果等方面进行测评。存储系统要能够容纳足够多的数据量,才能为其他功能的实现奠定坚实的基础。存储系统中,数字资源在保存框架和格式等方面要符合一定标准,从而确保数字资源的保存质量。存储系统最重要的方面则是数字资源的访问质量和获取效果。传统的存储体系都是以服务器为中心的存储结构,当连接的数量过多时,则会出现系统故障或崩溃的可能。随着计算机技术的不断发展进步,数字馆藏数据量的大幅增长,服务器则更需要满足网络环境下大量访问、检索和下载的需求。存储系统的评价也应更多地考虑事务处理能力、运行速度、传输速度、稳定性、可扩展性等方面。

(2)服务系统

要发挥数字资源内容的价值和作用,必须有强大的服务系统进行支撑。关于数字馆藏服务系统的质量评价,主要从以下几个方面来进行:①检索界面和检索功能的质量,这是为用户提供数字资源的直接衔接环节。目前,数据库的检索主要有两种趋势,一种是同一检索平台下容纳越来越多的数据库,比如,随着 EBSCO 的发展壮大,在其数据库平台下逐渐汇聚了 Wilson 艺术全文数据库和纺织科技全文数据库等多个数据库的检索使用。另外一种是同一内容的数据库可利用多个检索系统进行检索服务。无论何种方式和趋势,对数字馆藏检索系统的评价主要包括系统的检索功能和检索效率两方面:检索功能是系统提供给用户的各种检索途径和检索入口,对检索功能的评价包括检索方式、检索技术、用户界面的设计和检索结果的处理等指标。数据库的检索功能指标是难以量化的指标之一,具体进行评价时还会与用户的评价意见相结合。检索效率包括查全率、查准率和检索速度。查全率是对所需信息被检出程度的量度。查准率是衡量检索系统拒绝非相关信息的能力。检索速度是完成检索课题(从进入数据库检索到输出检索结果,退出数据库)所花费的时间①。②检索结果的输出和处理能力。一些检索结果不能提供相关度或时间等方面的排序,输出结果的质量无从保证。好的数据库,则可以提供相关性的多个角度的排序,提供个性化的检索结果显示和输出,而且还可以对输出结果的具体文献或信息进行内容处理和分析。

5.3.3 面向泛在信息社会的数字馆藏质量评价

数字馆藏是图书馆发展的必然趋势。如何紧跟计算机网络技术发展的步伐,提高数字馆藏的质量,将是泛在信息社会图书馆馆藏发展所面临的新挑战。

5.3.3.1 泛在信息社会数字馆藏质量评价的困难及改进

(1)信息的泛在

泛在信息社会最大的特征就是信息的泛在,即海量信息不受时间、空间限制的,无处不在。信息量迅猛增长,信息分布广泛,信息丰富多样。与此同时,信息的加工、传播方式也在发生很大的改变,博客、微博、微信、论坛等各种新的传播方式受到广大民众的欢迎。广大民众不但是信息的接受者,而且在逐渐成为信息的加工者、发布者。这也使得信息的存在方式更加多样,信息的质量参差不齐。这些都为信息质量的评价带来了很大的困难。

---

① 宋迎迎. 论数字馆藏的评价[J]. 图书情报知识,2006(5):19－22.

基于这种情况,就数字资源的绝对质量而言,首先要对资源的内容进行分析和辨别,考核评价资源的准确性、权威性以及是否具有独创性、新颖性和时效性等价值。主要包括:总体收录情况和学科范围;资源的来源和权威出版物的收录情况。其次,还要对资源的加工质量进行评价,比如资源的描述和揭示情况、资源的兼容和共享情况以及输出结果的再处理情况等等。就相对质量而言,最主要的就是资源内容与读者需求的相关度,这是影响数字馆藏利用率的重要因素。如果资源内容不符合读者的需求,即使资源的质量再高,也是无用,资源的利用率也没办法提高。只有符合用户需求的高质量资源,利用率才会高,才是真正的高品质资源,也才能够建设高质量的数字馆藏。

(2)新技术的挑战

通讯、移动终端设备的快速发展,推动了移动图书馆的发展。泛在信息社会,新技术还将不断革新,信息的传递、获取途径更加便捷、多样。大量的数字资源也需要不断适应新的技术手段,在资源内容、描述方式、传递方式、下载存储方式等方面做出调整。可以说,新技术的快速发展,为数字馆藏建设带来了强大的技术支持,同时也对数字馆藏的质量提出了新的要求和挑战。在资源内容方面,应选取、截选、加工整合资源内容,使之更适合新的传播媒介,符合用户的阅读习惯。人们已然逐渐接受并习惯电脑或网络阅读大量的新闻、资料、博客、论坛,而广大年轻人也更加倾向于移动终端设备阅读文献,尤其是手机上网和手机阅读,相应的数字资源的描述方式、下载存储方式也应该做出调整,以适合于手机的精短描述和加工以及小体积存储和移动续传等特点。

(3)知识的挖掘

泛在信息社会,信息量的大幅剧增带来丰富信息的同时,也带来巨大的冗余信息和无关信息,为信息的检索和辨识增加了一定的难度。与此同时,用户也不仅仅满足于普通文献的检索、获取,而是希望有更符合自己要求的知识内容。数字资源内容的知识挖掘,即通过分类、聚类、关联、序列等方法,对数字资源内容进行分析和整合,提取出用户最相关的知识组织,将成为泛在信息社会资源组织和加工的主要形式。

（4）延伸功能的实现

随着信息的泛在以及信息交流的顺畅,用户在利用数字馆藏的过程中,更希望有辅助的延伸功能,比如用户间的即时在线交流、个性化的自我学习空间、学习过程的记录、最新相关信息的有效推介等等。同时,还有一些数字馆藏的指导和整合工具,可以方便用户了解和利用数字馆藏,并帮助用户对检索过程的记录以及对输出结果的整合、分析、链接等多种操作,对于提高数字馆藏的利用具有重要的影响。泛在信息社会,这些功能将得到更充分的拓展和实现。

总之,泛在信息社会图书馆的数字馆藏将受到更大的冲击。来自各方面的压力,使得图书馆数字馆藏若想保持长期的生命力,必须适应新的变化和需求不断进行革新,不断提高数字馆藏的质量。数字馆藏的质量评价也会越来越受重视,要求也会更加全面深入和具体。各图书馆在选择数字资源时也要综合考虑各种因素,根据本馆的实际情况选择适合的资源。资源购买后,也要定期对资源的质量进行再评估以保证其仍然符合本馆需求,并根据情况做出相应调整。长期而言,数字馆藏的利用情况可以较好地反映馆藏的质量,是检验数字馆藏质量的重要手段。

5.3.3.2 泛在信息社会数字馆藏质量评价的流程及规范

图书馆数字馆藏质量评价是对馆藏建设能否按既定的原则、方针和规划实施的评价和反馈,是检验馆藏质量、改进馆藏质量优化措施和完善馆藏建设水平的重要手段。它是一个分阶段、分步骤,不断调整和完善的过程。

（1）评价主体

评价主体的选择对评价结果有着重要的影响。评价主体不同,即便是同一个数字资源最终的评价结果也会不同。比如,对美国化学文摘数据库进行质量评价,刚入学的本科生和该领域具有专业研究水平的教授对其进行评价的结果一定会有所不同。所以,评价主体的选择要具有代表性、随机性和综合性。其中,图书馆员固然会对数字馆藏本身比较熟悉,但不应是唯一的评价主体,还应该随机选取不用用户群体的代表共同进行评价,从而保证数字馆藏质量评价的客观和真实。

(2)评价指标

数字馆藏质量评价还需要有全面、完善的评价指标体系。该指标体系可由资源内容、服务系统、存储系统、知识挖掘、功能延伸等一系列相互联系的评价对象指标构成,所涉及的各项评价指标应当是对被评价对象具有关键控制和描述作用的要素。具体评价过程还需要采用定性与定量相结合的方法来测度各项指标的量值、等级和水平,从而准确、客观地反映数字馆藏质量的实际情况。

(3)评价的规范和指导意义

数字馆藏质量评价的过程是一个长期和持续的过程。整个评价过程都应该有严格的执行标准和规范。规范后的数字馆藏质量评价,才能够适用于所有数字资源的评价,才更具有指导意义。图书馆数字馆藏质量评价的最终目的是为了完善图书馆的馆藏建设,提高数字馆藏的质量和检索效率以及用户的利用率。它贯穿于馆藏建设和图书馆发展的整个过程。

5.4 面向泛在信息社会的数字馆藏日常监测

5.4.1 数字馆藏日常监测概述

面对日益膨胀的数字馆藏,图书馆及相关行业不仅需要对其进行积极建设、质量评价,还要保证对数字馆藏的日常监测。数字馆藏的日常监测是在确保图书馆数字资源建设目标的前提下,通过各业务部门的联动,依靠一定的技术和系统,对数字馆藏的质量、内容、收藏状况等进行常态化的监控、管理、优化,以期实现图书馆数字馆藏建设的最佳状态。目前,国内外关于数字馆藏的日常监测,主要集中在数字馆藏的类型、内容、品种、质量、数量、浏览点击次数、使用状况等方面。

5.4.1.1 数字馆藏日常监测系统

传统的数字馆藏监测和维护,往往依靠人力进行;随着数字馆藏的迅猛增长,以及信息技术的快速发展,数字馆藏日常监测系统的开发,使这项工作得以依靠计算机更好地实施。所谓数字馆藏日常监测系统是指在图书馆部门和馆员执行计划过程中,对数字馆藏各项指标进行追踪与监督,并对追踪的结果与设定的规范标准做比较,分析其中的趋势与差异,并对潜在的问题进行及时预报,从而达到监控和测试的目的。数字馆藏日常监测系统是监管者与设备相互补充的系统,由控制改进系统和日常监测预警系统组成。前者是一个以用户为核心的系统,管理者对系统发出的提示信号进行分析判断,查明数字馆藏质量不高、服务不足的原因所在,进而制定具体的改进措施,纠正在管理与服务流程中已经发生的各种偏差,保证数字馆藏服务目标的顺利实现。后者是一种多功能的信息管理系统,它会实时对数字馆藏的服务状况进行跟踪与把控,并与监控标准高精度匹配,分析各类问题,高效的发出预警,以帮助工作人员开展后续工作。

数字馆藏日常监测系统的服务控制改进系统和服务监测预警系统又可细分为服务效果分析评价系统和监控基准子系统。因此,它应该包括三个主要方面:服务效果分析评价系统、服务控制改进子系统、监控基准子系统。服务效果分析评价子系统,将实际服务状况与监测平均水平指标进行对比分析,通过大量调研数据,系统全面地对馆藏数字资源状况做出科学的评价,并适当地测量实际状况与预期目的之间的差距,及时反馈数字资源服务的不足和劣势,使管理者得以迅速发现问题,加快数字馆藏管理系统的响应与反馈。服务控制改进子系统,用于纠正在管理与服务流程中已经发生的各种偏差,保证数字资源服务目标的顺利实现。监控基准子系统,用于搭建各种数字馆藏服务的监测标准体系。通过科学合理地选取设定各种评价标准,可为科学评价本馆数字馆藏监测的相对水平提供对比依据,并为数字馆藏日常监测提供明确的目标,使数字馆藏的管理从不明确的管理走向科学化管理。

5.4.1.2　数字馆藏日常监测的控制和改进

数字馆藏日常监测的控制和改进是通过质量管理来实现的,质量管理和监测评价是监测监控的核心内容。

（1）数字馆藏服务监测评价

服务监测评价是对数字资源开展科学把控的必然要求,对测评数字资源的服务使用效果及满足读者各类信息需求的状况,结构化数字馆藏资源,进一步加大完善数字馆藏服务效果及馆藏资源分配决策等方面有着非常大的影响作用。具体而言,数字馆藏服务监测评价包括:构建科学有效的评价指标体系,并对指标的目的、定义及生成指标数据的收集方案和指标计算方法做出明确说明;通过统计分析获取各项测评基础标准和数值及实际监测值;将实际监测与评价基础指标进行全面分析比较,形成监测测评报告。目前,数字馆藏资源服务监测评价由于普遍缺乏有效的测评监测标准,数字馆藏评价结论比较模糊,缺乏对监测进行升级完善的辅助指导意义。

（2）数字馆藏服务监测质量管理

数字馆藏质量水平,是数字馆藏建设与服务等所有环节的基础。任何的质量问题都会对后续的环节产生一定的影响,最终影响数字馆藏的服务效果。因此,需要关注质量管理的过程控制和预防控制,对所有过程阶段进行严格的质量管控,确保一切有序进行,这样才能更好地控制数字馆藏的服务监测和评估。关于数字馆藏质量管理的监测,应贯穿于整个数字馆藏的生命周期,从最初的数字馆藏的购买或自建,到使用中的质量监测,再到数字馆藏的长期效应等等。数字馆藏质量管理的监测,是数字馆藏日常监测的重要组成部分,也是数字馆藏控制和改进的关键环节。

5.4.2　面向泛在信息社会的数字馆藏日常监测探析

泛在信息环境下,图书馆的数字馆藏和服务将占主体,所产生的效能和影响也将比以往任何时候都更加强大。数字馆藏的日常监测也更为重要。围绕数字馆藏进行的技术支持、参考咨询、资源导航、用户培训等服务工作的执行情况和相关资源的配备等,都会影响数字馆藏的日常监测,也都将是数字馆藏日常监测的范围。合理的数字馆藏监测体系涉及多方面的因素,包括数字资源设置监测、馆内学术情况监测、科研情况和读者不断变化的需求监测等等。泛在信息环境下,随着各类型图书馆的发展和读者的变化,用户的需求以及对图书馆的期望也会发生一定的变化。如何有针对性地开展数字馆藏监测将是一个更加明显的问题。这既需要不断的积累,又需要对各种变化因素及时做出应对。

5.4.2.1 数字馆藏日常监测系统的完善

泛在信息环境下,数字馆藏服务监测系统要适应新变化,做出相应的改进和调整,从而适应泛在信息环境资源、技术、服务以及用户等多方面的需求。针对某一具体的数字馆藏,监控系统首先要根据监控标准进行基本数据的收集,主要包括数字馆藏在某一时间段内的被检索的次数、购置费用、存储环境、图书馆目标用户数量、下载量、拒绝访问次数、并发用户数限制、用户培训次数等等。此外,要对这些基础数据进行分析,计算获得各个监控标准的值,并建立起适合本馆数字馆藏的标准。数据处理与监测则是将这些实际监控标准值与监控基本标准进行对比分析,找出差异,之后生成各类可用于分析的数据表,实时反馈数字馆藏资源的服务监测效果。

5.4.2.2 评估指标管理

泛在信息环境下,数字馆藏监测评价基础——监测指标,也应进一步调整和完善。监测指标是衡量监测目标实现结果的尺度,具体而言,应包括反映相同种类的使用馆中的最优化水平、平均程度的标杆指标、平均标准以及结合数字馆藏服务和之前经验所制定的目标指标。这就要求针对具体的数字馆藏,选择多个同类馆,收集所需原始数据,计算各项监测指标值,测算出标杆基准和平均基准,并制定目标基准;建立监测评价基准库,实现原始信息输入、指标值分析对比和评价基准取值等不同类型的分析和加工。

5.4.2.3 技术保障

泛在信息社会,随着技术的发展,系统平台会更加多样,数字馆藏监测平台也会不断开发和创新。既可以有 Windows XP 平台下的,也可以有 Apache,MySQL,PHP 等平台。具体实施过程中,从开发平台向运行平台的系统迁移是较容易实现的,LAMP 模式是目前较为稳健且免费的一种 Web 应用系统平台。同时,也将会尝试 B/S 结构的系统框架。监测系统开发人员不需要再次专门获得客户服务端,也无需额外的使用培训,减轻了图书馆数字系统开发和规划的压力。

5.4.2.4 数字馆藏日常监测的调整改进

数字馆藏日常监测的最终目的是及时发现数字馆藏的问题,防止重大损失的出现,并根据监测结果,调整改进图书馆的数字馆藏建设和服务,从而提升图书馆的整体水平。所以,数字馆藏管理者要仔细查看各项关键监测指标值,并分析造成这种结果的根本原由,即与之相关的关键影响因素,从而制定具体的改进措施,纠正在管理与服务流程中发生的各种偏差。如:对读者满意度较差的数字馆藏,可从馆藏内容质量、系统检索功能、资源的访问速度、是否满足读者要求和工作人员支持等方面来分析现状,找出不足之处。如对于馆藏资源质量评价较差,可考虑重新选择数字馆藏的来源;对资源访问速度较慢,可考虑改善其资源储备环境和网络环境;对于拒绝登录次数较多的数字资源,可以考虑增加购买并发用户数或者是采用较高级别的存储设备,以增强支持大访问量能力;而对于在技术和服务保障上处于正常状态而数字服务监测一直较低的馆藏,则要分析其对目标读者的针对性,努力进行论证后可适当调整其购买方式;对工作人员支持力度不够的数字馆藏,尤其是最新引入的数据资源,要加大馆员责任力度,促使其加大推介力度。

5.4.2.5 建立数字馆藏日常监测机制

数字馆藏日常监测,是在其他建设和服务环节基础上的日常维护和监督环节。它是一项需要长期、有序、规范开展的日常工作。此项工作的开展,需要遵循一定的标准和指标,还有多方面分工协作,共同维护和实施。只有严格按照标准进行规范操作的监测数据,才具有指导意义,才能发挥其功效。所以,要针对有关业务工作建立数字馆藏的日常监测机制,对馆内相关业务的任务、责任落实情况逐一进行排查和监测,动态地把握此类业务的变化情况与工作监测,使其朝向有利于监测目标实现的方向过渡。同时对重要数字馆藏的配备情况也要进行实时研究、考核和完善,保证符合读者的信息获取要求。

总之,数字馆藏服务监测系统的建设可以加强数字馆藏管理的科学性,并为实现其服务监测目标提供重要保障。泛在信息环境下的数字馆藏日常监测,需要进一步加大对于其的需求分析和管理,随时提供技术支撑,为克服馆藏利用过程中的不利因素,发挥其应有的意义。

参考文献

[1]常青.提高数字馆藏利用率的探讨[J].高校图书馆工作,2008(1):52 – 54.

[2]陈晋.论数字馆藏服务的绩效分析与管理[J].农业图书情报学刊,2008(11):197 – 199.

[3]李文文,陈雅.基于资源利用过程的数字图书馆馆藏评价指标研究[J].现代情报,2010(12):145 – 149.

[4]姚晓霞,陈凌.CALIS 数字资源保存的现状和发展策略[J].图书情报工作,2010(7):68 – 71.

[5]杨琼.高校图书馆数字资源建设与安全管理[J].武汉理工大学学报,2010(8):160 – 172.

[6]殷银芳.传统藏书理论与数字馆藏管理[J].图书情报知识,2004(3):19 – 21.

[7]程雪梅.数字资源长期保存技术之探讨[J].图书馆数字化技术平台,2005(5):85 – 87.

[8]王莹莉.国内数字资源长期保存研究综述[J].现代情报,2011(11):174 – 177.

[9]黄旭,毕强.国内外数字资源长期保存研究现状与进展[J].图书馆学研究,2009(11):25 – 28.

[10]刘葵波.数字资源保存的责任体系与合作机制探析[J].情报理论与实践,2008(6):877 – 879.

[11]索传军.论数字馆藏利用绩效分析与评价[J].图书馆,2005(3):58 – 65.

[12]林强.2009 – 2010 年国外数字资源长期保存模式分析及启示[J].图书馆建设,2011(3):1 – 4.

[13]潘菊英,刘可静.国外数字资源长期保存和长效利用研究进展[J].图书馆,
2011(5):72 – 76.

[14]苏小波,常娥.数字资源长期保存的成本影响因素分析[J].图书与情报,
2011(1):21 – 44.

[15]孙红娣.论开放存取中的数字资源长期保存问题[J].图书馆学研究,2005
(11):15 – 18.

[16]索传军.论数字馆藏管理政策[J].中国图书馆学报,2005(5):62 – 65.

[17]周玲玲.数字资源长期保存在欧盟的战略部署[J].情报理论与实践,2010
(3):125 – 128.

[18]周伟.数字资源长期保存问题研究[D].长春:吉林大学,2008.

[19]田硕,黄国彬.近十年国外数字资源长期保存研究综述[J].图书馆杂志,
2011(7):8 – 13.

[20]宛玲,吴振新,郭家义.数字资源长期战略保存的管理与技术策略[J].现代
图书情报技术,2005(1):55 – 60.

[21]吴晓骏.LOCKSS 数字资源长期保存策略及其应用初探[J].图书馆学研究,
2007(3):25 – 30.

[22]索传军.基于 ILM 的数字馆藏管理策略[J].图书情报,2005(7):76 – 79.

[23]杜奕才.数字馆藏 URL 管理的有关问题[J].现代情报,2005(9):95 – 97.

[24]任通顺.图书馆数字馆藏质量优化研究[J].图书馆工作与研究,2009(6):
36 – 38.

[25]尚新丽.数字馆藏质量控制[J].内蒙古科技与经济,2009(16):132 – 133.

[26]宋迎迎.论数字馆藏的评价[J].图书情报知识,2006(5):19 – 22.

[27]索传军,赵梅亭.数字馆藏质量管理系统研究[J].中国图书馆学报,2007
(5):68 – 78.

[28]马越.数字馆藏服务绩效监控与管理[J].情报理论与实践,2008(2):
256 – 266.

[29]李锐,等.馆藏监测系统的设计与开发[J].现代情报,2011(2):144 – 151.

[30]马越.数字馆藏服务绩效监控系统的分析与设计[J].大学图书馆学报,2010
(6):106 – 115.

[31]马越.数字馆藏服务绩效监控指标体系与数据获取[J].图书馆论坛,2008
(4):73 – 76.

6 面向泛在信息社会的数字馆藏管理与服务系统建设

6.1 数字馆藏管理和服务系统概述

6.1.1 泛在信息社会与数字馆藏管理和服务系统

泛在信息社会的图书馆是在传统图书馆、数字图书馆、移动图书馆建设的基础上发展而来的,这些建设成果,尤其是数字图书馆的建设成果成为泛在信息社会图书馆服务的主要支撑。数字图书馆是伴随着数字化技术、计算机技术和互联网技术的飞速发展而产生的概念,产生于20世纪90年代初期。随后,国内外都展开了轰轰烈烈的数字图书馆建设热潮,大量的纸制文献被数字化、大量商业数据库被引进,图书馆也开始重点收集原生的数字资源,包括机构知识库、多媒体资源和网络免费资源等,馆藏结构和服务内容都开始向数字资源转移。在很多图书馆,数字资源采购的费用已经超过了印本资源,数字资源的管理和服务已经成为当代图书馆的主要工作。图书馆面临着类型众多、内容各异的数字馆藏,如何有效地管理和提高这些馆藏的利用率,成为图书馆急需解决的一个问题。图书馆自动化系统开发商、数据库供应商和信息技术公司为了适应这些不断变化的管理和服务需要,纷纷推出相应的数字馆藏管理和服务系统,以适应这种变化趋势。

数字资源管理与服务系统是图书馆数字馆藏管理的专业化软硬件系统,它对教学课件、电子图书、电子期刊、论文、特色资源、随书光盘、多媒体资源等数字资源进行统一加工、管理、调度和发布,并实现与图书馆纸质资源的有效链接和整合,从而提高现有纸质和数字资源的利用率,为读者提供一个自主学习的良好平台,也称之为数字资源管理平台或者数字内容管理平台。数字图书馆环境下,数字资源管理和服务系统应当能够支持数字图书馆系统的基本功能,即各种文献内容的数字化、数据的存储和管理、数字化资料的传输与发布、有效的访问和信息查询、权限管理和版权保护等;实现数字资源的自动化管理和维护,并提供访问量的统计。国外一些图书馆自动化系统,比如Exlibris公司,在原来集成图书馆管理系统的基础上推出了支持数据库管理和跨库检索的Metalib平台、数字资源发现与获取系统Primo、数字资产管理系统DigiTool以及数字资产保存系统Rosetta,并实现了与原有集成管理系统的整合。同样的还有Innovative公司的MetaSource、Endeavor公司的ENCompass、Sirsi公司的Hyperion Digital Media Archive以及VTLS公司的HiRes Image Navigator等。一些软件商开始提供数字资源建设和管理平台,比如国内清华同方的TPI、北京金信桥的TBS、北京拓而思的TRS、杭州麦达、北大方正德赛、国外的Eprints、Digital Commons等,开放源代码的数字资源管理软件DSpace、Fedora等也被开发出来并广泛地应用于机构仓储等数字资源管理中。

6.1.2 数字资源管理和服务系统功能

数字资源管理和服务系统面对的是各种分布、异构和多样化的数字资源,一个先进的数字资源管理系统能满足图书馆信息资源的采集、加工、整合、管理、发布、检索与控制为一体的数字图书馆业务需求,实现数字图书馆的基本功能,具体如下:

(1)数字资源的创建和获取

数字资源管理系统应当能够支持多种数字资源,包括:文本信息、音视频、图像和各种标准和非标准电子文档的有效组织、存储和检索,针对不同类型的数据格式和数据库建立统一检索网关,并提供信息采集、数据挖掘、推送技术等系统管理功能,支持通过扫描、识别、压缩和转化等多种技术来创建数字信息,并具有对不同格式数字资源的转换能力。数字图书馆开发平台应该支持通过开放的内容创建应用程序接口和其他厂商的相关技术产品来完成不同种类信息的数字化及内容的提取。此外还应提供多种工具和软件包来支持内容创建和信息压缩功能,采集网上信息资源和建立专题/特色数据库功能。另外,系统还要提供商业数字资源的采购和评估等功能。

(2)数字资源的存储与管理

支持数据的多级储藏模式和安全备份,包括自动索引、建档、特性抽取和翻译功能,利用先进的组织和筛选工具,用户能够用中文语言进行特定信息查询。使用全文数据库来存储数字资源,并进行数字资源的索引和查询。

(3)数字资源的检索与访问

数字资源管理平台一般都具有强大的访问控制以及信息查询功能,支持多种智能化的资源检索,支持基于关键字、索引和全文的信息检索;支持基于语意和自然语言的智能检索;支持图像、音频、视频信息的检索;支持检索结果的排序与分类等。用户可以根据自己的喜好和用途来选择一种或多种检索手段,而且要求检索响应及时,结果准确。支持各种资源库的整合和异构数据的跨库检索,实现各种资源的统一检索,能够实现与 OPAC 系统、ILAS 系统、引用链接系统的集成,具有从文摘到全文的链接机制。

(4)信息发布与服务

支持动态发布,用户可选择任何计算机网络系统来进行信息发布与服务,支持包括传统的 C/S 到 B/S 在内的多种信息发布和服务途径,并且所发布的信息在任何具有图形化用户界面的计算机系统上都可以进行呈现和阅读。对于特殊用户还应当支持通过触摸屏、手写及语音识别等技术来提供信息服务,使得系统做到对用户透明,并具有良好的安全性、易用性和可扩展性。

(5)支持个性化服务

支持个性化服务,系统应记录、分析用户的个人喜好,并根据用户的兴趣和特点提供关联的个性化信息服务,如数字参考咨询和电子文献传递、订阅服务和主动的信息推送服务以及信息专题跟踪等主动的智能服务功能。

（6）用户权限管理

数字图书馆开发平台应该能够根据完整的用户权限管理方案来提供一系列全面的管理工具,包括数字资源建设过程中的用户权限管理,对用户访问和使用数字资源的许可、控制和监督,并保护资源拥有者和最终用户相关利益等功能。比如合法性与密码认证、用户分组管理、用户权限管理、IP 地址控制管理、用户认证管理、知识产权管理、数字资源合理使用机制等。

（7）执行标准协议,实现系统间的互操作

数字资源管理和服务系统多数是作为独立系统开发的,要实现与其他系统之间的无缝链接,必须考虑标准规范及标准化工作。数据标准化是资源共享的前提,也是图书馆自动化系统的核心所在。数字资源管理系统的标准化包括数字资源内容和服务方式的标准化,具体地说就是数字加工、组织的标准化,元数据、资源标识、描述形式及结构等方面的标准化,数字资源检索方式的标准化,开放接口的标准化等,以便于不同系统之间的资源整合和共享,也为数字资源长期利用和系统的再扩展创造条件。

6.1.3 数字资源管理和服务系统分类

数字资源管理和服务系统需要管理的资源和内容都比较广泛,所涉及的要求也会有较大的不同,因此图书馆自动化系统提供商或者软件系统提供商会针对不同类型的资源和服务推出不同的数字资源管理和服务系统,或者图书馆根据自己的需求结合不同软件商提供产品的功能特点,分别选择不同的产品应用于不同的资源类型和服务中。数字资源按文献类型分为电子期刊、电子图书、学位论文、会议论文、专利文献、标准文献及多媒体资源、随书光盘等。本书根据图书馆馆藏结构、数字资源和不同应用类型,将数字资源管理和服务系统分为如下七类。

（1）电子资源管理系统

电子资源管理系统（Electronic Resources Management System, ERMS）是随着图书馆电子资源数据库购买的增多而出现的用于引进电子资源评估的管理系统。电子资源管理系统主要根据电子资源的商业和许可条款，对有效选择、评估、采访、维护电子资源提供管理支持的系统，使图书馆可以方便管理所有的电子期刊全文、引文、摘要等数据库的购买和访问信息。电子资源管理系统是图书馆传统集成管理系统的采访模块在数字时代的发展，一般不对读者提供服务。

（2）学位论文管理与服务系统

学位论文管理与服务系统指支持学位论文的创建、提交、管理、发布、维护，并能实现对学位论文的访问、下载的数字资源管理平台。学位论文系统主要有三个功能，一是将分散在不同院系、不同专业的学位论文进行集中、有序管理，实现学位论文的远程提交；二是为用户提供学位论文检索与下载服务。三是对学位论文进行统计与管理。一般而言，学位论文服务系统由论文提交模块、论文审核与编目模块、文档标准化制作模块、论文发布与检索模块、论文回溯制作模块和服务器管理模块组成。

（3）特色数据库管理与服务系统

特色数据库管理与服务系统指对特色/专题数据库进行创建、发布与检索的综合管理平台，具有采集、转换、编目、浏览阅读、数据统计分析等功能，能实现数据库的资源建设、存储、提交、发布与检索，是数字图书馆功能的延伸。特色数据库系统是根据图书馆的馆藏特色、地方特色或者本单位学科特色制作的有特色数据内容和服务对象的系统，如教师课件数据库，重点学科成果论文数据库，馆藏视频、录音、图片等多媒体数据库及互联网信息采集数据库等。这类系统的特点是有多种数字化文献类型共存，一些数据必须限制使用。

（4）机构知识库管理与服务系统

机构知识库，也称机构仓储、机构库，目前还无确切的定义。机构知识库主要是搜集、组织、存储大学、科研所等学术机构的相关知识资源，通过网络将绝大部分资源对所有用户免费开放的数字资源库。机构知识库是重要的数字资源管理平台,用于存储和传播学术研究成果及机构产出等数字资源。它基于开放理念而建立,以学术机构为中心,对保存学术机构知识资源、提高学术机构知名度和影响力、拓宽研究型图书馆的发展空间、革新传统学术交流体系等都有重要意义。

(5)网络图书馆管理与服务系统

网络图书馆是基于图书馆联盟合作的深入发展而在自愿、互利原则基础上组建的共建共享知识网络系统,用户通过网络图书馆共建共享一切信息资源。目前国内的北京市、广东省、天津市、上海市和一些高教园区都开发和应用了相关的网络图书馆管理与服务系统。网络图书馆是传统图书馆与在线图书馆的无缝集成,旨在进行数字资源、管理资源、人力资源、设备资源、网络资源、专家资源等方面的共享,用户则可以获得高效无缝的统一服务。网络图书馆一般包括三个主要模块:读者服务区、图书馆工作区和行政管理区,实现读者的统一认证、异构资源统一检索、馆际互借和文献传递、联合采购、联合编目、联合典藏、联合虚拟参考咨询、成员馆管理、联合行政管理、信息审批等方面的功能。

(6)多数据库统一管理和服务系统

多数据库统一管理和服务系统实现的是一定程度的数据库统一管理并统一提供服务的功能,又称跨库检索系统、统一检索系统等,近年还出现了一些将多个数据库的元数据集成管理供查询分析利用的知识发现系统。主要向用户提供了统一的检索接口,将用户的检索要求转化为不同数据源的检索表达式,检索本地和互联网上的多个分布式异构数据库,并对检索结果加以整合,在经过去重和排序以后,以统一格式将结果呈现给用户。而且这一过程用户只需要以单一身份、单次登录和单一检索方式就可以实现。统一管理功能在一些商业化产品中体现的作用表现的明显一些,比如 Metalib 平台,而各馆自行开发的产品中统一管理的作用表现稍微弱一些。知识发现系统为多数据库统一管理和服务提供另外一种思路,将多数据库的元数据整合在一起,用户检索时查询是发现系统的数据,只有获取原文信息的时候,才会访问原数据库的内容,查询效率得到了突破性的提升,极大地方便用户使用。

(7)移动图书馆服务与管理系统

移动图书馆服务与管理系统是图书馆面向用户的手机、PDA 等移动终端设备推出的数字资源服务与管理系统。移动图书馆服务与管理系统主要通过短信系统、图书馆 WAP 网站、图书馆服务的客户端应用程序三种途经为用户提供服务,用户则可以借助于该系统实现图书的预约、续借,实现个人借阅信息、馆藏目录信息以及数字资源的查询和利用,图书馆也可以通过该系统实现催还、超期提醒、用户相关新闻、定题服务等内容向用户移动终端设备的推送。移动图书馆服务与管理系统的出现是泛在信息社会实现任何设备、任何时间、任何地点访问利用图书馆资源的技术保障。

6.2　国内外数字资源管理和服务系统的发展

6.2.1　总体发展概况

数字资源管理和服务系统用来管理数字馆藏并提供服务,涉及数字馆藏管理的方方面面。数字资源管理和服务系统目前基本上也都是商业软件、开放源代码软件并存,也有很多技术力量比较雄厚的图书馆自行开发了相关的系统。商业软件既有老牌的图书馆集成管理系统提供商开发的,也有其他软件商提供的。自开发系统中,又以参考咨询系统、多数据库统一管理和服务系统、学位论文管理与服务系统为主。

需要说明的是,从广义角度上讲,学位论文管理和服务系统、机构库管理和服务系统都属于特色数据库管理与服务系统,因此在构建系统平台时,除特殊情况,很多都可以采用同样的软件商提供的产品或者原则上可以利用相似的平台进行构建。尤其是目前国内的学位论文管理与服务系统和特色数据库管理与服务系统的平台具有很强的同质性,采用系统大体相同,如北大方正的方正系统、清华同方的 TPI、北京拓而思的 TRS 平台等。DSpace、Greenstone 等机构知识库的构建软件,在具体实践中也大量应用于特色数据库的构建过程,稍加调整后也可以应用于学位论文管理与服务系统。另外,网络图书馆系统是国内 21 世纪初建设的热点,北京教育网络图书馆、广东教育网络图书馆等都是这个时期出现的,但近年发展速度趋缓、甚至停滞。因此,下文讨论发展现状时,特色数据库服务与管理系统和网络图书馆管理与服务系统不再讨论,而移动图书馆管理与服务系统则在本章第四节集中讨论。

6.2.2 电子资源管理系统的发展情况

电子资源管理系统的出现主要是应对电子资源出版形式多元化、销售模式与定价策略的频繁调整以及电子资源采购管理工作流程的复杂性等方面为图书馆所带来的电子资源管理困难。20 世纪末开始出现各图书馆自己开发的电子资源管理系统,由于现有的集成管理系统无法满足电子资源订购管理的需求,而根据实践需要,图书馆自行设计和开发了相关系统,协助图书馆员对电子资源进行管理。典型系统如美国加州大学洛杉矶分校设计开发的电子采购数据库(Digital Acquisitions Database,DAD)、美国霍普金斯大学设计开发的霍普金斯电子资源管理系统(Hopkins Electronic Resource Management System,HRRMES)等。

随着图书馆相关需求的强化,图书馆集成管理系统商和电子资源提供商等都发现了其中商机,产生了大量的商业电子资源管理系统。这些系统主要可分为四大类:(1)图书馆集成管理系统商提供的产品,比如,Dynix/Horizon ERM、Endeavor 的 Meridian、Ex Libis 的 Verde、Innovative 的 ERM;(2)数据库商推出的产品,比如 EBSCO 的 EBSCO EIS;(3)数据库代理商的产品,如 ProQuest Serials Solutions 的 360 Resource Manager、Harrossowiz 的 HERMIS;(4)非营利性组织提供的产品,比如 Colorado 研究图书馆联盟的 e-Resource Manager。当然,也出现了一些开放源代码的电子资源管理系统,比如,由美国 Notre Dame Hesburgh 大学图书馆使用 PHP 开发的 CORAL(Centralized Online Resources Acquisitions and Licensing),由美国 Wisconsin-La Crosse 大学 Murphy 图书馆利用 Access 数据库开发的 ERMes 系统等。目前国内使用电子资源管理系统的图书馆还不多,只有国家图书馆、清华大学图书馆、武汉大学图书馆等为数不多的机构。

电子资源管理系统目前所具有的功能主要有 3 个方面:(1)电子资源周期管理功能。在电子资源采购和使用的全生命周期中,包括评估、选择、试用、评价、采购、利用、维护、续订或停订等工作流程中电子资源任务、更新变化动态、故障问题、相关联系等信息的跟踪管理;(2)电子资源相关信息的记录、组织和管理功能。对电子资源描述、定位相关的信息,包括 URL 地址、用户名和密码、IP 地址、认证手段、协议条款、签订时间和时效、采购价格、使用限制等,进行记录和管理;(3)电子资源使用和评估管理功能。对电子资源的使用相关技术参数、软硬件需求、用户试用情况、用户使用情况进行管理,通过各类统计报表并结合相关预算评估电子资源使用情况,制定续订、停定、增加并发用户等相关决策。除了这些基本功能外,各电子资源管理系统也有一些自身的特点,如表 6.1 所示主要商业电子资源管理系统的一些功能特点。

表 6.1 主要商业电子资源管理系统功能特点①

电子资源管理系统名称	功能特点
Ex Libris /Verd	(1)工作人员可有不同的登录级别;(2)具有提醒功能;(3)SFX 可提供快速跟踪执行;(4)支持团购;(5)支持打印;(6)可以将一个数据商所提供的多个数据库以一个整合的界面揭示

① 刘峰,肖珑.商业性电子资源管理系统应用分析与评价[J].现代图书情报技术,2009(1):86 – 92.

电子资源管理系统名称	功能特点
Innovative/ERM	(1)允许用户增加新的字段或数据元素;(2)有数据输入/输出功能;(3)与门户/OPAC、元搜索工具、链接解析器和字顺导航等系统建立接口;(4)通过联机目录或图书馆的网页向公众提供信息
VTIS/VERIFY	(1)有数据输入/输出功能;(2)可从其他系统导入数据,但需要用户定制的导入工具;(3)可与外部开发的产品兼容;(4)数据支持几种方式维护;(5)支持电子和印刷介质
Serials Solution/360 Resource Manager	(1)支持数据输入输出;(2)导入工具可输入基础数据库和期刊订购信息;(3)单点维护;(4)数据字段可由用户定制;(5)可对使用和检索量进行统计,将来还可以对供应商文档中的数据进行总和式统计
EBSCO/EBSCOhost EJS	(1)可向学生、研究人员、教员和图书馆员等不同类别的用户提供不同的检索入口;(2)有检索和浏览功能;(3)提供通过期刊文章出处查找全文的服务;(4)需要下载阅读器才能读全文

6.2.3 学位论文管理与服务系统的发展

学位论文管理与服务系统是伴随着高校毕业论文和学位论文的在线提交、管理和提供检索服务的需求产生的。国内相关系统产生的时间在 20 世纪 90 年代中后期,大规模的发展则源于 CALIS 学位论文项目的推动,目前国内外绝大多数高校都已经采用学位论文管理和服务系统管理本校各类学位论文。

文献调研发现,国外很多高校图书馆本身并不构建自己的学位论文系统,而是要求将学位论文提交至 ProQuest 等商业数据库的系统,然后通过相关协议免费检索和获取 ProQuest 等系统提供的论文。也有一些图书馆自开发或者利用 Dspace、Eprint 的开源机构库管理软件构建自己的学位论文管理与服务系统，国外也出现了专门的开放源代码的学位论文管理与服务系统，比如美国 Rutgers 大学图书馆开发的 OpenETD 系统。国内学位论文提交不视为正式发表，因此目前尚未出现 ProQuest 之类商业托管的学位论文管理系统，CNKI 和万方的商业学位论文数据库不具有此种性质。国内各高校图书馆多采用专门的商业学位论文管理系统构建本校的学位论文管理和服务系统，相关的商家有清华同方、北京天宇、北大方正、北京拓而思、杭州麦达、北大数图、成都国图 DIPS 等，也有一些图书馆，主要是一些中小型图书馆自行开发或者利用开源软件 Dspace 构建学位论文管理系统。通过对国内发展比较成熟并通过 CALIS 一期认证的软件供应商的相关产品功能进行比较分析，见表6.2，也能窥得学位论文管理与服务系统的主要功能和特点。

表6.2　国内主要学位论文管理与服务系统功能模块

功能模块	清华同方的 TPI 系统	北京拓而思的 TRS 系统	北大方正的方正系统	杭州麦达的 IDL 系统
论文提交	支持在线提交、反复修改、重新上传和 FTP 大文件上传；全文和元数据集中存放；论文提交支持格式 Word 和 PDF，附件不限格式；自由设置提交论文命名格式	支持在线提交、反复修改、重新上传和 FTP 大文件上传；全文和元数据分别存放；论文提交支持格式 Word、 PDF、 RTF、 LATEX，附件不限格式；固定的提交论文命名格式	支持在线提交、反复修改、重新上传和 FTP 大文件上传；全文和元数据分别存放；论文提交支持 Word、 PDF、 CEB 和 ZIP。Word 和 PDF 采用不同的固定提交论文命名格式	支持在线提交、反复修改、重新上传和 FTP 大文件上传；全文和元数据分别存放；论文提交支持格式 Word 和 PDF，附件不限格式；固定的提交论文命名格式

功能模块	清华同方的 TPI 系统	北京拓而思的 TRS 系统	北大方正的 方正系统	杭州麦达的 IDL 系统
论文审核编目	元数据和原文审核,E-mail 通知审核结果;自动生成馆藏号和论文发布年限;按院系分配审核任务	元数据和原文审核,E-mail 通知审核结果;编目员增加馆藏号和论文发布年限;按院系分配审核任务	元数据和原文审核,E-mail 通知审核结果;编目员增加馆藏号和论文发布年限;按人按库分配编审任务	元数据和原文审核,E-mail 通知审核结果;自动分配 CALIS-OID;按院系分配审核任务
文档制作	基于 PDF Writer,自动、批量地将 Word 文件转换成 PDF 文件	基于 PDF Writer,自动、批量地将 Word 文件转换成 PDF 文件	基于 Apabi Maker 批量将 Word 文件转换成 CEB 文件	基于 PDF Writer,自动、批量地将 Word 文件转换成 PDF 文件
论文发布与检索模块	支持概要、前 16 页、全文发布;支持全文检索,并突出显示检索词;支持密级期限动态设置	支持概要、前 16 页、全文发布;支持全文检索和智能扩展检索;系统设置非动态密级期限	支持概要、前 16 页、全文发布;支持全文检索;支持密级期限动态设置。基于 CEB 格式的版权保护	支持概要、前 16 页、全文发布;支持全文检索,并显示检索词所在页面;支持密级期限动态设置
回溯制作	包括扫描、格式转换、资源制作上传流程	利用 TRS Data Processor 回溯建库	包括扫描、格式转换、资源制作上传流程	包括扫描、格式转换、资源制作上传流程

续表

功能模块	清华同方的 TPI 系统	北京拓而思的 TRS 系统	北大方正的 方正系统	杭州麦达的 IDL 系统
服务器管理	提供多种访问统计方法,可统计未处理、不合格与合格的记录总数;支持日志分析、数据库备份与还原、元数据的导入与导出	支持多种访问统计方法,按院系统计未处理、不合格与合格的记录总数;提供日志文件,支持数据库备份与还原、元数据导入与导出	提供多种访问统计方法,对提交记录支持多类统计;支持日志分析、数据库备份与还原、元数据导入与导出,对论文需另做备份	支持论文访问统计;支持日志分析、数据库备份与还原、元数据导入与导出

由表 6.2 可见各学位论文管理与服务系统虽处理流程有一定差异,但一般都有六大功能模块,即论文提交模块、论文审核与编目模块、文档标准化制作模块、论文发布与检索模块、论文回溯制作模块和服务器管理模块。在论文提交模块,学生可通过网络提交题名、作者、导师、文摘等元数据信息并上传论文全文,可通过网络修改论文,在线查看论文是否审核通过。审核模块主要是对提交的论文进行检查、验收,并对不合格的论文提出审核意见,通过 E-mail 或网络界面通知学生。文档标准化制作模块,将 Word 格式的文件批量转换成 PDF 等格式的文件,包括对使用权限的处理。发布与检索模块具有全文检索、学科分类浏览以及全文浏览等功能,并提供认证、结算、统计与评估模块的接口以及 OAI 数据接口。论文回溯制作模块对往届毕业生的纸质论文进行回溯建库。服务器管理模块主要是对系统后台做一些管理和维护工作。在实践中,当前国内的学位论文管理与服务系统也存在较多的问题,比如,多数系统都不自动备份、除北大方正外,多数系统还无法满足版权保护控制的需求等。

6.2.4　机构知识库管理与服务系统的发展

机构知识库是某个机构(大学、科研机构、图书馆、虚拟实验)针对本机构的知识资源(预印本、学位论文、工作报告、多媒体数据、会议论文、教学资料、实验结果),基于网络实现资源存储、共享并动态增加与长期保存的一类数字资源管理与服务系统。机构知识库的建设已经成为近年国内外研究、建设和发展的重点。

在美国,2000年惠普公司与麻省理工学院合作,从事机构仓储基础理论的研究和操作平台的开发,这是机构仓储建设的开端。俄亥俄州立大学为了收集、标引、保存该校成员所生产的数字内容,2001年提出建立一个"跨学科、多媒体的知识资产存储库"——俄亥俄州立大学知识库,这即是机构仓储最初的雏形。2002年,MIT和HP合作开发的DSpace率先问世,后发展成DSpace at MIT及DSpace联盟。在短时间内,DSpace系统得到了广泛应用和普及,其强大的功能和使用的简单性得到了普遍认可。机构仓储的发展引起了美国各界的关注,美国研究图书馆协会、学术出版与资源联合会和网络信息联盟于2002年成立SPARC机构仓储研讨会,专门从事机构仓储的理论与实践研究,内容涉及机构仓储的相关技术、内容管理、质量控制及成本管理等。政府也成为机构仓储发展的重要支持力量。在多方努力下,知识产权问题也朝着有利于机构仓储的方向发展。2004年5月,著名出版商Elsevier宣布允许作者将其论文"自行典藏"到机构仓储。ProQuest于2004年推出商业性质的机构仓储Digital Commons,以促进机构仓储的普及。

在英国,2000年南安普顿大学开发了Eprints,目前Eprints被作为机构仓储系统广泛使用。英国机构仓储的研究较为集中并且有统一规划和领导,在联合信息系统委员会、研究图书馆联合体等机构的集中领导下,通过一系列科研项目推动了机构仓储的发展。其中最有影响力的为FAIR(Focus on Access to Institutional Resources),它以建立一个存储、共享英国各高校成员知识产品的虚拟空间为目标,先后召开知识产权研讨会、机构仓储可持续发展研讨会、机构仓储评价研讨会等来探讨与机构仓储有关的理论问题,清除机构仓储可能面临的障碍。FAIR 作为一个总项目,其下又细分成 Eprints UK、DAEDALUS、ROMEO、SHERPA、TARDis 等 14 个子项目,其中 Eprints UK、ROMEO（Rights Metadata for Open Archiving）与机构仓储的发展关系密切。

在澳大利亚,2002 年澳洲教育科学培训局下属的信息咨询委员会发表了名为《澳大利亚高等教育学术研究信息基础设施》的报告,号召社会各界对机构仓储的建设予以经济支持。2003 年,DEST 认定机构仓储为澳大利亚学术研究信息基础设施的基本组成部分。同年,在澳大利亚政府"支持澳洲能力计划"的资助下,DEST 开始开展 FRODO（Federated Repositories Of Digital Objects）项目,旨在推动数字资源的长期保存、组织和开放。FRODO 的下属子项目 ARROW 由蒙纳士大学牵头,南昆士兰大学、新南威尔士大学以及澳大利亚国家图书馆等机构共同参与,建立机构仓储,开放澳大利亚数字资源。

在中国,截止到 2012 年 12 月 29 日,OpenDOAR 上登记的中国机构知识库共 93 个,其中台湾构建了 59 个、香港构建了 6 个,澳门 1 个,中国大陆构建了 27 个。机构知识库在中国大陆还处于起步阶段,主要是利用 Dspace 构建机构知识库,国内使用 DSpace 的学术机构高达 60%,其中以收集论文预印本的机构仓储发展得较为快速,出现了教育部的中国科技论文在线、国家科技文献图书中心、中国科学技术信息研究所的中国预印本服务系统和奇迹文库等比较著名的预印本网站,并且建立了一些国外学术论文预印本的中国镜像站,如中国数理科学电子预印本镜像库。

目前,机构知识库管理和服务系统大体可以分为四类:①专用系统,这类系统是机构仓储研究项目的成果,如 eScholarship、JISCIE、Knowledge Bank 等;②开放源码和免费的系统,如 Dspace、Fedora、Archimede、CDSware、Eprint 等;③商业系统,如 Documentum、Bepress、DigitalCommons、CONTENTdm、DRM、Open Repository 等;④混合型系统,如 VTLS 公司的 Vital 等。这些软件由于设计原则和应用目标的差

174

异而各具特色,如 DSpace 侧重于以社区为基础的内容管理与提交;Epints 因其简单灵活而拥有最广泛的用户群;Fedora 的功能相对齐全,灵活性和拓展性强;CDSware 可对存储不同类型资料的大型机构知识库进行操作;ANRO 可对元数据进行集中管理。这些软件无绝对的优劣之分,都是依据相应的运行环境和要求,按照一定的原则和目的来设计,侧重点与优势各不相同。

6.2.5 多数据库统一管理与服务系统的发展

随着信息时代的到来,各馆都在进行数字图书馆建设,自建和采购数据库大量增多,一方面,丰富的数字资源为读者提供了便利,另一方面由于数据库在数据结构、检索机制、检索界面等方面存在差异,读者需要频繁地从各个数据库之间切换,输入相同的检索词,费时费力,也降低了电子资源的使用效率。因此,如何以用户为中心,一站式检索多个不同类型的数据库资源,将这些分散资源合并到一个统一的检索界面中,对资源进行有效整合,成为图书馆迫切需要解决的一个问题。多数据库统一管理与服务系统正是为解决这个问题而产生的。多数据库统一管理与服务系统,通过向用户提供统一的检索接口,将用户的检索要求转化为不同数据源的检索表达式,并发地检索本地和广域网上多个分布式异构数据源,并对检索结果加以整合,经过去重和排序等操作后,以统一格式将结果呈现给用户。由于这些系统大都要登记各个数据库访问信息、利用情况等,所以具有多数据库统一管理的功能。

目前多数据库统一管理与服务系统有很多,既有 Libraryfind、Masterkey 这样的开放源代码系统,也有诸如 ExLibris 的 Metalib、Endeavor 的 ENCompass、WebFeat 的 Webfeat Express、清华同方 USP 的商业系统,还有诸如 CALIS 统一检索平台、中国科学院国家科学图书馆 CSDL 这样的自开发系统。表6.3 对国内应用比较成熟的四款多数据库统一管理与服务系统(Metalib/SFX、Webfeat Express、CALIS、CSDL)功能进行了比较和分析。

从表6.3和相关系统平台调查来看,多数据统一管理与服务系统所具有的功能主要有两大类:(1)与多数据库统一管理相关。首先,这些系统都根据数据库涉及内容的学科、资源类型、数据库来源(自建还是购买)等进行了描述,以实现所管理的多个数据库按照学科、资源类型等方式导航、浏览、查找相关数据库;其次,这些系统提供了所有可用数据库的列表,供用户选择,可以单选、全选、复选、筛选等方式选择检索数据库,而且用户可以将选择的这些数据库、历史访问的数据库列表保存下来供以后再次使用;再次,这些系统对数据库实行了统一认证,可以为所有数据库设定 IP 地址或者访问权限,也可以针对其中的部分数据库设置相应的访问方法和权限,用户在利用该平台浏览相关数据库时进行相关认证,只有其合法可用的数据库才可以显示或者能够被选择进行统一检索,或者以某种方式告知用户哪些数据库可用和哪些数据库不可用;最后,这些系统还会根据浏览和检索数据库及数据库内容利用的情况记录相应日志并进行统计分析。系统管理员可很方便地设置和修改用户的访问权,进行数据库分类和使用统计等,包括用户登录或退出检索系统的次数和时间、用户的各种输入和检索信息等,系统可以自动生成数据库使用的各种细节报告。(2)与多数据库的统一检索相关。首先,从这些系统的检索原理来看,大都采用了协议网关 + 页面分析的复合机制,对于遵循相关标准协议(Z39.50、OAI、OpenURL 等)的数据库,利用这些接口/网关和协议进行统一管理和检索调用,对于不遵循标准网关协议但可通过 HTTP 协议访问的资源,则基于页面分析技术,接受和分析其返回的 HTML 数据流,做到不同数据的同页显示,实现虚拟同构的统一访问效果;其次,从统一检索的内容来看,基本上都涉及了各类特色数据库和 OPAC 系统;再次,从检索途径来看,可检索字段是各数据库中一般都含有的字段内容,比如题名、作者、关键词等,且一般都支持布尔逻辑检索、截词检索、位置检索,部分还支持全文或者全字段检索,有的还支持二次检索和重新检索,基本上都涵盖了原库的多数检索功能;最后,从检索结果来看,这些系统一般都能对从各个数据库获得的检索结果进行一定的合并去重,并支持按照某些特定顺序排序,比如时间、数据库、题名、相关度等,或者定制相关的关键词查询列表定时推送和提醒。

表 6.3 国内常见多数据库统一管理和服务系统功能

比较项目	CALIS	CSDL	Metalib/SFX	Webfeat Express
支持协议	Z39.50、OAI、ODL、HTTP 等	HTTP	Z39.50、OAI、SQL、OpenURL、HTTP 等	Z39.50、OAI、OpenURL、HTTP 等
可检索资源类型	各类数据库及部分图书馆 OPAC 等	各类数据库、网络免费资源及重要图书馆 OPAC	部分 OPAC 系统、中外文数据库	中外文数据库、40 多个国外 OPAC 系统
检索方式	简单检索、高级检索、二次检索	简单检索、二次检索	简单检索、高级检索、二次检索	简单检索、高级检索
检索字段	篇名、作者、文摘 ISSN、来源	篇名、作者、文摘、全字段检索	主题、题名、作者、ISSN、ISBN、任意字段	题名、作者、摘要、主题、关键词
检索技术	逻辑、截词、全文检索及组合检索	多词检索和短语检索	逻辑、位置、截词检索	逻辑、限制检索和词组检索
结果处理	概览区(汇总表)、详览区,对结果按时间、题名排序	以统一格式呈现,对结果按相关度、题名、作者排序,支持去重	以统一格式显示,可浏览单个数据库的检索结果;支持结果去重、合并,按相关度、作者、标题、年份、数据库排序	动态结果呈现,自由选择结果合并分类,包括结果聚类和对结果按时间、作者、题名、相关度、排序、去重

比较项目	CALIS	CSDL	Metalib/SFX	Webfeat Express
参考链接服务	文摘、全文	文摘、全文	内嵌 SFX,可直接获取链接全文	可直接和 SFX 相连
个性化服务	我的学科;我的资源;我的收藏;我的检索历史;我的账户	注册用户进行资源定制,我的数据库资源	创建并保存资源列表和电子期刊列表,建立个人电子书架、保存检索历史、设置定题资源提醒等;添加评论和 SFX 链接;定义"ALerts"服务等	定题服务、重点阅读、期刊服务、应用定制
其他服务	与资源调度系统、馆际互借系统、	支持原文传递服务	通过 SFX 提供电子全文服务、OPAC 查询、Internet 查询、馆际互借、原文传递等服务	应用服务系统没有与整合功能集成
用户认证方式	注册用户、CALIS 统一认证的集成	注册用户和非注册用户	把用户的授权和身份验证分为普通用户和会员二级	据图书馆、用户组和单独用户来分配不同级别的资源使用权限
用户管理	限制、监控、统计、计费功能	提供多种应用统计	对系统进行配置、更新、认证、统计	数据库分类、智能跟踪统计

比较项目	CALIS	CSDL	Metalib/SFX	Webfeat Express
系统维护	下载更新和灵活的配置方式就能完成资源维护工作,系统提供二次开发接口	系统提供灵活的参数化配置功能	本地知识库需手工管理和配置,部分数据库接口需要开发相应的接口程序	系统维护由 WebFeat 和 Thomson ISI 负责

多数据库统一管理和服务系统近年的实践和研究中发现了新的内容,那就是统一资源发现系统,基于各个数据库商元数据组成的庞大元数据集合,通过类似 Google 的简单检索框,采用统一的路径,实现对图书馆各种资源的发现和获取。资源发现系统与联邦检索系统类似,都是为用户提供统一检索服务,但资源发现系统由于已经将元数据集中收藏和管理,查询资源、查询结果的去重、排序等原来比较费时的工作由于资源发现系统只需要查询自己收集整理好的数据而大幅增加了相关利用效率。目前的资源发现系统尚未成熟,虽然已经有越来越多的图书馆已经购买或正在研究购买。当前市场上商业的资源发现系统主要有 Proquest 公司的 Summon、Ex Libirs 公司的 Primo Central、EBSCO 公司的 EDS、OCLC 的 Worldcat Local、Innovative Interfaces 公司的 Encore 以及主要用于中文资源发现的超星公司的百链等。这些产品主要分为两种类型:一是由内容提供商推出的系统,如 Summon、EDS 和 OCLC Worldcat Local,其优势是元数据覆盖较全,特别是在外文期刊的收录方面;另一种是由系统提供商推出的产品,如 Primo 和 Encore,优势是系统功能强,与图书馆自动化集成系统整合较好。

资源发现系统将众多数据库的元数据整合在一起提供检索服务,原文还是会转向各个数据库从所属的数据库获得。资源发现系统将庞大的元数据整合以后,可以进行诸如"趋势分析"之类的深入数据服务,还可以借助于 Web2.0 相关技术为用户提供更加个性化的参与体验。由于资源发现系统的目标是揭示资源,而不是相关知识,面向泛在信息社会用户知识的获取,还需要资源发现系统等数据库统一管理和服务系统得到更多的改进。

6.3 主要开源数字资源管理和服务系统选介

6.3.1 开源电子资源管理系统 ERMes

2008 年春美国 Wisconsin-La Crosse 大学(简称 U-WLC)Murphy图书馆的 William Doering 和 Galadriel Chilton 利用 Microsoft Access 开发了电子资源管理系统 ERMes,并推出了第一版。2009 年 5 月,对界面进行了调整并引入了数据统计功能,Holman 为其开发了 A-Z 列表功能,推出了第二版。2010 年 5 月推出了第三版,弥补了程序的已知缺陷,并增添了许多数据新登录字段、新报告、扩展文献和新的开源许可证等。由于功能方面的要求,ERMes 目前只支持 windows 操作平台下的 Access2007 和 MAC 操作平台下 Access2008 之后的 Access 版本。ERMes 遵循 GPG(Global Public Good)开放源代码软件发布协议,即再次发布程序的任何程序和文档中都要明确表明原开发者、开发机构和相关链接的 URL 地址。ERMes 系统目前已有包括美国、加拿大、印度、爱尔兰、丹麦、英国 6 个国家的 64 个图书馆使用。

ERMes 是完全基于 Microsoft Access 开发的电子资源管理系统(含主界面,详见图 6.1),网络利用页面比如 A – Z 列表等是利用 asp 语言开发,应用比较简单。

用户使用时需要做的工作就是按照要求点击按钮输入数据,相关统计和报告等系统可以自动生成。ERMes 主界面分为上下两栏:上栏(Primary Data)主要是各类数据的输入,包括基本数据和辅助数据。基本数据包括基本信息、供应商名称、供应商联系方式、专业/部门/代码、数据库五部分,这部分数据是必备数据,不可缺少,涉及数据包括访问形式、财务年度、认证方法、电子资源形式(CD、电子图书、电子期

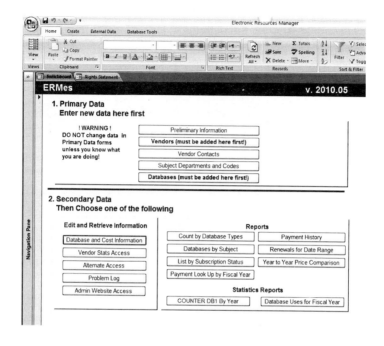

图 6.1　ERMes 主界面

刊等)、来源(即支付方,地方政府、州、联盟或免费等)等;辅助数据是更加详细的描述信息,包括许可协议类型、付费历史、管理员访问的 URL 地址及用户名和密码、其他访问 URL 及用户名和密码、资源使用过程遇到的问题、用户限制、用户培训、订阅状态等,这部分数据是非必需的。下栏(Secondary Data)包括编辑和检索信息(数据库和成本信息、供应商统计访问、备用访问、问题日志、网址访问管理)、报告及统计报告三部分,主要报告名称及功能见表6.4。

ERMes 最新版(v.2010.05)具有全新和直观的界面,该版本的亮点包括两种途径进入使用统计(手动或安装计数器统计报告),此外,在使用题名来管理电子期刊方面也进行了初步尝试。ERMes 功能主点包括:(1)供应商的名称(预填充附有一个填写核心清单)、多个图书馆事先设好的联系信息(销售情况、账户、支持等)、各个领域所填写的所有逻辑联系信息等;(2)ERMes 有能力捕捉到并发用户限制、身份验证方法、订阅状态和学科领域或部门背景;(3)发布馆际互借、文献传递、电子资源存储的权利声明;(4)URL 可链接到期刊列表、许可声明和用户统计等信息;(5)跟踪数据库/供应商的一些场景,如停机、内容的缺失等;(6)获取那些尚未进行系统身份验证,或未能通过系统身份验证但想访问的教职工和学生的信息,以便为他们提供培训访问的备用登录信息。

表 6.4　ERMes 报告列表及功能

报告	功能描述
续订日期范围(Renewals for Date Range)	根据用户具体的使用范围,在数据库支付历史表格中列出所有要续订的截止日期;使用该报告来了解哪些数据库尚未支付且作出续订决策
年与年之间的价格对比(Year-to-year Price Comparison)	显示用户指定的数据库两个财政年度之间的价格变化
支付(Payments)	生成某财政年度所有数据库的支付列表
交叉付款(Payments Crosstab)	通过电子数据表来显示所有数据库的支付情况,该报告仅由交换机处提供
年度数据库使用情况(Database Uses for Fiscal Year)	根据用户指定日期,计算该日期范围内每个数据库的成本
年度 DB1(COUNTER DB1 By Year)	基于 DB1 计算的统计数据生成使用报告

ERMes 简化了电子资源管理流程,提高电子资源管理效率,给广大用户带来福音,对开发者和用户而言,它既有较强的优势也有一定不足。

优势在于:(1)ERMes 虽然需要时间来规划和开发,但系统无需花费四至五年甚至更多时间来购买,也无需每年花费大笔许可使用费,且无需依赖外部供应商进行功能升级。(2)ERMes 提供了便捷管理电子资源的统计报告和功能说明,如追踪培训会议和快速生成电子资源续订列表、存储类型和用户限制等。在续订电子资源之前查找 ERMes 问题日志数据库,发现界面或内容是否有重大问题,然后再利用这些信息来谈判续订协议;(3)开发者通过文献或 ERMes 网站和 ERMes 日志来支持用户,也通过邮件来回答用户的一些问题。

其不足在于:(1)作为一个简单的电子资源管理系统,ERMes 有预先设置好的供应商名称,这有助于理解系统的运行,但缺乏全面、广泛的知识库。(2)当前两个版本(2009.05 和 2010.05 版)要求 Microsoft Access2007 或 Access 2008(Mac)才能运行,ERMes 第一个版本虽在 Microsoft Access 可运行,但不具有最新两个版本中的功能和报告。(3)ERMes 在原始数据登录开始阶段很费时并且工作流程在不断变化。ERMes 实施是一个长期过程,从开始到完成可能花费几年的时间。因为要管理的电子资源在不断变化,将 ERMes 的实施看作是一个持续发展的过程而不是一个具体终止的日期。(4)Chilton 使用 ERMes 系统来管理综合数据库、电子参考书箱和期刊包而不是个别期刊,这在很大程度上是因为 Murphy 图书馆工作流程分布的不同,但如果其他机构管理电子资源,还需要根据自身需求进行修订。(5)目前缺少并发用户认证和只读网络界面。(6)ERMes 不能完全与 Murphy 图书馆的自动化系统集成、整合。

ERMes 虽具有上述一些问题,但作为开放源代码软件,使用图书馆完全可以根据自己需要进行调整,对于中小型电子馆藏的管理或是无力购买商业 ERMS,或是打算以后购买商业系统目前仅作为过渡产品的机构,ERMes 是比较理想的选择。

6.3.2 开源数字资源管理系统 DSpace

DSpace(http://www.dspace.org/),简称数字资产管理系统,由美国麻省理工学院图书馆和美国惠普实验室联合开发完成,2002 年 10 月开始投入使用。DSpace 是遵循 BSD 协议的开放源代码数字资源存储系统,2002 年 12 月发布其第一个版本之后随着功能的增加,版本不断更新,先后发布了十几个版本,至 2012 年 3 月的最新版本为 DSpace1.8.2。DSpace 的功能和服务设计很大程度上遵循了 OAIS 参考模型,可以收集、存储、索引、保存和发布任何格式的数字资源,包括图书、网页、管理资料、期刊论文、技术报告和多媒体文件等。任何用户都可以对该系统进行定制和扩展,创建适合自己的机构仓储系统,不但可以应用于一个机构,而且可以通过 DSpace 与其他学校联网组成联盟,形成共享的内容管理发布系统。DSpace 一经推出就受到了各国学者的关注,并迅速成为由剑桥大学、哥伦比亚大学、康奈尔大学、华盛顿大学等 7 所著名学府直接参与的机构知识库。

DSpace 是一个优秀的数字资源管理软件,目前在国内外大学和研究机构中取得了广泛应用。DSpace 目前的主要应用领域就是大学的各类机构知识库,在众多机构知识库构建软件中,DSpace 是其中发展最快、使用量最大、关注度最高的软件。根据两家全球性的机构知识库登记目录网站 OpenDOAR 和 ROAR 的统计,截止到 2011 年 10 月 9 日,DSpace 在前者所列的 2086 个机构知识库中应用率达到 37.8%[①],在后者 2453 个机构知识库中应用率达到 38.3%,共 941 个,是应用率第二名 Eprints 的 2.27 倍[②]。在国外,结合 OpenDOAR 和 ROAR 的统计分析,至少有 1000 家以上的机构使用 DSpace 构建了各自的机构知识库。DSpace 除了官方网站以外,包括德国、英国、加拿大在内的很多国家都在本国建立了 DSpace 的研究推广网站,方便本国用户的交流,非英语类国家德国、希腊、葡萄牙等则纷纷将 DSpace 本地化,以满足本国语数字资源管理的需要。国内已建成的机构知识库大多采用 DSpace 构建,中国科学院国家科学图书馆还在 DSpace 基础上推出了

---

① OpenDOAR[EB/OL]. [2011 – 10 – 09]. http://www.opendoar.org/.

② Registry of Open Access Repositories[EB/OL]. [2011 – 10 – 09]. http://roar.eprints.org/.

国内开源的机构知识库系统 CSpace[①]；也有一些公司，比如从事文献管理软件 NoteExpress 的爱琴海公司，在 DSpace 基础上进行了二次开发和用户特定需求的定制开发；目前清华大学图书馆、北京师范大学图书馆、北京科技大学图书馆、北京工业大学图书馆等机构都是基于此建立了自己的机构知识库；CALIS 管理中心也基于 DSpace 于成员馆中推行相关的机构知识库建设项目。

6.3.2.1　DSpace 的体系结构

DSpace 系统采用的是垂直体系结构，共分为存储层、业务逻辑层和应用层三层。存储层负责元数据和内容的物理存储，业务逻辑层负责管理文档、用户、授权和工作流，应用层包括与各个 DSpace 安装实体外部环境交互的组件。每层由一系列组件构成，每一层都只能调用它下面的一层，不能直接跨级调用。系统结构详见图6.2。

（1）存储层

存储层，处于底层，实际上是一个文档管理系统，负责元数据和内容的物理存储，为业务逻辑层和应用层提供数据支持，其主要功能是操作后台数据库和存储数字流。DSpace 使用 PostreSQL 或 Oracle 等关系型数据库存储所有有关内容组织、内容元数据、用户和授权以及目前工作流状态的信息。DSpace 提供两种内容存储方式，一种是存在服务器上的文件系统中，另一种是利用 SRB（Storage Resource Broker）存储。这就意味着对于 DSpace 的存储不一定绑定到一个物理位置，而且传统存储方式和 SRB 方式可以结合起来使用，其存储方式和位置可以通过配置参数进行配置。该层各个组件的功能是通过 Java 编写的存储 API 来调用实现的。

（2）业务逻辑层

该层处于中间层，主要包含一些执行系统逻辑业务的模块，包括内容管理、工作流管理、电子用户管理、授权、浏览和检索等。具体来说，主要有以下模块：①永久命名。为了永久地标识资源，DSpace 采用

---

① Cspace Software wesite［EB/OL］.［2012 - 12 - 15］. http://chinair. csdl. ac. on/cspace.

Handle 系统来创建 URL、标识数字对象,它是保证存档的数字对象可以被正确、可靠地引用和参考的重要依据。②工作流。DSpace 将每次资源的收集发布看成一个工作流。每个工作流包含提交、审核、元数据编辑和终审等步骤,每个步骤必须由该步骤执行权限组中的用户执行。通过 DSpace 的工作流,诸如教师课件、学生论文等经过专业馆员的审核和元数据编辑纳入数字馆藏。③用户、用户组与授权、认证。虽然诸如资源访问、检索等很多功能可匿名使用,但诸如提交、定制浏览、管理等功能则需要授权来执行。DSpace 用"电子用户"(E-People)

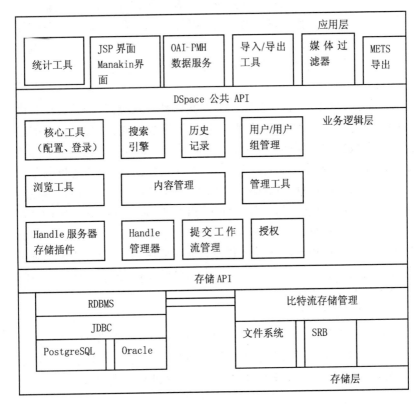

图 6.2 DSpace 系统体系结构图

186

来表示认证用户,主要包含用户的邮件地址、认证信息和所订阅专题等信息。若干电子用户可以组成一个电子工作组(E-Person Group)。DSpace 采用基于分组的资源控制策略,权限策略可针对个别用户和匿名用户,也可适用于电子用户工作组。DSpace 中内置了两个特殊组:管理组和匿名组。管理组中的是用户指通过认证的用户,它可对 DSpace 站点做任何事情,匿名组是指没有通过认证的 Web 用户,它只能进行检索和访问。用户或用户组授权必须明确声明,缺省情况下,DSpace 采用"否定"授权策略,而且权限也不能随便扩展。在业务逻辑层,还提供了历史系统,它可记录 DSpace 中基于事件记录的重要变化,如创建审核跟踪或者文档变化跟踪记录等。基于 handle 系统的命名和该层各个组件的功能是通过 Java 编写的 DSpace 公共 API 来调用实现的。

(3)应用层

应用层位于最上层,提供与终端用户的交互功能。①Web 用户界面。用户界面是通过 Java servlet 和 JSP 技术开发完成的。Servlet 是接收 HTTP 请求并处理生成动态的 Java 类,组成一个合适的 JSP 页面供展示。通过该界面用户不仅能够下载和浏览 DSpace 里面的内容,而且能够提交内容或元数据来执行工作流程的任务,可以形成"我的 DSpace"。从 1.5 版开始,在 DSpace 原来 JSP 版用户界面的基础上美国德州农工大学开发的 XML 版 Manakin 用户界面也投入了使用,新版界面可提供更加丰富的个性化功能,包括为不同层次资源内容设置不同界面、添加不同的品牌标志,实现元数据的可视化等。从 1.6 版开始提供 OpenSearch 等功能。②输入与导出。DSpace 采用简单的目录结构组织将条目的 DC 元数据存成 XML 文件,方便在 DSpace 和其他系统之间交换数据。DSpace 还提供一个基于元数据编码和传输规范(METS)的导出工具,将数字条目导出形成符合 METS 格式的元数据记录。DSpace 对 OAI-PMH 的支持通过采用由 OCLC 开发的 OAICat 开源软件包来实现,使基于 DSpace 平台构建的知识库系统具备符合 OAI-PMH 2.0 的数据提供者接口功能和服务。③统计工具。DSpace

系统中所使用的各种统计数据由系统自动生成,统计数据每个月自动清理一次。统计的数据包括文档的搜集情况、用户和登录的次数、搜索词出现的频率、OAI 的请求次数等。

6.3.2.2 DSpace 功能特点

DSpace 系统在数据摄入与导出、工作流管理、数据组织、用户和数字对象管理等方面具有强大的功能,主要体现如下特点:

(1)支持多种格式的文献资源存储,可以满足文献管理的需求

DSpace 将它存储的所有数字资源分为若干级别和不同的数字类型。数字对象形式包括 JPEG、PDF、MPEG 和 TIFF 等多种格式。DSpace 接受的资源包括:期刊论文、图书、数据集、学习资源、技术报告、论著、工作文档、地图、乐谱、设计图、预印本、图像、3D 图像、音频、视频文件等。DSpace 能够存储、管理和发布任何已经和未经出版的本地馆藏,保证印刷和数字文献的统一索引和定位。DSpace 还支持任何其他未知类型文档,极富扩展性。

(2)工作流机制为文献资源管理提供了安全和质量保障

DSpace 采用分级权限管理体系,每种用户都有自己特定使用范围,每种资料也都有各自使用权限。匿名用户只能检索、浏览、下载资料,授权用户则可以提交、订阅、系统管理。这种分级权限控制管理体系,满足馆藏信息安全要求。DSpace 中的每一层只能调用本层的组件,不能跨层直接调用。若用户要调用存储层的内容只能通过业务逻辑层调用,这样,处在应用层的用户必须有一定的权限才可以通过业务逻辑层调用到存储层的元数据。这种严格的层次调用关系保证了文献资源的安全。为了保证数据的质量和合理归类,必须对不同用户进行不同的权限设置,如某些用户只能提交数据但不能进行修改编辑,更不能进行删除,另外一些用户可以进行编辑修改和下载等功能,当然管理员可以对用户组进行各种限制。对于这些功能,DSpace 的工作流机制可以比较完美的解决。

(3) 利用 Lucene 提升数据的检索功能

DSpace 的索引和检索模块提供一个 API 接口,允许对新内容作索

引、重建索引以及在指定范围内检索。API 利用优秀的开放源代码 Java 搜索引擎 Lucene 开发,Lucene 适合跨平台的全文检索,支持字段检索、省略词(Stop Words)、词干(Stemming)以及不重建索引增加新的索引内容的能力。DSpace 的检索分为简单检索和高级检索。简单检索,是针对元数据内容进行检索。高级检索,可以指定相应的合集和 DC 元数据字段进行精确检索和逻辑组合检索。除检索外,用户还可以通过浏览来获取资源,浏览子系统提供了一个简单的 API 来使用某个索引或该索引的一部分。目前可以被浏览的索引有题名、递交日期和作者等,浏览范围则可以限定社区或特定馆藏集合。

(4)利用 Handle 机制实现数据资源的永续存储

DSpace 采用 CNRI 的句柄系统(Handle System)来标识数据,以确保资源长久和可靠地获取。它为每个 Community、Collection、Item 提供唯一、永久的标识符 Handle,即无论资源所在条目、数字空间群、数字对象的内容和位置发生怎样的变化,用户只要使用该 Handle,就可找到相应信息。Handle System 是新兴的分布式全球化命名和解析服务系统,可以为存档对象分配具有全球唯一性和持久性的标识符,并获得全球性的解析和定位服务,确保所标识的对象可以在全球范围内有效地引用和参考。

(5)功能集成度高,且容易修改和扩展

DSpace 集资源加工系统、异构资源库整合系统、数字资源的管理与存储系统、资源调度系统、联合编目和馆际互借系统、用户查询和服务系统、安全认证系统、版权保护系统于一体,实现了数字图书馆所要解决的所有功能,呈现在用户面前的是一个高度集成的、拥有诸多功能的系统。而且 DSpace 提供了几个支持 API 接口的内置程序,可通过它简化和加速数字馆藏的开发,在一定程度上为系统提供了扩展和修改的能力。借助于 DSpace Java 平台的虚拟机,可以实现完全的平台独立,可广泛运行于 windows、Linux、Unix、Mac 等操作系统。

DSpace 作为一套不断完善中的开源系统,目前在应用过程中还存在一些不足:①直接将数据流和元数据暴露给最终用户,便利了用户直接操作内部数据,但也存在安全隐患;②内置的 DC 元数据支持一些简单修饰符,但如果要扩展到其他元数据方案,需要对数据库结构进行修改,这将给今后 DSpace 系统的升级带来困难;③DSpace 系统内置的很多功能都是和源代码高度绑定,而且与后台数据库结构绑定,为了实现功能上的重大改进,必须对数据库结构和相关的源代码进行修改,这样就限制了系统的可扩展性;④为了使系统全面支持中文,需要在应用层和业务逻辑层进行大幅度的改动。如系统在本地化过程中,需要进行语言的本地化,界面、检索功能等方面,也需要根据机构的实际情况进行一定的设置。DSpace 的 Lucene 并不支持中文索引和检索,因此需要在 Lucene 包增加中文文本分析器,并将有关全文索引及查询程序中的标准文本分析器替换为中文文本分析器。

6.3.3　开源多数据库统一管理和检索系统——LibraryFind

LibraryFind 是在俄勒冈州立大学(Oregon State University,简称 OSU)主导开发的开放源代码的多数据库统一管理和服务系统。LibraryFind 基于 Ruby on Rails(一个开源网络框架)构建,利用 YAZ、Zoom、MYSQL 构造系统开发环境,系统平台为 UNIX 或 Linux,使用了开源搜索引擎软件 Lucence(Ferret),服务器端为 Apache 系统平台。LibraryFind2006 年开始开发,2007 年在俄勒冈州立大学图书馆投入使用,该系统目前的最新版本是 2009 年 6 月推出的 V0.9.2 版。

LibraryFind 是一个独特的元搜索工具,高度集成了 OPenURL Resolver,同时具有收割机/索引器(havester/Indexer)的联合搜索工具,利用多种元数据驱动知识库,构建了三层高速缓存系统,详见图 6.3。系统收到直接查询库(Direct-query DBs)的查询信息,将其发送到资源调度器(Dispatcher),调度器在群组/馆藏知识库(Group/collection knowledgebase)、本地知识库(Local Data Store)与储备知识库(Holdings Knowledgebase)中查找相关检索结果,通过开放链接解析器(OPenURL Resolver)将结果传递到应用服务器(APP Server)和用户(User Interface),在传递过程中遵循 OAI、Z39.50、Open Search 等协议。

190

LibraryFind 主要由 4 个模块组成:检索模块、查询调度模块、结果处理模块和结果呈现模块。

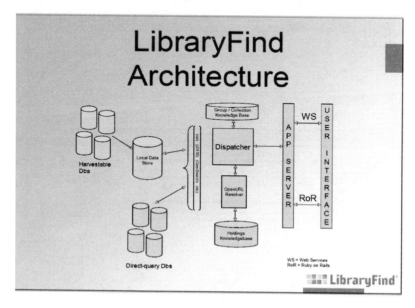

图 6.3 LibraryFind 系统架构图①

(1)检索模块目前主要提供了通用检索、图片检索和图书检索。检索界面参见图 6.4,界面类似于 Google 查询界面,这种 Google-like 式检索方式和检索界面能简化简单检索,而且更能贴近用户的使用习惯。当用户提交一个查询,元搜索引擎接受用户查询请求后,同时在多个搜索引擎上搜索,并将结果返回给用户。系统的目标是尽可能多的选择图书馆有用资源同时最大限度地减少搜索无用资源。经过系统的整合检索,不管是本地数据库资源,还是通过网络链接的远程数据库资源,用户端都可以作为一个总的数据库资源来看待。

① LibraryFind:better discovery easy delivery[EB/OL].[2008 - 06 - 02].http://www.oclc.org/research/events/2008 - 06 - 02gb.pdf.

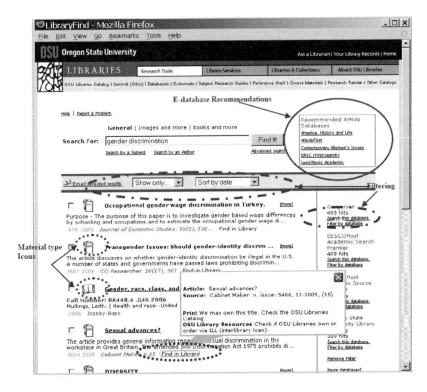

图 6.4 LibraryFind 检索结果页面图

（2）查询调度模块。该模块在服务器和每个选定的图书馆服务之间建立链接，并传递相关的查询参数，通过 Z39.50、SOAP、OAI-PMH等实现具体的统一查询检索。LibraryFind 通过一个中央知识库，存储每个数据库服务的相关配置细节，如连接信息、查询格式、搜索结果格式等，执行多数据库信息登记和管理的功能。查询调度模块系统按照知识库中配置的相关信息，配置相应的检索式，发送符合特定数据库格式的查询请求和参数，并提取返回结果集传递到结果转换处，对其提取和规范化后以排序的方式显示。

（3）结果转换模块。该模块从每个数据库获取检索结果后，结果转换处将结果合并然后按一定的排列顺序返回结果。实施结果转换面临两个挑战：第一个挑战是过滤掉重复记录，例如，同一篇文章由于元数据略有不同可能在不同数据库中显示。为了克服这个问题，如果两个记录指向同一种出版物时，LibraryFind 以元数据作为信度值（confidence value）来进行比较。第二个挑战是合并后的结果列表中包括全局排序。要做到这一点，在筛选记录时，通过简单的排名算法对指定结果进行排序。在设定查询条件时，对结果排序设定权值最多的有题名、作者或主题的完全匹配。

（4）结果呈现模块。该模块将结果转换模块获得的结果记录内容标题以及每种资源类型适合的元数据列出来，详见图6.4。用户点击标题可直接访问资源，点击"find in library"查看元数据的详细信息（图6.4底部上方）。对于一些记录，LibraryFind 可通过 OpenURL 提供直接链接到全文的服务。OpenURL 可为用户提供上下文敏感的链接传递服务。如果用户已检索到特定标题，这些链接可以通过系统的 OpenURL Resolver 自动生成开放链接。如果可访问全文，那么资源的标题链接到全文。若找不到标题，通过"find in library"提供链接到附加内容的位置，选项返回 OpenURL Resolver。如没有访问接口，该工具提供了一个链接到上级组织的馆际互借。另外，该模块还提供了数据库推荐功能（图6.4右上方），在用户没有直接搜索到所需信息时进行数据库推荐。"数据库推荐"即描述每个数据库与用户查询条件相匹配的关键词集。这些关键词集来自国会图书馆中的 12 万个主题词表及从每个数据库中抽取的信息。用户可通过资源类型和数据库对返回的结果进行筛选，还可按日期和相关性对结果排序。

总起来讲，LibraryFind 具有如下一些优点：①良好的通用性、扩展性：对代码直接修改或增加该软件的语言包或语言模板实现用户界面的本地化，或是根据需要选择相应模块，对其进行二次开发，自行扩展其功能，支持用户界面的个性化定制，也可建立新的用户界面。②检索方面既可以检索本地资源，也可跨库检索外部资源，在检索过程中提供分面检索/分面导航，采用三层高速缓存系统及在本地添加索引来加快检索速度,平均查询时间是 5 秒,结果按已知或其他自定义因素排序。用户无需选择数据库,可根据书、文章以及不同的数据库进行查询结果的过滤。支持一站式检索和单点检索;用户可以终止检索进程,查看已出来的检索结果。③支持协议丰富,包括 Z39.50、SRU/SRW、OAI-PMH、OpenSearch、SOAP/WSDL、CoinS（Context Objects in Spans）等,内置超前的开放解析器（Look-ahead OpenURL resolution）进行全文链接,可以连接到 Google 的全文,或是 Google Preview,也可链接到资源收藏、智能馆际互借（ILL）。④可收割支持 OAI-PMH 的相关元数据,并整合到本地索引（本地知识库）中,支持 Solr 索引方式。⑤为了更好地查找用户感兴趣的信息,实现用户两次点击查找的工作流程（一次点击用于查找,再次点击就可以获得）,当用户执行搜索时,开放链接解析器聚集所有搜索结果的链接放在一个屏幕的网页上,用户点击该链接获取结果。这避免了在检索某条目时不断向用户弹出一系列窗口的情况。⑥提供 RSS 链接,若想长时间察看查询结果,任何时候用户都可以创建一个搜索 RSS 提要,并把它添加到自己的提要阅读器。

LibraryFind 的不足在于可与其配置的连接器的数量比较有限,Ruby 部分语言缺乏 XML 与良好的线程支持,与开放链接应用接口 Serials solutions 和 SFX 的协同工作等问题也没很好地解决,因此 LibraryFind 目前更加适合于中小型图书馆,特别是那些在系统配置、安装及资源库的创建方面有技术专长的中小型图书馆。

6.4 面向泛在信息社会的移动图书馆系统

6.4.1 移动图书馆系统概述

互联网的发展正在走向移动互联时代,图书馆的服务也正在走向移动服务时代,泛在信息社会是移动服务时代发展到一定时期的产物,移动图书馆系统将是泛在信息社会图书馆对外提供服务的主要系统之一。

国外图书馆,特别是发达国家的图书馆,提供移动服务时间比较早。日本富山大学图书馆和东京大学图书馆先后在 2000 年和 2001年开发出了基于 i-mode 手机 OPAC 系统,通过无线电子邮件,可以进行催还、预约、续借、临时闭馆、服务调整或发布消息等。芬兰赫尔辛基技术大学图书馆 2001 年使用手机短信息服务,韩国西江大学与WISEngine 公司合作于 2001 年 7 月推出移动图书馆供手机查询资料。美国南阿拉巴马大学图书馆的"无屋顶图书馆计划"使用 PDA 设备通过移动通信网检索图书馆资源,读者可以通过无线方式连接图书馆的在线目录(OPAC)查询馆藏。新加坡义安理工学院图书馆提供 WAP上网服务,读者可以预约续借和查阅信息等。2000 年之后,国内一些图书馆也开始尝试通过短信提供移动服务,2005 年 6 月上海图书馆在全国率先推出了基于短信服务的手机图书馆(之前北京理工大学曾推出基于手机短信的图书馆信息推送系统),随后一大批公共图书馆和高校图书馆都提供了短信移动服务,供用户查阅信息、预约和咨询等。

当然,目前图书馆的移动服务处于建设初期,还只是现有服务的一种补充。当前移动图书馆系统主要是在原有图书馆集成管理系统的基础上进行了针对手机等移动设备的拓展。美国加州大学数字图书馆 2010 年专门成立项目对当前的移动图书馆发展和该校移动图书馆建设进行调研,最后得出:目前这些拓展服务主要集中在图书馆的移动网站、短信服务、移动目录、资源获取以及新工具和服务等五类①,也有一些商家和机构正在开发功能比较完善的移动图书馆自动化服务系统。移动图书馆自动化系统实现模式主要有四类方式:(1)通过移动网站的形式提供服务;(2)通过手机短信的方式提供服务;(3)通过在移动设备上安装的客户端提供服务;(4)借助以上三种方式综合实现提供服务。

---

① Comparative Analysis[EB/OL].[2011 – 04 – 29]. https://wiki. ucop. edu/download/attachments/49905694 /CDL _ Comparative _ Analysis. pdf? version = 2&modificationDate = 1281635979000.

6.4.2　移动图书馆网站

图书馆网站是用户移动访问图书馆的门户，也是图书馆展示文献资源与服务的窗口。目前图书馆开通的移动网站多数是原有 Web 网站的简版，内容上做了缩简，增强了导航的功能，尽可能多地使用文字和占用空间比较小的图标，而尽可能少地使用占用空间的图片、照片以及 flash 等，多采用 WAP 协议重新发布，也有少量使用其他协议发布。

国内外很多图书馆都构建了 WAP 网站或者其他移动图书馆网站，截至 2011 年 7 月底，http://www. libsuccess. org/网站上登记的国外提供移动互联版网站的图书馆就有 239 个，国内有包括国家图书馆、北京大学图书馆、清华大学图书馆、北京师范大学图书馆、东莞图书馆等在内的近 30 家图书馆(互联网粗略统计)。但各网站提供服务内容的丰富程度有较大不同，目录和读者信息查询、图书预约续借是各网站都提供的功能，除此之外，图书馆及各分馆阅览室的开放时间、图书馆概况、图书馆动态、图书馆联系信息、新书通报、数据库检索、电子图书阅读、资源推荐(含热门图书排行榜)、讲座展览信息、读者留言、服务指南与帮助、图书馆地理位置指引或者地图也是各网站提供较多的内容。比如：2010 年 9 月上线的国家图书馆 WAP 网站，提供的功能就包含了续借和催还、查阅基本信息、注册、预约等与读者密切相关的基本服务，同时还提供了在线讲座、在线展览、在线阅读、书刊推介、讲座预告等在线服务以及馆藏期刊论文和多媒体资源等特色资源检索服务等。多数图书馆都以列表的方式列出可检索数据库，且只支持单库检索，比如美国耶鲁大学图书馆的"Mobile-optimized web services"目录下就列出了可供移动搜索的 7 个数据库，也有图书馆提供跨库检索，如：清华大学图书馆利用 MetaLib 平台的 X-server 接口开发实现了手机版数据库跨库检索服务。少数图书馆提供内容还有移动互联网热门网站导航(如美国 Ball 州立大学图书馆提供了天气预报、新闻、搜索、体育、财经等重点网站列表)、图书馆各类信息咨询(如美国西北大学图书馆、Richmond 大学图书馆)、图书馆各楼层指示或者地图(如美国爱荷华大学图书馆提供了各楼层图)、大学校园基础设施相关信息(如美国旧金山大学图书馆提供校园洗衣房位置查询、租房信息、交通信息)等。有的图书馆除了提供上述一些内容外,还提供了传统网站内容的文字版,如美国弗吉尼亚大学图书馆。有的图书馆提供了多种版本的网站,如国内清华大学图书馆提供了 WML 版、XHTML 版和华丽版三种。有些图书馆的网站并没有特别指明构建了哪种类型的网站,但是设置了设备检测工具,如果检测到用户使用手机等移动设备访问网站就提供移动设备专用的网站,检测到用户使用计算机登录就显示 Web 版网站,比如美国佛罗里达州立大学图书馆的网站。移动图书馆网站扩大了移动服务的范围和内容,便于读者在线阅读,使更多的用户能够随时随地通过手机等移动设备享受图书馆的服务。

6.4.3　移动图书馆短信服务

图书馆通过短信系统可以给用户发送借阅、到期时间、预约、图书馆动态、讲座及学术活动、催还罚款和续借等基本信息。总的来说,移动图书馆短信系统主要提供通告、查阅、参考咨询和订阅四类服务。

(1)通告服务。通告服务是图书馆提供的最基本的移动服务,图书馆定期或者不定期的根据用户注册信息,向用户发送手机短信,内容包括读者借阅卡信息变化、到馆新书、图书馆最新通知或者动态信息以及书籍到期、催还和续借的通知。办理借阅卡时需要用户提供手机号码,并且同意接受图书馆的短信通告服务,读者可以根据自己的需求设置通知服务内容。这是很便捷的一种移动服务,能让读者很好地掌握自己的借阅信息,以及与读者相关的图书馆动态,不需要亲自来图书馆就能随时随地及时获取这些信息,给用户带来了很大的便利,用户也愿意接受来自图书馆的通告服务。

(2)查阅服务。查阅服务是用户主动按照图书馆短信系统预先设置的短信格式发送信息到图书馆自动化系统,系统接到用户的查询请求之后,对用户的需求予以回复。用户可以查阅自己的借阅证信息和借书状态,还可以查询图书馆的馆藏情况,图书馆相关学术讲座活动信息。这是一种用户主动寻求图书馆提供服务的方式,方便用户远程查阅信息,了解图书馆的基本情况,在决定是否来图书馆借书或者处理借阅证等活动方面,为用户节省了很多时间。用户还可以在线阅读图书馆提供的电子期刊、电子图书等电子资源,在线点播视频、报告会等多媒体资源,实现用户实时查阅图书馆信息和资源的需求。

(3)参考咨询服务。通过短信的形式为用户提供咨询服务,可以为用户解答一些比较简单的疑问、常见问题以及图书馆的服务信息。短信参考咨询是由用户按照预设的格式发送咨询问题到图书馆的短信系统,结果再通过短信的形式返回给用户。短信服务有字数限制,所以用户的问题应该尽量简短,而且为了避免理解偏差,用户的问题应当简洁明了,短信参考咨询不适合咨询比较复杂的问题。短信参考咨询要创新提问方式,比如发送文本咨询、关键词咨询等能够容易获取咨询结果的咨询方式,提高短信参考咨询的效率,减少耗费的时间。

(4)订阅服务。图书馆的资源有限,有时候同一本书有很多用户借阅,导致一些用户不能及时的借阅,这时用户就可以通过订阅的形式预定图书,待书籍返回到书库里,系统会向订阅用户及时发送通知,告知所订图书可借。这样能够提高图书的流通率和使用率,节省增加复本和用其他方式告知用户的成本,也提高了用户的满意度。用户也可以通过推荐的方式向图书馆推荐购买一些图书,如果图书馆购买到了用户订阅的书籍,自动化系统会向用户发送通知,告知所荐图书到馆的消息。这是一种个性化和人性化的定制服务,改善了用户与图书馆的互动性,满足用户的需求。也可以利用短信定制图书馆其他讲座活动或者作为凭入场券进场活动的凭证。

短信服务方式的内容丰富,能够提供多种信息服务,但是由于短信服务模式本身的特性,这种服务模式有四个方面不可忽视的局限性。

(1)手机短信功能的限制。手机短信是有字数限制的,而且手机

198

打字速度较慢,很多时候不能够准确的表达需求,只能发送简单指令,格式也简单,表达的信息量和样式有限,容易造成图书馆馆员的理解偏差,给用户获取信息带来较大的不便。

(2)实现模式不灵活。为了便于处理用户提出的咨询问题,图书馆自动化系统通常要求用户必须按照系统设定的格式提交问题,用户却因此不能根据自己需求灵活准确表达信息,对于用户的个性化和多样化信息需求往往千篇一律的处理,造成问题与回答不对称,不能让读者有效的使用图书馆的服务和资源。

(3)非实时性的服务。短信服务多数时候是一个非实时的交流过程,图书馆馆员处理用户的短信提问需要时间,特别是用户的问题多的时候,不能及时地和用户交流,回复用户的问题。图书馆工作人员的休息时间,也会造成用户咨询的问题堆积,以上原因都会造成信息滞后和服务满意度低,效率低下。

(4)资费问题。手机短信传输的信息有限,虽然图书馆移动服务是免费的,但是用户需要支付移动运营商费用,一定程度上也给用户增加了负担。

6.4.4　移动 OPAC 目录查询

移动 OPAC 是通过短信、WAP 等在手机或其他移动设备上实现图书馆 OPAC 查询。移动图书馆 OPAC 目录查询是图书馆 OPAC 查询在移动服务时代最基本的体现,一般也是图书馆提供移动图书馆服务时最先提供的服务。移动 OPAC 多数也都是传统 OPAC 界面的简化版,并增加了手机短信发送和 QR 二维码定位等功能。目前国内外很多图书馆已经开通了移动 OPAC 服务,主要功能就是实现馆藏书目的检索,以及借阅到期提醒、预订借阅、续借服务等。

我国已有很多图书馆开通移动 OPAC 目录服务,而且服务内容丰富,可查询的类型多样,信息量大,可以说图书馆的移动 OPAC 目录服务几乎与 OPAC 目录查询功能相当,移动查询功能强大,满足用户随时随地通过 WAP 查询图书馆馆藏情况的需求。基本形式就是输入检索词,选择检索条件,返回检索结果,根据检索结果再进行单册检索,定位详细信息。各图书馆的检索条件多样,满足用户多样化检索要求,确切定位所需的资源。

与国内图书馆移动 OPAC 相比,国外图书馆的移动 OPAC 并无太大区别,只是部分图书馆的移动 OPAC 在功能设计上更加丰富一点。如:加州大学伯克利分校移动图书馆目录查询系统提供了 OskiCat 和 Next Generation Melyvl Pilot 两种检索方式。OskiCat 检索提供的是类 Google 简单界面的关键词检索,输入关键词到检索框,就能检索到相应结果,检索结果可通过"暂存到个人虚拟书架"、"发电子邮件"和"发手机短信"方式保存下来,详细结果页面除了展现图书详细描述记录外,还将图书的位置、书架信息和是否可借的状态信息及其 QR 二维码单独醒目地列于屏幕右侧,并将这些信息以手机短信的方式发到用户手机中。Next Generation Melyvl Pilot 是一种高级检索方式,可以通过选择学科类型来检索所需的内容,还可选择检索项,包括关键词、作者、标题、主题和 ISBN 号,返回的结果可以按照关联性、作者、标题和出版日期进行分类。

6.4.5 移动图书馆的移动设备客户端

为了给用户提供更加多元实用的服务,国内外的图书馆界还专门为用户开发了相关的应用工具,用户在智能手机等移动设备上安装以后,无需登录图书馆网站就可利用图书馆服务。

移动设备客户端是移动图书馆服务的另外一种方式,主要具有如下 3 个方面的优势:

(1)即时移动性能:移动设备客户端软件可安装在用户智能手机或者其他智能移动设备中,作为独立应用程序使用。在需要相关服务时,用户可打开客户端直接操作,如查询书目、续借图书等。

(2)强大移动计算能力:随着智能手机等智能移动设备的普及,其性能越来越强,强大的硬件配置和操作系统功能均使移动计算成为可能。用户运行图书馆移动客户端时,可利用手机自身计算和处理能力支持图书馆各种服务,以改善使用手机访问手机图书馆等网页时,因等待服务器计算返回结果与网络带宽限制而导致的响应速度慢和稳定性差等问题,这对提高响应时间和业务处理连续性、稳定性都有非常重要的作用。

(3)较低网络通信成本:移动设备客户端可在手机等移动设备的内存中保留相应数据,并加工和处理所接收数据,因此可将需要反复在浏览器中加载的操作简化为网络数据连接和传送,从而明显降低上网数据流量,提高操作成功率。通过缓存方式还可把用户浏览和使用的通信成本有效控制在较低水平,而且用户在无网络连接时也可使用部分服务和功能。

这些客户端应用软件实现的功能主要包括四大类,分别是书目检索和读者用户检索、查看图书馆开放时间和公开活动、咨询服务与反馈、地图导航应用。朱雯晶等人 2011 年 3 月对苹果 APP STORE 与 Google ANDROID MARKET 上的图书馆相关客户端应用工具进行了调查,本书对其调查结果进行了统计分析,在所调查的 33 个应用中,支持书目检索功能的占总数的 97%,提供用户信息查询和续借功能占 70%,提供书目检索、图书查询续借、图书馆新闻和事件占 73%、提供地图导航的占 52%、提供开放时间查询的占 55%、提供咨询与反馈功能的占 42%,但提供全部功能只占总数的 33%。结合对 http://www. libsuccess. org/列出的 15 个客户端应用工具的分析,目前图书馆客户端应用工具开发重点大多停留在对书目检索、用户信息查询和图书预约续借功能的支持。但书目检索实现的效果却不同,有的只提供了基本的书目检索功能,有的则还可以查看浏览者评论、图书封面摘要等信息并提供最流行的小说和非小说排行榜,如美国地区自动化联盟 TRAC 提供的 OPAC 应用。比利时 Ghent 大学图书馆提供的 UB Ghent 客户端应用借助于 AJAX 技术,用户不需要选择检索字段、不需输入全部检索词,在用户输入检索词过程中,相应的结果列表就会随之出现,而且该应用支持 iphone、android、塞班、windows 和 java 等多个操作系统。除了这些应用以外,还有一些客户端应用帮助用户查询图书馆是否有可用的计算机、可阅览的座位等,如美国北卡罗来纳州立大学图书馆的应用可动态显示各阅览室目前普通 PC 机和 Mac 计算机的可用数量。美国迈阿密大学图书馆利用二维码和手机创建了智能读架程序,利用手机的拍照功能自动获得图书二维码并转换成索书号,按照索书号的顺序排序,自动显示错架的图书并指出正确架位。

移动设备客户端的开发语言主要依赖于设备的操作系统平台,但为每种操作系统平台都开发相应的客户端也不现实,一般先基于用户使用最多的系统进行开发,国内用户使用最多的操作系统是安卓系统,因此采用 J2ME 进行开发的系统就比较多。采用 J2ME 技术开发手机客户端对于嵌入装置的要求比较低,运算能力和电力供应都非常有限,能够充分满足手持设备的需要。

6.4.6　通用移动图书馆服务系统

单纯地依靠客户端、短信和 WAP 网站的某种方式实现的移动图书馆服务系统更多的带有"实验性"服务的性质,要为用户提供全面移动图书馆服务,则需要借助于上述三种方式实现功能全面的通用移动图书馆服务系统。通用移动图书馆系统应该与目前各图书馆的集成管理系统平台无关,绝大多数图书馆无需特别复杂的二次开发和本地化工作即可使用;应该与用户使用移动设备无关,绝大多数的移动设备,包括普通手机、智能手机、PDA、平板电脑、MP3/MP4 等绝大多数流行的操作系统平台都可以使用,可以根据移动设备屏幕的大小和网络带宽情况自适应调整显示内容;应该与具体实现的方式无关,用户可以通过移动设备的普通网站访问,也可以通过智能手机的 WAP 网站访问,可以采用手机短信的方式,也可以允许用户安装相关的客户端;应该与用户使用的具体资源无关,图书馆提供的绝大多数类型的资源,包括文本和音频视频资源都可以方便的阅读使用;应该具有功能比较完善的用户和资源管理功能,包括资源使用统计、用户权限控制和相关的系统配置以及版权保护等功能。图 6.5 给出了通用移动图书馆系统的框架。

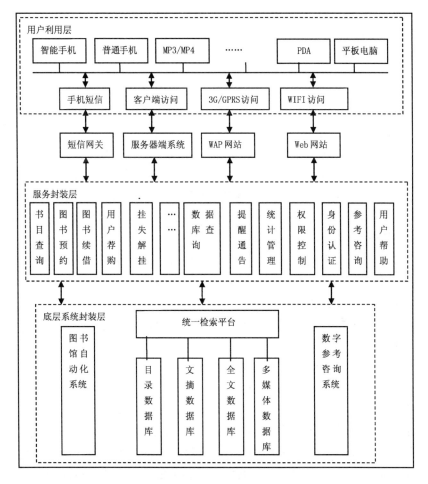

图 6.5　通用移动图书馆系统框架

　　目前,已有一些图书馆进行了通用系统的开发,比如,南京图书馆进行的开发实践,也有一些软件商和数据库商也进行了相关系统的开发,比如书生公司。这些系统已经实现了通用移动图书馆系统的部分功能。通用系统可以分阶段完成,功能全面成熟的系统还需要较长时间才能出现。

6.4.7 移动图书馆服务系统面临的挑战与对策

6.4.7.1 移动设备本身问题限制图书馆服务能力和效果

由于移动设备初期没有统一的标准,各提供商为了自己的利益纷纷推出了功能效果上有一定差异的产品,因此移动设备远比 PC 设备复杂的多,目前运行在这些设备上的操作系统就有包括塞班、Windows、RIM、苹果、Linux 等在内的 30—40 种操作系统,涉及的浏览器的种数也超过了 40 种。这些不同类型的移动设备不同的功能、屏幕大小和分辨率不同,系统兼容性较差,内容创建者需要面对针对数百种不同移动设备类型的大量研发标准和技术,短期内很难研发出移动网络和设备通用的产品和工具。小屏幕要显示尽可能多的内容,在无鼠标导航的情况下,只通过上下左右滚动条来完成,非常不方便,而且与 PC 设备上的应用相比,移动设备硬件性能和应用的容错能力都比较差,容易出现问题。

应对策略:①认真研究用户使用的移动设备,确定用户使用最多的操作系统,流行屏幕的大小等,先满足多数人的需求,然后逐渐考虑少数人的需求。2011 年 6 月的《中国智能手机市场研究报告》显示,目前中国使用最多的智能手机采用最多的操作系统是 Android 操作系统,其次是诺基亚的 Symbian 系统,二者占到总数的 79.4%。屏幕大小则主要可以划分为五寸以下的以手机为主的移动设备和五寸以上、一般不超过十寸的以平板电脑为主的移动设备两大类。②在进行具体的设计与开发前,要详细了解和研究相关的设备系统平台和开发语言的主要功能、特点,尽可能采用目前最通用的设计和开发标准,还要了解业界相关实践的一些成功经验,如美国俄勒冈州立大学图书馆设计和开发移动网站的技巧。③开发时针对主要操作系统和浏览器设计不同的网站和界面显示模板,进行容错性的开发,借助于相关系统、浏览器、屏幕大小的监测工具,自动检测用户设备情况,自适应提供相兼容的显示模板和内容。④开发完成以后,进行反复的多方面测试,包括使用 W3C mobileOK Scheme(测试网站是否使用最基本的移动设备)、DOTMobi 的 MobiReady(评估网站的手机适用性)等相关软件进行代码测试、界面测试以及不同设备的仿真测试等。

6.4.7.2　图书馆现有服务问题将在泛在信息环境中延续和发展

由于移动互联时代多数服务都基于图书馆现有系统和服务,图书馆现存的很多问题都将延续到泛在信息环境中并有所发展,影响到图书馆未来发展。①图书馆服务在泛在信息社会的服务理念和定位问题。泛在信息社会中图书馆将承担一个什么样的角色和作用,是继续停留在以保存纸制文献和图书借还为主要业务的传统图书馆,还是以知识服务为核心业务和内容的新型图书馆,这将决定着图书馆服务在移动互联时代的服务形式和内容。将目录查询、用户个人信息查询等传统服务直接移植到移动互联的用户环境中有一定意义,但只是方便了经常使用图书馆的传统用户,在吸引潜在新用户方面上不足。②图书馆现有服务系统的问题。图书馆现有服务系统,尤其是大中型图书馆系统的繁杂多样(不同应用采用不同系统,自动化系统、咨询系统,尤其数字资源平台,不同的特色数据库采用了多种不同的平台)和复杂性(服务系统新旧不同、开放程度不同)增加了整合的难度。③图书馆服务宣传问题。图书馆界,尤其是国内的图书馆,服务宣传的力度历来严重不足,造成了很多耗费大量人力物力开发和推出的新服务用户很久之后都不知晓。

应对策略:①转变服务理念,在提供传统服务基础上,深化和优化服务,吸引用户。比如,在移动图书馆服务中提供深层情报产品的手机报服务,支持用户声音搜索,提供丰富的社交网络和支持社交行为,提供参考咨询对手机即时交流的支持并开发即时交流咨询机器人,针对当前移动互联网导航网站缺乏的情况提供重要非学术类资源黄页导航服务,提供更加细致和个性化的用户情景敏感服务(设备敏感、时间敏感、位置敏感等),借助于 RFID 和二维码技术为用户提供更精准的资源定位服务等,这些都需要定期和不定期持续进行用户调查,掌握用户设备和行为变化趋势,不断调整相关服务内容。②服务系统的问题。可采取移动图书馆尽可能调用已经整合的系统平台,或对现有必要的服务系统进行有效整合后调用整合系统的方式。系统由 API 接口调用相应 API,没有调用 API 的则可以开发中间件或相应网络调用接口。③服务宣传问题。图书馆首先要重视服务推广宣传,国外很多图书馆都成立专门的服务营销部门对已有的服务、即将推出的服务进行宣传,具体宣传的方式不仅要利用图书馆主页信息公告、宣传海报、宣传彩页、学校广播台、校报等传统方式,还包括利用用户比较活跃的网络论坛、社交网络、手机图书馆的短信等现代媒体。

参考文献

[1]牛振东,孙一钢,朱先忠.一个数字资源管理与服务系统的设计和实现[J].现代图书情报技术,2003(1):5-6,9.

[2]黄晓斌,钱国富.数字图书馆开发平台及其发展趋势[J].中国图书馆学报,2005(4):53-57.

[3]储胜强.数字图书馆建设数据库平台是关键:数字图书馆解决方案[J].情报资料工作,2003(4):26-27.

[4]楼靖华.数字图书馆信息资源管理策略分析[J].图书馆论坛,2007(5):83-85.

[5]马国栋,卢志国.基于 DSpace 的随书光盘管理系统[J].图书馆学研究,2006(11):12-14,15.

[6]陈晓江.非书资料管理系统在我馆的应用[J].农业图书情报学刊,2010(1):100-102.

[7]李兰.网络图书馆建设与信息资源共享服务[J].大学图书情报学刊,2006(3):64-65,63.

[8]石继平.区域性高校网络图书馆发展探讨:广东网络图书馆建设实践[J].图书馆论坛,2005(5):104-106,162.

[9]Sadeh T,Ellingsen M.Electronic Resource Management systems:the need and the realization [J].New library world,2005(5):208-218.

[10]刘峥.电子资源管理系统剖析[J].图书馆论坛,2007(4):48-51.

[11]李欣.图书馆集成管理系统[M].重庆:重庆大学出版社,2011.

[12]ERMes Electronic Resource Management(ERM) Software[EB/OL].[2010-05-

05〕. http://murphylibrary. uwlax. edu/erm/.

〔13〕刘峰,肖珑. 商业性电子资源管理系统应用分析与评价〔J〕. 现代图书情报技术,2009(1):86－92.

〔14〕Andrew Theo. Theses Alive! : an E-theses management system for the UK〔EB/OL〕.〔2011－10－15〕. http://www. era. lib. ed. ac. uk/bitstream/1842/423/1/ASSIGN_thesesalive. pdf.

〔15〕OpenETD〔EB/OL〕.〔2010－05－10〕. http://rucore. libraries. rutgers. edu/open/projects/openetd/.

〔16〕赵阳,姜爱蓉."CALIS 学位论文全文数据库"的建设实践〔J〕. 大学图书馆学报,2006(4):48－52.

〔17〕蒋萍,缪红梅,陈万寅. 学位论文提交与发布系统比较分析〔J〕. 图书情报工作,2007(3):84－86.

〔18〕张炳星. 基于 ASP. NET 的高校图书馆随书光盘系统的设计与实现〔D〕. 上海:华东师范大学,2011.

〔19〕任平,林佳. 国内四种非书资源管理系统的比较研究〔J〕. 现代图书情报技术,2008(11):94－98.

〔20〕Sally A Rogers. Developing an Institutional Knowledge Bank at Ohio State University:From Concept to Action P1an〔J〕. Libraries and the Academy,2003(1):125－136.

〔21〕MacKenzie Smith. DSpace:An Institutional Repository from the MIT Libraries and Hewlett Packard laboratories〔C〕. ECDL,2002:543－549.

〔22〕Robin Peek. The Cascading Effect〔J〕. Information Today,2004(8):17.

〔23〕唐兆琦. 基于 DSpace 的机构仓储应用研究〔D〕. 上海:上海交通大学,2008.

〔24〕王玉玲. 机构知识库(Institutional Repository)及其案例研究〔J〕. 农业图书情报学刊,2008(5):113－115,126.

〔25〕吕瑞花,等. 对 4 种国际著名跨库检索系统的评价〔J〕. 科技导报,2007(16):38－41.

〔26〕王平,姜爱蓉. 国内外数字信息资源整合管理系统的对比研究与思考〔J〕. 上海交通大学学报,2003(增刊):164－170.

〔27〕金毅,等. CALIS 分布式虚拟联合参考咨询系统〔J〕. 大学图书馆学报,2005(3):30－33.

〔28〕Verde:Managing your Electronic Resource〔EB/OL〕.〔2011－10－20〕. http://

www. exlibrisgroup. com/ verde. htm.

［29］张喜来,等. 电子资源管理系统剖析:以 Verde 为例［J］. 数字图书馆论坛,
2008(11):55 – 59,63.

［30］Verde:电子资源管理系统［EB/OL］.［2011 – 10 – 20］. http://www. exlibris.
com. cn/product /verde/index. html.

［31］李欣. 图书馆自动化集成系统［M］. 重庆:重庆大学出版社,2011.

［32］刘峰,肖珑. 商业性电子资源管理系统应用分析与评价［J］. 现代图书情报技
术,2009(1):86 – 91.

［33］William D,Galadriel C. ERMes:Open Source Simplicity for Your E – Resource
Management ［J］. Computers in Libraries,2009(8):20 – 24.

［34］Galadriel C,William D. ERMes:An Open Source ERM ［J］. Brick and Click
Libraries Symposium Proceedings,2010(5):13 – 23.

［35］马建霞,等. 基于 Dspace 构建甘青特有少数民族数字资源保存与服务系统
［J］. 现代图书情报技术,2007(1):53 – 57.

［36］杨国栋,等. DSpace 新一代 Web 界面 Manakin 的研究与实现［J］. 图书情报工
作,2010(1):113 – 116.

［37］马国栋,朱濂. 基于 DSpace 的数字资源管理方案在图书馆建设中的应用
［J］. 现代情报,2006(3):116 – 118.

［38］Jung S,et al. LibraryFind:System design and usability testing of academic
metasearch system ［J］. The Journal of American Society for Information Science
and Technology,2008(3):57 – 86.

［39］张平杉,章伟煊. 新一代开源 OPAC 系统比较研究［J］. 现代图书情报技术,
2011(2):21 – 28.

［40］Datema,Jay. Oregon Debuts LibraryFind［J］. Library Journal,2007(5):21.

［41］Tennant,Roy. Open Source Metasearch［J］. Library Journal,2007(17):23.

［42］徐文贤,李书宁. 数字时代的图书馆自动化系统［M］. 北京:北京理工大学出
版社,2012.

［43］沈海莹,陈晞. 手机短信服务应用与服务对策［J］. 图书馆杂志,2007(4):
42 – 43,75.

［44］陈路明. 国外移动图书馆实践进展［J］. 情报科学,2009(11):1645 – 1648.

［45］朱雯晶,等. 图书馆手机客户端的探索实践［J］. 现代图书情报技术,2011
(5):13 – 19.

［46］Awesome Augmented Reality App Could Save Librarians Hours ［EB/OL］. ［2011 － 07 － 03］. http://www. readwriteweb. com/ archives/awesome_augmented_reality_app_could_save_librarian. php.

［47］孙萍. 图书馆实现移动服务技术方案的比较［J］. 图书馆工作与研究,2008 （10）:59 － 61.

［48］吴政. 通用手机图书馆系统的设计与实现［J］. 现代图书情报技术,2009（1）: 98 － 104.

［49］姜海峰. 移动图书馆的兴起和解决方案［J］. 大学图书馆学报,2010（6）: 12 － 15.

［50］方春华,李书宁. 走向移动互联时代的图书馆服务［J］. 图书情报工作,2011 （23）:74 － 78.

7 面向泛在信息社会的数字馆藏服务创新

图书馆信息服务是图书馆的根本,是图书馆的核心价值观,是图书馆数字馆藏建设和管理的最终价值所在。泛在信息环境下,图书馆数字馆藏服务面临着巨大的挑战和考验。无论是服务的对象还是服务的方法,都将发生很大的变化。传统的服务模式在信息环境的巨大变化下,需要适应泛在环境的变化适时做出调整,在原有基础上精耕细作;与此同时,新的服务内容、服务方式、服务模式也必将不断涌现。泛在信息环境也将为图书馆数字馆藏服务带来改革创新的新机遇。

7.1 传统服务模式的精耕细作

随着社会信息化进程的不断推进,特别是 20 世纪 90 年代之后,知识经济的提出,以及信息技术的快速发展、互联网的迅速普及,社会信息环境发生了极大的变化,网络信息资源的易用性和一些新兴信息服务商可直接向用户提供检索、传递等信息服务,使得信息服务日益呈现出非中介化特性。依赖于文献资源和服务环境的传统服务模式越发突显其不足,而与此同时,用户对信息的需求却比以往任何时候都更加强烈;图书馆、图书馆的资源、图书馆所提供的服务也都不可能完全脱离过去。图书馆的传统服务模式也依然有其存在的价值与必要,但需要根据用户需求的改变,做出相应的调整,进行精耕细作,真正落实到信息服务、知识服务。

7.1.1 用户需求与服务模式

图书馆数字馆藏服务就是将收集到的数字资源经过加工处理,并通过各种方式和手段为用户提供服务,以满足用户需求的资源价值实现过程。图书馆的数字馆藏建设和管理,都只是服务的基础。只有通过有效地服务,才能实现数字馆藏及其建设管理的最终价值,所以数字馆藏的服务环节至关重要。美国图书馆学大师谢拉说:"服务,就是图书馆的基本宗旨"。我国图书馆的服务宗旨也在不断发生着改变,从"藏"到"用",从"一切为了读者"到"一切为了用户",从"免费服务"到"个性化服务",再到"营销服务"、"创新服务",服务的理念日益人性化、个性化,用户需求越来越成为考虑的根本出发点。服务模式也经历了从"馆员为中心"、"资源/产品为中心"到"用户为中心"的演变过程。以用户为中心,逐渐成为图书馆数字馆藏服务的出发点与归宿点,成为图书馆信息服务的核心与根本。

用户为中心服务模式,即信息服务工作一切从用户信息活动出发,以用户信息需求的满足与问题解决为目标,用户处于中心地位,特别强调用户在服务活动中的主观能动性和参与作用。用户不但是服务的享用者,也是参与者;用户研究、用户需求也就成了此服务模式的前提和基础。随着时代的发展和信息环境的变迁,用户、用户对信息服务的需求都在发生不断的改变,此方面的研究也逐渐被提到一个较高的位置,成为调查研究的焦点和热点。

7.1.1.1 信息服务需求的改变

随着现代信息技术的发展,以及信息的无处不在,信息用户群也在发生着巨变。1990年以后和2000年以后出生的孩子们逐渐步入大学,用户群的新生力量正在发生很大的改变。如果说60后是工作后才接触电脑,70后是大学期间开始接触电脑,80后是大学期间大范围接触电脑,那么90后和00后甚至更年轻一代,则是电脑从小伴随其成长的一代。电脑已经是他们成长、生活的一部分,他们从小就在电脑上看书学习,就在电脑上检索信息、解决问题。这样的成长环境、信息环境对他们的影响是很大的,他们的思想、行为,以及对信息的需求都在发生着很大的变化,即用户群体在逐渐发生着改变,具体特点如下:

（1）个性化

在高度信息化和网络化的环境中,用户的信息需求更加广泛、多样和深层次,用户也已经从传统的"被动接受者"转换为"主动选择者",他们已经不仅仅满足于文献资料的提供,而是更期望于为自己量身定做个性化信息咨询服务,在需求信息的内容、文献类型、出版形式、信息来源以及载体形式等方面都有了更高的要求。这种需求在具有理性化的同时融入了更多的情感色彩,不同归属群体的用户都形成了具有个性的独特风格。

（2）多样化

信息概念在社会各个领域中的渗透,使得用户除了需要自己学术研究方面的文献外,还需要一些其他方面的、全方位的综合性信息,其内容涉及众多学科领域,而且用户本身的多元化也加剧了信息需求的多样化。科技的发展、信息量的激增,学科之间的相互交叉、相互渗透。促使用户的需求呈现动态变化特点,尤其是网络的普及,使这种需求更加突出,呈现出明显的多样性。

（3）社会化

随着网络环境下信息交流的日益广泛,传统的信息服务模式愈来愈难以满足用户开放性的信息需求,面向社会的、应用领域日益广泛的信息需求只有在开放的社会环境中才可能得到满足。信息资源的网络组织和信息技术的发展,为用户提供了开放性的信息需求满足环境,加速了用户信息需求社会化进程。

（4）专门化

网络环境下,文献激增且类型多样,人们在欣喜于获取信息的同时,也不得不面对泛在环境下的信息垃圾问题。根据 IDC 的分析,2011 年全球数据产生量达到 2ZB,到 2020 年这个数字将增长 50 倍（$1ZB = 1024EB = 1024 \times 1024PB$）,而用户识别与吸收文献信息的能力并没有与之同步增长。与此同时,文献信息质量下降与信息冗余的状况依然存在,用户希望在尽可能短的时间内获取最有效的信息。因此,用户对专业化、专一化信息服务的需求日趋迫切。

（5）网络化

信息资源数字化和电子化的迅猛发展,不断丰富的网络资源,使越来越多的信息需求者成为网络资源的用户。网络资源更是以其综合性、便捷性、时效性、多样性等特点,为用户获取信息提供了极大的方便,这也使得用户对网络环境的依赖性逐渐增加。传统信息服务的开展很多需要用户到图书馆来办理或享用,信息服务质量和绩效评价也更是以用户到馆率来衡量。而用户需求网络化就需要图书馆信息服务更多地依托网络来开展,并制定相应的服务标准和考核指标。

（6）时效化

现代社会已经进入了信息高速高效的时代,信息的产生、组织、传递、交流、更新节奏日益加快,这就使得信息具有时间价值。在人们日常工作、学习和生活中,需要更快的信息检索、加工和传递,只有这样才能在决策中做出最快的反应,这就促使用户对需求信息的时效性要求越来越强。因为用户对信息的需求已成为其发展的第一需要,而为满足这一需求,对图书馆的服务而言,用户就更希望得到最为及时的服务,从而获得最新的信息。

（7）情感化

信息资源的多媒体化,促使用户对信息的需求与传统需求产生巨大的区别,使用户更容易理解和接受新的信息。通信技术的发展、网络交流平台的形成,使用户对信息可以进行时时交流,在获取信息的时候,带有更多的情感色彩。用户这种心理上的变化决定了需求的心理活动方向和结果,这就促使图书馆在服务的模式上要更加注重人性化,抓住用户需求的兴奋点,客观上以用户需求为中心才能更好地服务于用户需求。

（8）自助化

在传统的服务模式下,用户往往需要亲自到图书馆才能办理各种借阅手续、进行信息咨询。随着网络技术的发展,图书馆的很多服务用户都可以通过网络获取,但往往受到各种条件的限制,使用起来非常麻烦。网络交流平台、搜索引擎等技术的快速发展,使用户又多了一条获取信息资源的捷径，根据 OCLC（Online Computer Library Center. 1nc.）的调查报告，自 2007 年以来，使用搜索引擎的用户数量已经从原先的 71％增加到 90％。由此可见，用户在需要信息资源的时候，已经开始依靠个人能力从网络上获取。

用户需求决定着图书馆服务工作的价值，用户对图书馆的依赖程度决定了服务工作的发展方向。对用户需求的客观认识是组织信息服务工作的关键，研究用户信息需求是提高图书馆信息服务能力的原动力。针对不同用户的信息需求、用户的不同信息需求层次提供不同的个性化信息服务已成为图书馆关注的焦点。但是，用户受信息意识、信息能力等信息素质的影响，又受信息环境和利用信息的条件等客观因素的制约，有着不同层次的信息需求状态。因此，针对用户不同层次的信息需求状态，提供不同的信息服务，是以用户为中心服务理念的集中体现。适应用户需求的图书馆服务策略需要图书馆员在分析用户的表达需求的基础上，运用信息整合的优势，完整地推测出用户的认识需求，捕捉用户尚未意识到的潜在需求，从而超越用户需求，达到信息应用的目的，实现信息应用创新，其运行策略主要有以下3 个过程：对接用户信息需求，确认用户信息需求，超越用户信息需求。

7.1.1.2　数字馆藏服务模式的挑战

美国伯克兰德教授《图书馆服务的再设计：宣言》一书中就曾预言"未来一百年将是图书馆员必须重新构筑图书馆服务架构的时代。"面对泛在信息社会的到来，以及现代信息技术的飞速发展，尤其是用户群体和用户需求的巨大改变，图书馆原有的信息服务模式已经越来越不能满足用户日益增加的需求，传统的数字馆藏服务模式也面临着巨大的挑战。

（1）搜索引擎的迅猛发展

近年来，Google、百度等搜索引擎正在发展壮大，已经成为用户获取信息的第一站，不断冲击着图书馆信息中心的地位。Google、百度等搜索引擎不但在技术领域进行革新，提高自己的检索质量；还在以迅猛态势扩展自己的疆土范围，由原来的网页检索发展到内容检索、知识检索等。在学术检索领域更是屡有建树，Google 的"学术搜索"，更是放言要将图书馆的数字资源纳入旗下，且已经在一步步的实施过程中；百度立足于中国市场，现已与"中国知识资源总库"开展合作，以IP 限制形式开展数字资源检索下载服务。用户已然可以不再通过图书馆的服务平台获取资源，只需利用搜索引擎就可直接下载到所需资源。这给图书馆的数字馆藏服务带来了前所未有的冲击。

（2）信息提供商的挑战

随着传统信息产品提供者如出版商、数据库商等直接进入面向最终用户的信息服务市场，图书馆作为资源中转、整合、提供、服务的地位正在逐渐边缘化。出版商直接将图书在网上数字出版，用户可以直接购买；或者与百度、Google 合作，用户可以直接在搜索引擎上面检索下载图书。数据库商更是改变传统做法，不再单纯依靠图书馆平台进行资源服务，而是将其转让给百度、Google 等搜索引擎提供服务，或是直接在自己的网站提供服务等。越来越多的资源生产方、供给方，加入到数字资源的用户服务市场，使得图书馆的服务越来越不容易开展。

（3）科技发展的挑战

科学技术已经成为图书馆发展的直接推动力，数字技术、网络技术、智能技术更在以自己日新月异的变化充斥着图书馆领域。而图书馆也在由原来的担忧、观望，逐渐转变为接纳、利用。云计算、开源软件、数据挖掘、智能实现，已经越来越多的应用到了图书馆领域，改变着图书馆的服务方式和手段。但是这还只是开始，在科技发展飞速发展的今天，如何更好地利用科学技术为图书馆服务，无疑已经更为图书馆人必须要研讨的重要议题。

（4）读者期望值增高

读者用户群的转变，尤其是科技、经济的增长使得读者对图书馆产生了更高的期望。用户已不能满足于图书馆传统的借阅图书、参考咨询等服务，而是更期待于有针对性的服务、个性化服务、专业化服务等。用户已不再满足于图书馆网站查阅数字资料，而是希望在自己家里或者使用手机随时随地就能获取所需资源。用户已不再简单的认为图书馆是借阅图书的地方,而是学习的空间、愉悦心灵的精神家园,当然这正是图书馆所希望的,但是反观我们的服务还远未达到这样的水准。

(5)图书馆员服务水准不高

现有图书馆多存在人员结构配比不合理、人员素质不甚理想、专业水平不高等问题,馆员的专业素质成了制约图书馆发展的重要问题。多数图书馆都是以年龄略大的馆员为主,而这些馆员很多不是专业图书馆出身,也没有相关学科的专业背景,只能提供基本的借还服务;而在专业化、学科化服务的背景下,图书馆又缺乏相应学科背景的专业人士,即便是图书馆学专业的研究生也无法很快渗入到各学科院系的专业研究中,更不可能开展此方面的研究,使得学科化要求多流于表面。所以,图书馆员素质成为图书馆发展必须要解决的一个问题。

在上述挑战面前,图书馆只能充分发掘自身优势,不断改革创新,顺应时代发展的新形式、新特点、新要求,对自身的服务模式进行相应调整和大胆创新,方可满足用户的新需求。

7.1.2 泛在信息环境下的精耕细作

7.1.2.1 以用户为中心服务

以用户为中心的服务模式是当今与未来信息服务的主流模式。所谓"以用户为中心",不仅包括图书馆信息服务要以用户需求为出发点和最终归宿,还包括用户自己为自己服务,即用户自我服务,充分强调用户的主导地位和主观能动性。传统信息服务模式过多强调图书馆有什么,能为读者提供什么,而不是用户需要什么,用户除了资源之外还在意什么,用户希望得到怎样的感受等等。以用户为中心的服务,首先就要做到"想用户所想"、"急用户所急",将用户需求贯穿整个服务的始终,时刻以用户需求来指导、调整具体的服务工作。对于用户需要的信息资源,即使本馆没有购买或很难找到,也要想办法通过其他一些途径或者方式提供给用户,也就是即使没有的资源,只要用户需要,也要想办法提供。与此同时,还要关注于用户资源之外的其他方面的需求,比如隐私的保护、课题的保密、情感的接受等各方面的因素,真正落实"用户第一位"的理念。

此外,以用户为中心更要强调用户的主观能动性和自我满足的成就感;强调用户的专业素养、检索能力和分析能力的发挥。随着网络的普及和个性化、自我意识的增强,越来越多的用户希望自己更多地参与到信息检索、分析、利用的过程中,而图书馆信息人员只需进行幕后与前期服务。这就需要图书馆在提供服务的过程中,要调整重心,不断地培养用户掌握"能找什么、怎样去找"的内在规律,而不是教他们找到什么;同时还帮助用户掌握如何优化检索、提高效率,发掘潜在信息,解答疑难问题,及如何选择检索信息的方法和途径,使用户在此过程中既能很好地找到自己需要的资源,又能有强烈的自我服务的满足感和成就感,同时也更好地保护用户的个人隐私。

7.1.2.2　人性化服务

随着以人为本理念在图书馆工作中的不断深化,越来越多图书馆把人性化、个性化服务作为读者服务的重点来开展。在现代社会,图书馆缺少的不是技术也不是资源,而是人文关怀、细致入微的人性化服务。虽然一直以来我们都在提倡读者第一、服务至上,读者是图书馆服务的主体,但是我们在具体的工作中却往往忽视这一切的根底和源泉,即人文关怀;忽略了读者固然需要图书馆的资源和先进技术,但同样也看重弥漫着浓郁人文情怀的环境,从而导致服务的呆板和粗糙。而泛在环境下,各种技术发展的更加迅速,读者获取资源的途径越来越多样,图书馆资源中心的地位受到了强烈的冲击,图书馆的人文环境,"人性化服务"也就显得尤为明显和重要。所以,传统信息服务模式最重要的就是要融入更多地、细致入微的人文关怀,真正做到人性化服务。

7.1.2.3　个性化服务

人性化服务的更进一步具体落实就是能够满足不同用户的多样

需求的个性化服务。个性化信息服务是基于信息用户的信息使用行为、习惯、偏好和特点,向用户提供满足各种个性化需求的一种服务。随着社会信息化进程的加快,用户对个性化信息服务的要求将越来越大。满足用户的个性化需求,将成为图书馆走出传统的服务模式,重新在用户的满足中找回自己的地位,实践服务理念的重要保证。从社会信息需求的角度讲,网络时代是一个个性张扬的时代,面对与日俱增、浩如烟海、无比庞杂的信息资源,个性化信息服务是提高图书馆服务质量和信息资源使用效益的重要手段。

从目前情况看,大部分图书馆对个性化服务还不够重视,所提供的个性化服务还缺乏整体性规划和实施操作规范。现有的主要模式,如定题式信息服务、个性化推送、"我的图书馆"等,由于对用户信息行为分析不够细致深入、互动不足、跟踪反馈不够及时等原因,实施效果并不尽如人意。如何利用计算机个性化信息服务技术,结合图书馆传统的信息服务优势,主动为用户提供专业的个性化信息服务,在扩大用户基础的同时提高用户满意度,成为当前摆在图书馆面前迫切需要解决的问题。为了使个性化服务发挥应有的作用,图书馆应该高度重视该项工作,成立跨部门小组进行统筹规划,明确各部门的职责,从资源建设与整合、服务开展、应用推广、信息反馈等各环节着手,形成完善的个性化服务体系。

此外,所谓个性化服务并不意味着任何信息服务都要做到个性化,过于分散的个性化服务增加了服务的成本和管理的复杂程度,对用户来说则可能因为过于复杂的选择而不知所措,甚至产生反感情绪。因此在制订个性化信息服务方案时,首先要分析所提供的个性化信息服务是不是用户真正需要的,以确保为用户提供的个性化信息都是准确有效的,所提供的个性化服务都是有价值的。只有这些问题逐步得到解决,才可能有更多的用户从中受益;只有伴随着技术的进步和图书馆服务观念的更新,才能有更多的人接受这种崭新的信息服务方式。

7.1.2.4 专业化服务

图书馆提供专业化的信息服务,是图书馆长效发展的根本,也是一种必然趋势。它以传统的综合性或大众化服务为基础,与个性化服务交叉发展。泛在信息环境下,那些一般性质的浅层服务会变得越来越容易,也将越来越多的交给流动工和网络、系统去完成,而专业化服务则不可取代。专业化服务,首先就要建设好一支专业化的馆员队伍,并不断提高其素质。

如何了解、把握用户的研究动向和需求,如何与用户建立沟通和联系,如何根据用户需求开展深层次的信息挖掘、知识挖掘? 这就需要馆员不仅具有图书馆学情报学的专业知识;还要具备一定的学科背景;同时还要具有较好地沟通、营销能力等。了解学科知识,懂得具体专业及其文献情况,能对专业进行评价,能作有关前沿动态的学术报告等,非有具体专业知识与图书馆专业知识结合不可,非对专业文献信息作研究不可,这是图书馆工作更具专业性、学术性的所在。它是图书馆员与教学科研人员走向学术零接近的必由之路;是图书馆提高学术地位更受社会重视的必由之路;是图书馆服务深入读者,大大提高服务效益的必由之路。

7.1.2.5 增值服务

图书馆信息增值服务是指图书馆通过加工重组信息,形成综合性知识内容的增值信息产品再提供给信息用户,从而使信息用户得到使用价值更高的信息资源的服务,包括信息效用增值服务和信息经济增值服务。中国社会科学院社会发展研究中心日前公布的《中国12城市互联网使用状况及影响调查报告》发现,把互联网看做是图书馆的人数最多,占被访问人数的52%。这给图书馆敲响了警钟,要么淹没在互联网的大海之中,要么创造出具有特色的不可或缺的信息增值产品,提供吸引用户的信息增值服务。

图书馆信息增值服务需要改变以往就资源宣传资源、就资源推介资源的模式,着重开发资源的附加值和服务的增值效益。具体而言,可以开发数字资源的功用附加值、情景附加值以及使用附加值等;此外,还可以通过提供商业情报、专业代理信息检索、网络信息整合、专业性的参考咨询等服务以增加图书馆信息服务的价值和效益。网络环境下图书馆信息服务的主要目的之一就是提高知识创新的效率,根据用户的显性需求和隐性需求,用科学的方法组织信息,使之有序化,满足用户的需要,帮助用户创造出新的价值,获取一定的效益。

7.1.2.6 嵌入服务

服务的嵌入化是数字馆藏服务发展的必然趋势。图书馆需要将数字馆藏无缝地、动态地、交互地嵌入到用户的学习、工作、科研、生活等方方面面,将服务的触角延伸到一切有读者的地方,拉近与用户的距离,淡化图书馆与用户之间的边界,满足用户随时随地的信息需求。图书馆首先需要改变传统的"图书馆是资源集中地""图书馆资源很有价值"等高高在上的服务理念,而是认认真真钻研数字馆藏内容,将其进行细化,并与用户需求相结合,从而自然地嵌入到用户的需求中,而不是传统的坐等读者上门查询资源、只专注于自身有什么的理念和状态。

7.1.2.7 多样化服务

(1)服务内容多样

定题服务和用户教育是图书馆一直以来的服务模式,但新的环境下这两项服务的内容均需要进行深入开发,否则将逐渐失去其原有的活力。首先,定题服务,应在原来传统定题跟踪服务的基础上,确定"重点读者"服务对象,为每人建立电子档案记录。其中详细描述他们的学科、课题、专业名称、文献资料的需求情况,有针对性地开展数字馆藏服务。

就图书馆的用户教育而言,则要秉持按需施教的原则,建立在细分用户群体的基础上开展。不同用户群体在熟悉和利用馆藏资源程度上存在差异,图书馆应当有针对性地开展宣传培训。面向全校师生,依据资源的整体使用情况,可以定期举办馆藏资源的普及性培训讲座;面向研究生群体,可以根据其专业特色及研究方向,有针对性地提供专业学术资源和检索技巧的宣传培训;而对于教师群体,考虑到他们的工作性质和知识获取习惯,在了解需求的前提下,可以采取主动培训和一对一的讲解方式。

（2）服务手段多样

图书馆的门户网站是图书馆开展数字馆藏服务的重要途径,是图书馆宣传和展示馆藏的窗口。图书馆门户网站的建设和维护已经成为图书馆服务体系中不可或缺的重要部分,但是门户网站的建设水平却不尽如人意,主要表现在资源揭示不够明确、栏目设置不够灵活、内容质量不高、更新不够及时等。数字馆藏服务模式的精耕细作,最直接的一点就是门户网站的精耕细作。在栏目划分方面,除了常规的馆内动态、读者指南、馆藏检索、电子资源导航项目,也应当包括新书刊报道、科技查新、定题服务、馆际互借、海外图书馆采购系统、国际国内会议信息预报、用户教育培训、择业指导及投稿指南等重点建设和特色服务;提供馆长信箱、E-mail 表单咨询、FAQ 解答、实时咨询等能够与读者互动的虚拟参考咨询服务;此外还要具备链接重点学科导航库、学位论文库和专业特色数据库等各类自建数据库的功能。此外,随着移动图书馆研究实践的深入,图书馆数字馆藏服务更要不断完善移动服务功能。

7.1.2.8 一站式服务

一站式服务最大的优势就是为满足人们的不同需求,最大限度地整合一些服务资源,利用资源的整体优势来实现人们的多元化需求。现行的图书馆管理模式、服务方式与"一站式"服务要求有一定的距离,需要从观念、资源整合、服务模式上加以改进。首先,在观念上,要落实"读者第一"的服务理念,真正把读者资源需求、情感需求、认知需求放在首位,对每一位读者都要努力做到有始有终的全程周到满意服务。其次,在资源整合方面,要对现有的资源进行重组与整合。现在许多新建图书馆在设计和建筑上采用的大开间的做法就是对图书馆现有资源整合的一种措施。还有一些图书馆根据本地社会经济发展的需要,或者特色资源的需要开办专题阅览室,如服装服饰阅览室、法律文献中心、装饰文献室、旅游信息阅览室等都是把分散的文献,集中整合起来,为读者提供"一站式"的特色服务。如,服装服饰阅览室集中反映服装及相关配饰资源,用户可以在此专题阅览室方便地查阅服装领域的多种文献。此外,与资源重组、整合相配套的是,建立起人性化的导读服务、导示系统和自助服务系统。导读服务可以由馆员承担,引导和解答读者利用图书馆资源遇到的问题,同时,可以利用宣传页介绍功能设置、资源配置及利用图书馆文献的办法。新的环境下,图书馆一站式服务更要加强在信息获取方便性、信息资源全面性和信息实效新颖性等方面的开发和创新,从而更好地满足用户需求。

7.2　创新服务模式研究

泛在信息社会强调信息的无处无时不在,图书馆要适应新的环境和用户需求变化,保证图书馆的信息服务也要做到适时适地的存在,也就是图书馆的泛在。泛在图书馆是一种理念,也是一种图书馆形态。泛在图书馆最重要的要求在于,图书馆不能再将自己局限在有限的空间和能力范围内,要勇于拓展空间,延伸服务功能,开拓新的服务模式和方法。

7.2.1　数字馆藏营销推介及用户信息素养

自保罗·泽考斯于 1974 年首次提出"信息素质"的概念以来,信息素养教育日益引起人们重视。信息时代,大学生信息素养的培养对国家、高校乃至学生自身都具有重要意义,信息素养已成为 21 世纪大学生能力素养不可或缺的重要组成部分。大学生信息素养的培育一直是相关领域的研究热点,图书馆开展信息素养教育也已在理论、调查实证、教育模式和方法等方面取得一定进展。基于图书馆数字资源建设和文献检索课的信息素养教育研究也日益详尽,但对大学生信息素养的提升效果仍不甚满意。马费成等的研究[①]显示,信息素养课程

---

① 马费成,丁韧,李卓卓.案例研究:武汉地区高校学生信息素养现状分析[J].图书情报知识,2009(1):24−29.

的教学内容狭窄,教学模式较为单一,难以满足不同地域和专业学生的要求;教学中往往着重于文献检索课和系列讲座等信息知识的传授,而忽略了信息素养培育是不拘泥于一门课程、长期的综合能力提升过程。因此,应强调信息素养综合能力的培养,尤其应重视信息意识在提升信息素养的"先头兵"作用,将信息素养教育渗透于图书馆数字资源推介的全过程,而不局限于文献检索课和系列讲座等信息知识的传授。图书馆肩负着用户信息素养提升的重任,具有开展信息素养教育的地理优势、资源优势和人才优势。然而,这些优势仅是对用户进行信息素质教育的物质基础,必须努力开展资源营销和资源服务,在资源推介过程中使用户意识到信息的重要性,充分掌握寻找信息的途径以及分析利用信息的方法,在实践过程中提高自身的信息素养。

7.2.1.1 数字资源的有效营销推介

读者的参与性较差,无法有效的开展互动,是目前各图书馆普遍面临问题,具体表现在图书借阅率降低,数字资源点击率、利用率不高,数字资源推介工作难以开展,读者对图书馆工作不认可等等。各馆也分别针对自己的情况开展了一些尝试,但都是收效甚微。资源讲座和课题跟踪查新是目前各图书馆普遍开展的主要信息服务,也是重要的数字资源推介途径,但是实际效果却不尽如人意。在开展资源讲座的过程中,教师最担心的往往不是讲座的内容和质量,而是能有多少读者来听讲座。因为图书馆的资源讲座,普遍不受关注,来听讲座的人数也无法保证,甚至偶尔还会出现没有读者来听的情况。这样的情况,何谈互动,连最起码的参与都没有达到。课题跟踪查新的情况同样不容乐观,就高校图书馆而言,学校老师没有向图书馆寻求最新信息的意识,很少有教师主动向图书馆要求进行课题跟踪查新;相关馆员自己主动查询到课题并为其进行查新后,得不到相关老师的认可,甚至有的还会有些误解等。

在一次研讨会上,一位从事学科服务的图书馆员讲述了自己在进行资源推介和信息服务的一个实例。该馆员立足于本馆资源开展学科服务,力求使自己进入到学校教师的科研课题,于是查询到某教师的在研项目,主动为该项目进行了查新,并以邮件的形式推送到该教师邮箱,结果不但没有得到认可和感谢,反而引起该教师的反感。该教师在邮件中回复到:"我不需要这些,请以后不要再这样做。"这个回复让此馆员的工作热情很受打击。目前,图书馆员的资源推介工作很大程度上得不到读者的认可,上述这种情况也绝不是个例,但是在抱怨读者不配合、不认可的同时,图书馆员更应该思考的是自己的推介方式、思考方式。

读者不是不需要资源,相反每一个在校师生、每一个科研工作者都需要图书馆的数字资源,但他们更需要的是体验是尊重。真正应该关注的不是图书馆有什么资源、不是图书馆能提供什么服务,不是教师有哪些科研项目,而是读者的需求、读者的体验、读者的感受。托夫勒在《第三次浪潮》中提出"服务经济的下一代是走向体验经济,商家将靠提供这种体验服务取胜"。《哈佛商业评论》也发出了"继产品经济和服务经济之后,体验经济时代已经来临"的呼声。约瑟夫·派恩则是直接将体验经济作为继服务经济之后的第四个发展阶段,并认为"体验是第4种经济提供物,它从服务中分离出来,就像服务曾经从商品中分离出来那样"。体验经济在众多的呼声中悄然来到,相应的体验营销也随之而来,越来越受到重视和认可,已然成为目前最具竞争力和说服力的营销模式。图书馆拥有丰富的馆藏资源,尤其是近些年的数字资源建设更是取得了长足的进步;但资源本身并不意味着资源服务,资源服务也并不意味着满意的读者服务,资源服务向资源营销的转变和发展已是必然趋势。体验营销在图书馆数字资源推介方面具有自身独特的优势,为数字资源推介提供了一种全新的思维和实践模式。

(1)诉求于体验而非服务

体验营销的核心就在于使顾客以个性化的方式参与其中,通过体验使顾客对品牌产生情感寄托,从而成为品牌的忠诚顾客。与产品营销、服务营销相比,体验营销关注的是用户的体验。而对这一点的关注,正是现阶段图书馆服务所欠缺的,也是制约图书馆资源推介的关键瓶颈。图书馆引入体验营销理念,首先就应该将读者的体验作为最终诉求,注重与读者之间的沟通,发掘他们内心的渴望,站在读者体验的角度,去审视馆藏资源和推介。体验营销的目标就是通过用户满意的体验,使用户成为品牌的忠实客户。

目前,各图书馆的品牌意识却非常淡薄,没有把自己作为一个品牌去经营,在开展数字资源推介方面更是鲜有读者的参与和体验,多是图书馆在自己的网站进行宣传,一些发展较好的大馆也会开设检索课、讲座,设置专门的学科馆员进行资料宣传、邮件推送等。但这些也都仅限于图书馆自己在为自己的数字资源摇旗呐喊,并未有读者的参与体验。这也正是典型的"牛奶理论",将牛奶宣传的再香再纯再浓,消费者都是感受不到的,只有当消费者自己去体验、自己去品尝后,才会感觉到真正的香浓。数字资源推介同样如此,图书馆应该设定舞台、设定主题、制造情景,让读者真正的参与其中,参与到数字资源的检索中,参与到数字资源的利用中,参与到数字资源的推介中。

(2)增加数字资源附加值

体验营销是顺应消费形态变化而产生的更高级的营销模式,它营销给顾客的不单单是一个产品,一种服务,还要包括一种体验。这种体验可能是一个品牌的诉求,可能是一个场景的重现,可能是一种久违的感动。这些都会成为产品或服务的附加值,也会成为价值的增长点。数字资源作为图书馆要推介给读者的产品,同样需要赋予更多不同方面的附加值,以增强读者的体验感和忠诚度。

①功用附加值

好的体验设计可以让产品增加"体验"含量,带来附加值,从而带来较好的营销效果。对于数字资源这一特殊产品而言,图书馆推介的过程本身就是营销的过程,附加值的选择将直接决定营销的效果即推介的效果。"功用"方面的附加值对数字资源而言是较容易实现的,因为数字资源无论是对科研还是大众阅读、学习辅导都具有极大的帮助,所以从"功用"角度来增加数字资源的附加值是一种简便易行的方法,也将是对数字资源推介很有帮助的一种途径。

具体而言,图书馆可从学术论文写作的角度来进行数字资源推介,也可从大学生就业、阅读能力提升、了解最新前沿动态等角度来增加数字资源的附加值,从而更好地进行数字资源推介。实际操作过程中,图书馆就可以选择大学生即将毕业阶段,开展"毕业论文写作"的体验营销,让读者体验到数字资源对毕业论文写作的巨大帮助。

②情景附加值

体验营销成功的关键是要与顾客产生互动,使其融入设定的情景中。情景的设定对体验营销来说是非常重要的,它是顾客活动的舞台、参与的舞台。有了这个舞台,顾客才能参与到产品的生产和消费过程中。数字资源的体验营销同样需要情景,而且对情景的选择和设定有着更高的要求,已不是单纯的感官、娱乐情景可以满足的,它需要的是平等交流的情景、共享学习的情景、文化之旅的情景、思考的情景、知识的情景等。无论何种类型的情景,最终都要使读者内心深处感受到强烈的震撼,使其进一步融入数字资源的体验,从而得到读者的支持和认可。数字资源确实是读者需要的产品,但是却不是读者满意的唯一因素。读者得到数字资源前、中、后的体验才是增加读者满意度和图书馆品牌忠诚度的关键决定因素。

(3)确立体验主题

体验营销是从一个主题出发并且所有服务都围绕这个主题来开展,所以体验首先就要设定一个主题。体验主题的确立,应建立在读者与数字资源的契合领域,成为连接资源与读者的桥梁。当读者进入这个主题之后,能够产生强烈的数字资源使用欲,并且在数字资源的检索利用过程中又建立了新的连接,这种连接不是图书馆网站、海报的宣传,而是读者自己切身的体会,是一种了解之后的体验和认可。体验营销的好处就在于使读者与数字资源之间产生特别的情感联系。比如之前提到的"毕业论文写作"主题,就是选择了毕业生迫切需要解决的一个问题做主题,直接从信息检索、材料筛选鉴别、毕业论文的论证支撑等方面让学生最近距离的体验数字资源,使学生体验到图书馆是论文写作的舞台,图书馆的数字资源是写作论文的重要资料,如果再写论文还要到图书馆来,从而树立了图书馆的这一主题品牌。

　　体验营销不是随意出现完成的偶然现象,而是需要经过精心设计、策划组织逐步实现的。它是一个系统严格的管理过程,具有自身运作流程,具体到数字资源推介,可采用如下步骤和方法,见图7.1。

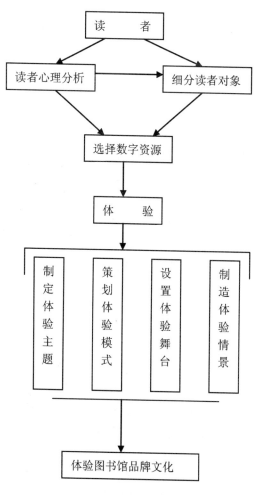

图7.1　数字资源推介流程图

（4）多样化的体验途径

图书馆开展数字资源推介，首先就要改变过去"将资源推送给读者，为读者服务"的固有观念，而是有意识地开展体验活动，让读者成为数字资源的参与者、互动者、体验者，而不是单纯的被动受用者。具体操作而言，既可以分别从认识环节、检索环节、利用环节分层次分步骤地开展体验，还可以直接让读者参与到体验的设计环节，让读者成为图书馆体验的宣传者。比如，高校图书馆的信息检索环节，就要注意做到"体验"而非"推销"。基于读者需求的主题设定自然必不可少，舞台、情景设计方面还要有大胆的创新和突破。就舞台、场景设计而言，检索室、电子阅览室、多媒体阅览室等肩负了重要的检索任务，也是检索体验的主要舞台，其设计也就显得较为重要。比如，在硬件配置上，除调试优良的电脑配置之外，整个室内的墙壁可以设置为大的放映荧幕，资金不足的馆可以直接做成白墙，然后再配上放映机和环绕音响等设备，这样就可以构成立体化的体验空间，改变常有的PPT演示的平面讲授方式。舞台搭建完成之后，舞台内容的设计更为重要，可以说是整个检索体验的关键。有了立体化的空间设备，就可以改"内容讲授"为"内容欣赏"，如"新东方英语交流沙龙"的舞台设计，就可以直接是立体环绕的英语讲座，让舞台上的体验者身临其境地感受到新东方老师激情澎湃的英语演讲，而不是检索课教师的平板介绍。这可能也正是高校馆基本都采购了新东方英语学习数据库，但学生们还是会花钱报名新东方学习班的原因之一，即学生在学习过程中希望能够感受到英语老师现场教授的激情和学习氛围。强烈的参与感和体验感，使得具体的检索方法和使用方法都会变得异常简单，复杂的游戏尚能通关，何况是简单的阅读器的安装使用。参与检索过程，体验检索场景和乐趣，才是应该带给读者或学生的重要内容。

体验是非常复杂的，没有任何两种体验的效果是完全相同的；体验营销的途径和方法也是异常丰富和多样的，这其间要注意分析读者的理性需求，也要顾及其感性情感因素；既要精心策划安排正式的主题体验，也不能忽略日常的沟通和互动；既要重视短期甚至某次数字资源体验的效果,也要注重图书馆长期品牌的建立和维系,努力做到理性与感性并重、正式与日常互补、短期与持久呼应,真正使图书馆的数字资源推介达到多层次、立体化。

7.2.1.2 基于数字资源推介的用户信息素养教育

图书馆数字资源推介是图书馆营销的核心,数字资源推介的质量和效果直接影响读者对图书馆的满意度。有效的数字资源推介,短期来看,用户了解到了自己不知道的数字资源,知道了查找使用信息的途径和方法;长期来看,用户对图书馆以及对数字资源推介,有着比较愉悦的体验,会逐渐成为图书馆的忠实用户,并参与其中,信息意识也得到了更深层次的提高。这一点在高校图书馆数字资源推介过程中最为明显,故下面以高校图书馆为例进行详细论述。

(1)知识储备

首先,在推介之前必然要了解熟悉图书馆资源,一方面,图书馆员要熟知相关领域的资源,并根据用户的不同需求个性化推介。另一方面,各院系老师和学生是资源推介的生力军,是扩大数字资源推介的中坚力量。因而,在他们参与推介之前,先要成为被推介的对象,由图书馆员向其介绍宣传图书馆资源,使其切实参与资源的使用实践并亲身感受到图书馆数字资源的丰富,体验到图书馆的人文关怀,从而乐于把自己的感受和经验与别人分享。如此而来,部分大学生对本专业的相关资源和本校图书馆所拥有的资源便有一定程度的了解和感性认识,某些学生还会在图书馆员或老师的辅导下初步掌握相关专业资源检索和使用一些技巧。所以,在大学生开展资源推介之前,已经对数字资源有了一些初步了解,具有了一定的信息意识和信息能力,随着推介的进一步开展其信息意识和信息能力将逐步加强。

然后,图书馆进一步的数字资源推介过程实际上是信息素养提升的强化过程。大学生作为被推介者,由图书馆的学科馆员或其他老师向其详细介绍图书馆所具备的数字资源、使用方法和使用过程中的注意事项等具体问题,以及信息资源的基本理论知识、信息检索的技术和方法、信息检索结果的处理等相关理论和实践知识。由此,学生的信息检索及利用能力将有明显提高,随着学生主动参与到数字资源的推介过程,其信息意识将出现质的飞跃。

(2)以信息知识为基础的信息能力的提高

信息知识是对信息学的了解和对信息源以及信息工具的掌握。信息知识的不足将直接影响信息能力的提升,而后者又是整个信息素养的核心。目前,大多数高校图书馆主要采用文献检索课、系列讲座等"知识讲授"方式,如果缺乏数字资源推介的其他环节,其效果一般仅停留于基本层次的表面教育,无法有效提高学生的信息素养。例如,有调查表明,仅28.77%的大学生认为自己对所学的信息技术掌握良好并能经常使用,32.46%的大学生虽然当时掌握不错,但因为课程结束后不常使用而逐渐荒废①。这也说明大学生信息素养的培养不能仅靠一门课程或者是一段时间的集训,信息知识、信息能力的增强应该是多方面、多环节、多角度的过程,例如北京服装学院图书馆的知识竞赛、图书漂流等活动,北京工业大学的知识竞赛、"寻宝"、读书感等多种形式。

大学生信息能力还应体现在批判地评估信息和信息源,将新信息综合归纳到现有的知识体系和价值观中,而不仅仅是单纯的检索和获取信息。目前,大学生信息能力突出的薄弱环节是信息分析和评价能力,往往难以对信息的可靠性和时效性做出判断,不能将获取的信息规范地应用到学习和科研之中。高校图书馆的数字资源推介恰恰可以解决这一问题。首先,学生在开始接触、了解数字资源之时会形成初步认识,在专业老师的指导下逐步学会实践操作;其次,学生在充分掌握这些资源的使用方法后可将其推介给周围的同学和朋友,在此过程中实际上已经进行了再次评估和分析。另外,数字资源推介是实际操作的宣传过程,而不是单纯的面对面的传授。因此,在推介过程中不同的用户将各自的体验感受进行沟通和交流,将会形成一个互相切磋提高的局面,非常有利于知识的融会提高。

---

① 黄静. Web2.0环境下大学生信息素养实证调查与分析:以南通大学为例[J].图书馆界,2011(1):34 - 37.

（3）信息意识的飞跃

信息素养提升是以信息意识的提高为基础的。在认识信息重要性的基础上,还要懂得如何表达自己的信息需求和如何有效地获取信息。此外,还要变被动的信息接收为主动的信息寻求和信息挖掘。从信息素养的被动提升转变为主动分享、发掘资源的主动提升过程。如能进一步主动参与到数字资源的推介中,不仅会使自身信息素质产生质的飞跃,还能在与周围同学分享数字资源推介的感受和想法过程中形成自我提高的良性循环。正如霸桂芳指出的,大学生信息素养是指把被动信息获取式教育观念转变为主动信息探究式教育观念的个人能力。

北京服装学院图书馆在多年实践基础上总结出的学生参与推介的"传帮带"形式即是不错的信息素养教育方式。学生由最初的被动接受,到主动学习、主动寻求解决办法,再到主动向他人推介,形成由被动到主动的学习过程。这个过程对学生信息意识的提高作用尤为显著,使学生信息意识产生质的飞跃。

（4）信息道德的培养

信息素养的内涵不仅包括信息意识、信息获取、信息分析、信息评价、知识创新等能力,还包括信息道德。信息活动的道德规范包括对信息道德伦理及相关法律法规等。在当今这个信息爆炸的时代,能否规范好自己的信息行为,已成为评判大学生信息素养高低的重要标志。在数字资源推介的过程中,在加强信息道德方面知识(如"知识产权"、"信息法律法规"和"网络道德"等)讲授的同时,还应加强对尊重他人知识产权的宣教。在当前高校学生的舞弊行为和学术不端作风问题日益突出的今天,加强对学生信息道德的培训显得尤为重要,应将良好的信息道德贯彻于数字资源推介的各个环节。

信息素养教育是一个长期过程,需要多方面的协作努力。图书馆数字资源的持续、有效推介,是信息素养提升的一个非常重要的方面。所以,图书馆要建立数字资源推介体系,加强图书馆营销团队的建设。图书馆员应是团队的主体,是图书馆资源推介的核心力量。只有通过图书馆员对资源的管理、推介和服务,用户才能很好地获得资源和充分利用资源。然而,仅有图书馆、图书馆员的推介营销是远远不够的;即便有一定的影响和效果,也只是小范围的。这就需要图书馆营销团队的生力军,也就是我们的用户,即学校的老师和学生。由学生和老师中的先进者或图书馆服务的受益者向自己的同学同事进行宣传推荐,并带他们来图书馆进行体验,然后再进行下一级的宣传介绍,这样逐层向外扩展,形成良好的"传帮带"效应。随着"雪球"越滚越大,图书馆的数字资源推介活动也就越容易开展,全校师生的资源意识会不断提高,信息素养也会逐步增强。

高校图书馆数字资源的有效推介,还需要有相对完善的管理模式和体制,以保证推介的持久性。既要专注具体每一次活动的组织策划实施,又要有长期的目标规划和组织安排,并逐渐完善为一种成熟的机制。在整个模式和体制建设规划过程中,不仅要注意分析读者的理性需求,也要顾及其感性因素;要顾及学生的实际信息素养状况,要考虑其具体需求;要重视短期乃至单次数字资源推介的效果,也要注重图书馆长期品牌的建立和维系,努力做到理性与感性兼顾、现状与

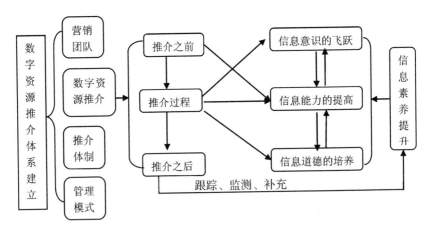

图 7.2　数字资源推介体系

需求并重、短期与持久呼应,真正使图书馆的数字资源推介达到多层次、立体化。此外,在开展数字资源推介之后,图书馆要主动对推介的效果进行密切随访,既包括对图书馆自己开展的推介,也包括学生开展的资源推介,均要通过各种渠道长期加以关注,有针对性的进行调整和补充。还要定期进行数字资源推介后的在校大学生信息素养再调查,分析总结成效和问题,从而有针对性地开展下一轮的推介,形成一个完备的体系。

行之有效的数字资源推介过程和完备的体系,将使每一位走进图书馆的读者都能有所收获。既能充分认识信息的重要性,又能提高自身的信息能力,在养成良好信息道德的基础上,努力探寻更进一层地信息挖掘和创新,形成一个良性、全面的信息素养提升过程。

7.2.2 数字馆藏使用统计方法规范及服务绩效评估研究

绩效评估就是对用户获取信息的效率和效能进行测度和分析,它是判断电子资源质量高低和衡量其对用户价值大小的科学手段与工具。泛在环境下的图书馆,仅仅依靠传统的馆务统计方式及标准,是不能适应新的环境变化的;而单纯依靠数字馆藏的本地使用统计,也不足以反映数字馆藏的真正使用情况和使用效能。这就需要在数字馆藏使用科学统计的基础上,针对新的环境变化,通过合理的指标体系进行有针对性的数字馆藏绩效评估。通过对数字馆藏服务绩效的评估,可以科学地揭示数字馆藏的服务效率、效能和对用户的价值,从而指导数字图书馆的建设。

7.2.2.1 数字馆藏使用统计方法规范

用户获取数字馆藏的途径越来越多样,有通过本地网站的,也有通过搜索引擎的,还有通过移动设备或远程访问等的,这就需要统一规范的统计标准和方法获取可靠的数据,从而进行下一步的工作。然而从目前情况来看,数字馆藏使用统计分析问题,虽有一些团体在进行研究,也有相关标准出台,但是尚没有统一可行的国家标准、行业标准进行规范的指导和实施,使用数据的规范化采集和统计问题尚未得到解决。

(1)相关标准

①ISO、NISO等标准化组织制修订图书馆行业的统计标准,目前涉及电子资源使用统计的标准如表7.1所示。

表7.1 电子资源使用统计相关标准

标准编号	标准名称	发布机构	简介
ISO 2789—2006①	信息和文献工作——国际图书馆统计学	ISO	附件A中提及图书馆电子服务的使用统计指标
ANSI/NISO Z39.7—2004②	信息服务和使用:图书馆和信息服务机构统计指标——数据字典	NISO	指标中包含电子资源使用统计
ANSI/NISO Z39.93—2007③	标准使用统计收获协议(SUSHI)	NISO	利用网络服务框架,定义一个对电子资源使用数据收集的自动化请求和响应模型

②国际团体对其研究情况

图书馆联盟国际联合体1998年开始项目"Guidelines for statistical measures of usage of web – based information resources",旨在为图书馆电子资源创建一套使用统计的指标体系,规定了使用报告的格式等内容形式,并于2001年和2006年相继对其进行了修订。

佛罗里达州立大学信息使用管理和政策研究所于2000年至2001

---

① ISO 2789—2006,Information and documentation—International library statistics[S].

② ANSI/NISO Z39.7—2004,Information Services and Use:Metrics & statistics for libraries and information providers – Data Dictionary[S].

③ ANSI/NISO Z39.93—2007, The Standardized Usage Statistics Harvesting Initiative (SUSHI) Protocol[S].

年开展项目"Measures for Electronic Resources, E – Metrics",旨在对电子资源进行计量考核,制定了电子资源统计指标体系。此外,SCONUL和25个高等教育图书馆于2003年至2005年也开展了项目"E – measures Project"制定电子资源统计指标体系。

相较于以上三种,COUNTER项目委员会制定的"Counting Online Usage of Networked Electronic Resources"使用更为广泛。它规定了电子资源使用统计的指标及其定义,输出报告的内容和格式等,并于2002年发布期刊和数据库的实施规范,2006年发布图书和参考工具书的实施规范。截至2008年5月,共有98个数据库商提供的产品或服务不同程度地遵循COUNTER期刊和数据库实施规范,11个数据库商不同程度的遵循COUNTER图书和参考工具书实施规范①。

此外,2007年我国高校图工委修订了2004年颁布的《高等学校图书馆数字资源计量指南》,制定了引进数字资源与自建数字资源的计量和统计方法,指出将"数字资源的计量和统计纳入整个高校图书馆文献资源建设的统计工作并进行评估是完全必要的",这是我国第一次对电子资源计量统计进行的指南性规定②。

尽管关于电子资源使用统计规范方面的研究成果相继出现,但是由于数字馆藏的构成、使用等的多样性和复杂性,实际的数据收集统计分析比理论研究要困难很多,使用统计的规范化程度仍严重不足。而且以上这些项目在目标和范围上都不完全重合,针对电子资源使用提出的统计标准虽有一定的趋同性,但都存在明显的差异,所以,实际上并没有一个图书馆界和数据库商都完全认同的标准。即便是认可度和采纳度最高的COUNTER标准也存在很多的问题,比如,很多数据库商尚未遵循COUNTER规范,尤其是中文数据库商;遵循COUNTER规范的很多数据库商尚不能提供COUNTER要求必须提供

① Registers of Vendors [EB/OL]. [2008 – 07 – 03]. http://www. projectcounter. org/compliantvendors. html.

② 高等学校图书馆数字资源计量指南(2007年)[EB/OL]. [2008 – 07 – 04]. http://www. scal. edu. cn/courseInfoView. html? courseInfoId = 309.

的所有类型的使用报告,COUNTER 要求数据库商必须提供 JR1、JR1a、JR2 三类期刊报告,但在 98 个遵循 COUNTER 期刊和数据库实施规范的数据库商中,可提供 JR1 报告的有 90 个,可提供 JR1a 报告的仅有 3 个,而可提供 JR2 报告的也仅有 8 个①。所以,面对泛在信息环境下资源平台统一规范之趋势,需要有一套图书馆界和数据库商都比较认同并约定遵守、具有切实可操作性的规范标准,为数字馆藏的使用统计奠定坚实的基础。

(2)统计数据获取方式规范

由于电子资源的复杂性以及现阶段不同数据库商所提供使用报告的格式、方式的不一致性,电子资源使用数据难以收集、分析。为此,国内外学者对电子资源使用数据获取方式问题进行了深入讨论。现有的两种模式主要集中在数据库商提供使用报告和图书馆本地日志分析。数据库商提供的电子资源统计数据通常难以获得,数据的可靠性也有待商榷,而且往往不同数据库商提供的数据格式之间不具有可比性。各数据库商提供的统计数据集存在着很大差别,即使同类数据库指标种类也不尽相同。绝大多数数据库商并未对使用报告中的统计指标给出清晰明确的定义,更缺乏对统计指标获取方法的简要说明,甚至仍有很多数据库商提供不了任何形式的使用报告。这将给图书馆员了解电子资源的使用情况造成严重的障碍,使分析人员必须花费大量时间和精力才能从数据统计与比较中获益。

图书馆本地日志分析,是从图书馆服务器日志文件中获取用户的 IP 地址、请求日期和时间、访问页面、请求成功与否等信息,并对其进行分析。此种数据获取方式对图书馆系统、技术要求较高,但获取的数据可信度较高、可比性更强,但由于经费、技术的限制,这样的数据在获取上面临很大的问题,可以完备实施的图书馆为数不多,更多地图书馆还是依赖数据库商来获取详细的使用数据,甚至有些馆对这类数据不够重视,尚未进行任何统计。此外,目前图书馆本地获取数据

---

① Registers of Vendors [EB/OL].[2008 – 07 – 13]. http://www. projectcounter. org/compliantvendors. html.

往往通过图书馆网站,但很多用户并不是完全依赖于图书馆网站获取所需信息,还会通过 URL 或其他链接,直接访问某些特定的电子资源。两大搜索引擎百度和 Google,现已开展 IP 限制的数字馆藏资源的阅读和下载功能。用户可以不再访问图书馆主页,在百度、Google 上面即可下载所需资源。所以,单纯的本地网站访问统计数据和数据库商提供数据之间会存在一定的差异性。北京服装学院图书馆每年针对数字馆藏的本地使用统计与数据库商提供的数据多少都会存在一定的差异,有的甚至差别很大。这其中不能排除一些数据库商的人为因素,但也有不同检索访问途径的客观原因。因此,无论是数据库商提供还是图书馆本地日志分析都不是最佳的数据获取方式。

随着信息资源的无处不在,获取方式、获取途径的丰富多样,数字资源使用数据的获取问题将越来越突显。泛在信息环境下,图书馆和数据库商均要对此引起足够重视。电子资源使用统计数据是开展一切统计分析的前提和基础,是图书馆决策制定的重要参考依据。而数据库商提供的使用报告,不仅可以满足图书馆员和研究人员需要,更是其自身明确产品定位、改善产品质量的重要依据。双方均要在标准规范的指导下,客观真实的进行使用数据统计,并将两者的数据进行比照分析,纠正互补。此外,开发一套使用数据收集分析系统,进行数据获取和分析,也越来越成为各界的共识。国外部分高校图书馆已经尝试开发小型的软件系统实现使用数据的采集,如美国路易斯维尔大学图书馆设计了一个数据跟踪系统,应用 CGI(common gateway interface)搜寻程序自动搜集电子资源的使用统计数据,并记录于一个指定的日志文件中,再利用 Access 数据库分析和生成使用报告①。随着多种手段的完善和互补,图书馆数字馆藏的使用数据获取将变得更为方便,统计数据也将更为客观真实。

图书馆数字馆藏使用数据的获取,并不是最终目的,而是一项最

---

① Liu Weiling, Fannie M. Cox. Tracking the use of E‐journals: a technique collaboratively developed by the cataloging department and the office of libraries technology at the university of Louisville [J]. OCLC Systems&Services,2002(1):32 – 39.

基础工作。只有对获取的使用数据进行分析,才能发现问题、指导图书馆工作。针对数字馆藏使用数据的分析研究,包括中外文数字馆藏的全年访问量、月访问量、全年下载量、近五年或三年的访问量、访问数据库的 IP 、利用率最高的期刊等微观领域的分析统计;也包括用户核心需求、满意度,数字馆藏成本效益等宏观领域的分析。既要有横向、纵向比较分析;还要有定量、定性统计分析。通过综合比较、深入分析,可以更好地指导图书馆工作实践。

7.2.2.2 数字馆藏服务绩效评估

近年来,随着馆藏数字资源的日益丰富,图书馆可以为用户提供更加便捷、准确的信息服务;同时图书馆也面临着前所未有的挑战,数字馆藏的选择、配比和评价等问题正在困扰着许多图书馆和馆员。绩效评估是一种先进的管理方式,能促进管理规范化并提高服务绩效。数字馆藏服务绩效研究作为一种以用户满意度为出发点,以资源的服务绩效为考评点的评价方式,越来越受重视。数字馆藏服务绩效高,用户满意度高的馆藏就是高质量的数字馆藏;反之,服务绩效很低的数字馆藏,则往往会成为图书馆资源购置过程中需要解决的问题。所以,数字馆藏的服务绩效,成为考核数字馆藏建设和服务的重要指标,而服务绩效分析评价也成为研究的热点。

(1)数字馆藏服务绩效影响因素分析

馆藏数字资源服务绩效的影响因素,是后续评估体系、评估模型、评估系统构建的基础,所以,数字馆藏服务绩效影响因素的分析,也是开展服务绩效评估的必要环节。数字馆藏服务是主体与客体不断统一的过程,受制于两方面的局限,即主体认识能力的局限和馆藏数字资源本身情况的局限。提高馆藏数字资源服务的效果,也正是要从改善这两个方面入手,即加强馆藏数字资源建设和提高人们对馆藏数字资源的认识。馆藏数字资源建设的优劣,资源的内容自然是先决条件,但馆藏数字资源的管理也同样重要,是馆藏数字资源建设的必经环节和必备条件。只有资源内容,而无有效的组织管理,资源将无法充分发挥其功用,甚至还有可能造成无用信息的堆砌和信息污染等情况。馆藏数字资源服务,是搭建起馆藏数字资源与用户的桥梁。通过良好的服务宣传,让读者来认识馆藏数字资源;通过良好的服务手段和环境,让读者来体验馆藏数字资源;通过良好的服务延续,让读者来推介馆藏数字资源,从而形成一个良性的馆藏数字资源推介服务氛围和最优的馆藏数字资源服务绩效。因此,馆藏数字资源管理和馆藏数字资源服务正是本体核心概念间的桥梁,具体而言,数字馆藏服务绩效影响因素主要包括以下几个方面:

①馆藏数字资源

馆藏数字资源的评价主要涉及数字资源的数量、质量以及资源的适用度。就数量而言,既有数据量的大小、资源品种的多少,还有不同种类以及不同专业领域资源的数量和品种的多少等;就质量而言,包括数据库的质量,收录信息的质量,数据生产加工质量,数据的时间质量;资源的适用度,也就是数字馆藏与用户需求的对应度。如果不是用户的需求资源,那么再多的数量种类、再高的质量品质,也都是无意义的。所以,不但数量种类繁多,品质高,还要与用户需求相关才是好的馆藏资源。另外,对数字馆藏来说,虚拟馆藏的完善同样不容忽视,而且随着计算机技术、网络技术的发展,虚拟馆藏的作用将越来越凸现。

②用户因素

图书馆的用户主要就是使用图书馆资源的读者,而读者的信息意识、信息素质、信息能力直接决定了馆藏数字资源的服务绩效。信息意识反映了用户对馆藏数字资源的了解和接受程度,是其走进图书馆走进馆藏数字资源的前提条件;信息素养体现了用户利用信息的敏锐性,是馆藏数字资源被使用和发挥其功用的先决条件;信息能力则是用户利用信息的能力,即馆藏数字资源直接被利用的效率,也就是馆藏数字资源实现自身效益和价值的情况。不同的用户对馆藏数字资源的需求自然不同,即便同一个用户,不同时期对资源的需求也不尽相同。比如在校的大学生,他们既有对专业信息的需求,也有对一般性全文类型信息,时政、生活、娱乐等大众内容信息的需求,这些都对馆藏数字资源的建设和服务提出了更高的要求。如此方方面面的用户因素,对馆藏数字资源服务绩效情况都有着一定的影响情况。

③馆藏数字资源管理:采集、组织、存储、发布等

管理是为了使用户有效地获取,或者说当用户一旦有需要时,保证其对数字资源的及时获取。利用有限的经费采购合适的资源最大限度的满足用户的信息需求,将无序的信息加工组织为有序便于检索使用的信息,将经过加工组织的信息方便、醒目、人性化地发布展示给用户等等,这些都是馆藏数字资源管理的重要内容,且对整个馆藏数字资源的服务绩效具有重要的影响。杂乱无序的信息,用户是无法有效获取的,更无从利用,更没有任何服务绩效可言。所以,馆藏数字资源管理的水平,直接决定了资源的检索利用率,决定了馆藏的服务绩效。

④馆藏资源服务:服务意识、服务手段、服务环境等

优秀的馆藏数字资源,并不意味着优秀的馆藏数字资源服务,并不意味着优秀的服务绩效。资源只有被使用才能产生效能、效用,而馆藏资源服务则是连接馆藏资源与用户的桥梁。图书馆和相关馆员的服务意识、服务手段、服务能力,以及整个图书馆所提供的服务环境等对馆藏数字资源的认知和利用有着至关重要的作用。由于用户需求的灵活、多样,图书馆馆藏资源服务必须要分层次、分领域有针对性地进行推介;服务的手段要多样、立体,包括多媒体资源的环绕或 3D 播放、图片资源的鉴赏体验、时装发布会的最新播报等等;服务环境也要紧跟具体的服务要求,同时最好还能根据主题和场景的需求进行环境的营造,从而给用户以完美的数字资源体验,提高用户的满意度。

数字馆藏服务绩效是一个综合复杂多项因素影响下的结果,基于本体基础上分析出的资源因素、用户因素、管理因素、服务因素,仅是数字馆藏服务绩效的核心影响因素,还需再对每个因素再进行具体的细分,并对其他的因素予以综合的考虑和衡量,从而更好地开展数字馆藏的服务绩效评估。

（2）数字馆藏服务绩效指标体系

绩效评估指标体系的构建是数字馆藏服务绩效评估的重点和难点，尽管在数据获取、评估模型选择等方面存在困难，国外诸多项目还是对此开展了深入研究。1997 年英国电子图书馆项目资助的"电子图书馆的管理信息系统和绩效评估"项目，1998 年欧洲委员会资助的"图书馆绩效评估和质量管理系统"项目，1999 年美国博物馆和图书馆服务研究所资助的"发展国家公共图书馆和全州范围的网络统计和绩效评估"项目，2003 年 ISO 颁布了 ISO/TR 20983:2003《信息和文献工作——电子图书馆服务绩效指标》等，均对电子资源的服务绩效指标进行了构建。而泛在环境下的指标体系，必须要适应信息泛在这一基本特性，从指标体系的构建原则到具体的指标设置，都要考虑资源的多样、服务的无处不在以及用户的需求等诸多新的变化，从而保证指标的指导意义。

①构建原则

数字馆藏服务绩效指标的构建，应坚持以下几个原则，即科学性、统筹性、通用性、可行性、指导性、开放性和可获取性。科学性，是指标体系构建的基本原则，不但要求指标体系要有一定的科学依据，还要客观真实地反映实际情况，即各个评价指标的概念、范畴、对象要明确、科学，同时还不能脱离实际，要能反映数字馆藏的实际特点。统筹性，即数字馆藏服务绩效指标体系的构建，要兼顾各个方面的内容以及所涉及的多种因素，比如文本资源与多媒体资源、全文型与摘要性、图书与期刊等多种文献类型；另外，数字馆藏的服务绩效并非仅由数字馆藏本身来决定，还涉及技术设备的情况、资源推介的情况等多种因素，所以指标体系的构建要坚持统筹兼顾的原则。通用性，即构建的指标体系要能在不同情况和不同条件下使用，具有纵向和横向的双重可比和通用性。具体而言，不同的数字资源之间或者同一类型的数据库之间要可以通用和比较；宽泛而言，不同图书馆之间、不同指标体系之间要可以互通，即指标体系应构建于国际、国内公认的标准之上，从而保证其通用性。可行性，即指标体系应该符合实际情况，并易于采集和获取,不能仅从理论角度出发而不考虑可操作性、可实施性,要建立切实可行的指标体系。指导性,即数字馆藏服务绩效评估要对实际情况和实际工作具有指导意义。无论是指标体系的构建还是评估的开展,最终目的不是为了分出优劣、好坏,而是为了更好地反映工作中存在的问题,反映数字馆藏建设和发展的具体情况和需要调整的内容。开放性,不仅包括指标体系本身的开放、扩容等为适应新环境变化而不断的发展,还包括指标体系的开放获取。

②指标体系

目前,关于电子资源的评价标准有 2003 年修订的 ISO 2789(第二版)、2002 年修正的 NISO Z39.7、2005 年的 COUNTER(第二版)以及 ARL E – Metrics 评价指标体系(2000– 2001)。ISO 2789(第二版)专门增加附录部分对电子资源和服务的评价指标进行描述;NISO Z39.7 对电子资源的类型和电子资源的服务类型进行了详细说明,构建了五大类 12 个指标;COUNTER(第二版)构建了 7 个指标对电子资源及服务的使用情况进行表述;ARL E – Metrics 构建 20 个指标进行详细描述。国内方面,2004 年 CALIS 出台了"高等学校图书馆数字资源计量指南",旨在对数字资源的计量和统计进行规范,并将其纳入整个高校图书馆文献资源建设的统计工作。另外,索传军教授在其书《数字馆藏评价与绩效分析》中,也较为详细地对数字馆藏的服务绩效进行了研究,从信息基础设施、使用、成本和服务 4 个方面构建了 14 个指标,试着对数字馆藏的使用及服务绩效进行评估分析。

这些研究成果都为进一步地数字馆藏分析和评价奠定了基础,为评价指标体系的构建提供了支撑和依据。随着环境的变化,数字资源数量及类型的丰富多样,人们获取信息越来越便利,评价的指标也应相应的发展或细化,可以构建馆藏情况、使用、成本、服务四大类 24 个指标。馆藏情况方面,包括数字馆藏的总量、人均数字馆藏的数量、电子书占全部图书的百分比、电子刊占全部期刊的百分比;使用情况方面,包括登录数据库的任务数、数据库的检索次数、数据库的下载次数、数据库请求的检索条目数、图书馆网站及目录的虚拟访问数;成本方面,包括数据库的购买费用、数字馆藏结构及管理成本、电子资源成本占年度资源总预算的百分比、数据库每次任务的成本、数据库每次检索的成本、平均每下载一次的成本;服务方面,包括一次任务的检索时间、数据库被拒绝的任务数、每月对公众开展技术培训的人次、接受培训的用户数、从事数字馆藏服务/管理/发展和用户培训的馆员数占馆员总数的百分比、参考咨询中电子参考咨询的百分比、所有图书馆访问中虚拟访问的百分比、用户使用数字馆藏的满意度,力求对数字馆藏情况、使用情况、数字馆藏的成本,以及影响数字馆藏使用的最重要因素数字馆藏的推介情况进行表述,从而更全面的开展数字馆藏的评价工作。

(3)数字馆藏服务绩效评估工作的开展

数字馆藏服务绩效评估是图书馆评估工作的重要组成部分,泛在环境下所占的比重也将越来越大,对图书馆工作的指导意义将更加明显。图书馆首先应将其视为一个日常工作来长期开展,视为图书馆管理工作的一部分,制定规范的工作程序和步骤,保证其有序和长期性。图书馆自然是数字馆藏服务绩效工作开展实施的重要部门,由于对本馆数字馆藏购买、使用、推介、服务等方面非常熟悉,所以开展起来会更加方便和专业。但是数字馆藏服务绩效评估工作不应该仅是各个图书馆自己的工作和要求,还应该由更广泛、更权威的部门来组织、规划、统筹,比如像 CALIS、图书馆学会、高校图工委等机构,尤其是对一些集团采购数据库,更是需要综合统筹来开展绩效评估。

评估工作的开展和质量,与评估者有很大关系,对评估者的素质要求很高。数字馆藏服务绩效工作的开展,要求工作人员既要熟悉数字馆藏本身的质量,还要熟悉数字馆藏的使用、推介状况,以及馆藏的购买、维护状况,这样才能保证评估工作的全面、客观和真实。工作人员还应对具体的统计分析方法、评估方法比较熟悉并能熟练的应用于实际的统计分析中。此外,评估工作的开展要时刻围绕最终目标,即不是为了得到某个指标,或单纯的分出优劣好坏以及利用率的高低,而是通过指标的获取,分析绩效管理过程中存在的问题,分析图书馆工作中存在的问题。评估的过程应该是一个不断获取反馈,不断学习改进的过程。数字馆藏服务绩效评估的目标也不只是单纯地获取数据库的使用状况、使用成本等数据,而是以数字馆藏建设和服务的反馈、修正为导向来开展长期工作。

7.2.3 基于绩效评估的数字馆藏建设研究

随着网络技术与信息技术的飞速发展,读者对图书馆通过网络开展信息服务的需求逐步提高,使各馆更加重视数字馆藏的建设、开发和利用,数字馆藏建设已经成为图书馆馆藏建设的重要组成部分。图书馆采购的数字资源越来越多,在图书馆预算中所占的比重越来越大。随着高校评估的开展,各高校图书馆已然在数字馆藏建设方面取得了长足的进步,但是数字馆藏建设的质量问题一直没有一个明确的答案。既没有严格的考核标准可依据实施,也没有量化的监管机制。所以,图书馆的数字馆藏建设仍然局限于"藏"和"量"上面的巨大提升,而缺少"质"和"效"的监管。随着数字馆藏投入的不断加大,图书馆需要对投入巨资建设的数字馆藏资源进行客观的评价:数字馆藏是否达到预期的效果和良好的用户满意度,是否已经满足了教学和科研对文献信息的需求,数字馆藏的使用情况如何,有多少读者使用,使用成本如何,是否有更优途径获得读者需要的文献而降低使用成本。图书馆数字馆藏服务绩效评估可以对这一系列问题,做出很好的回复和指导。通过对现有数字馆藏的利用效率、效能和价值的客观评价,可以发现数字馆藏建设的问题并寻求解决办法。

因此,有必要在数字馆藏服务绩效评估的基础上进行数字馆藏建设。通过数字馆藏服务绩效的高低,来客观评价数字馆藏的建设质量,合理调整资源建设的内容、资源建设的模式,以及资源建设政策和评价体系。

7.2.3.1 馆藏建设内容

传统的馆藏内容主要以实体印刷文献、缩微资料和部分视听资料为主,结构单一、体积大、维护成本高、分类查询难,而数字馆藏内涵延伸到了各种电子文档资料、电子文献产品、资料库平台，资源类型更加多样，资源获取也越来越方便。与此同时，用户的需求也发生了很大的变化，呈现一种不可预知状态，需求面广，要求读取速度快、质量高。如果说传统图书馆是根据用户可能存在的潜在需求来建设馆藏，那么泛在环境下则需要根据用户的实际需求来建设馆藏。泛在信息环境下，出版物甚至可以在远程电子网络中出版、发行、传播和交流。这些资源的质量优劣，也比较难以进行评价，在浩如烟海的信息资源中为用户选定最优数字馆藏的压力也在逐渐增大。数字馆藏的服务绩效评估是比较好的一种途径，对数字馆藏建设具有重要意义。

数字馆藏服务绩效评估，往往会出现这样几种结果，即：服务绩效很低、服务绩效较低、服务绩效中等、服务绩效较好和服务绩效非常好。服务绩效的高低是用户使用数字馆藏的直接反映，是数字馆藏建设的重要依据。服务绩效非常好，就说明用户对数字馆藏内容比较满意，经常使用，此种数字资源购买的比较合理，是优质数字馆藏。而反之，服务绩效很低的数字馆藏则说明有很少的用户使用资源，但并不意味着该资源就一定是质量较差的资源。因为数字馆藏的优劣，有许多因素影响和作用，既有数字馆藏本身的质量因素、数字馆藏的品牌因素，也有数字馆藏的用户群体和数字馆藏的宣传推介等因素。

首先，服务绩效非常好的资源是相对较为合理的馆藏资源；而服务绩效较好的数字馆藏，就说明用户对其内容是比较满意或者较为满意的，但是可能由于数字馆藏内容的宣传推介方式等问题，使用户对其的关注和使用度并没有达到最佳效果，有待图书馆员对这部分资源进行更有效的推介。其次，对于服务绩效中等的资源，则要比较慎重。因为导致服务绩效不高的因素有很多，需要进行综合的考虑和排查，比如，数字馆藏本身的内容质量问题，推介的方式方法问题，或者用户群定位不够准确的问题等。再者，对于服务绩效较低或很低的数字馆藏，则尤其需要进行考核。如果该数字馆藏的内容质量本身就不高，则需要尽快停订，重新调整选购高质量的数字馆藏；如果本身就是高品牌、高口碑的数字馆藏，则需要首先分析馆藏内容与用户的实际需求是否吻合。如果并不是用户的需求内容,那么即使是很权威的高质量的馆藏资源也是没有任何效率效能可言的,应该停订,用该部分经费来购置用户实际需求的资源。如果本身是高品牌、高口碑的数字馆藏,经过分析又是用户应该会需求的资源,那么图书馆则要反省自己的资源推介方式和手段,以及用户体验需求和情感需求等因素,及时分析用户点击、使用率低的原因,进行纠正解决,从而保证该部分优质资源得到用户的认可和使用。所以,数字馆藏的服务绩效评估不仅是对数字馆藏建设内容的考核,也是图书馆及图书馆员审视自己工作的重要依据。

7.2.3.2 数字馆藏建设模式

通过数字馆藏服务绩效评估的开展,图书馆可以对自建数字化馆藏、购买的数据库以及各种模式建设的数字馆藏等进行综合比较分析,从而找出更优的、性价比更高的馆藏建设模式。泛在环境下,信息的"泛在"为数字馆藏建设提供了很好的条件和基础,数字馆藏建设的模式也将更加的多元和开放,用户的需求、服务绩效的优劣将成为各种建设模式的努力与改进方向。"开放存取"和"用户驱动",逐步成为新的环境下图书馆和用户都乐于接受的模式。

图书馆作为学术交流的重要基地,一直在努力寻求学术交流的新方法、新模式。数字出版、电子出版的普及,以及人们对学术成果被传播、被使用、被引用的渴望,使学术期刊的开放存取产生以来迅速发展。开放存取资源作为一种新的网络资源,具有一定学术价值,并具有很强的时效性,是图书馆数字馆藏建设的重要内容且随着人们意识的不断提高,以及泛在环境的逐步发展,开放获取资源所占比重将不断增加。开放获取模式打破了传统模式价格的壁垒和不同机构的限制隔阂,免费向读者开放,实现了真正意义上的资源免费共享,大大减轻了图书馆资源购置经费的压力,并且带来了很好的资源共享效果。

此外,泛在环境下,会更加强调以用户需求为导向,根据用户的实际需要建设馆藏资源。服务绩效评估可以很好地反映读者的使用情况以及对馆藏的满意度,是从最终用户的角度来审视、指导图书馆的资源建设。这种指导不仅表现在图书馆购买、自建、整理完资源之后，更应该体现在最初的资源建设环节，即馆藏资源的采访环节。采访是决定图书馆馆藏资源建设的最重要因素。泛在环境下，无论是采访的内容还是途径、方式等都将发生一定的变化，比如采访的内容将更加倾向于数字馆藏，传统印刷型文献所占的比例将越来越小，采访的途径将更加多样，网络的获取将会越来越方便；其中最根本的，应是采访的理念、采访的模式和最终结果，都应该是用户的实际需求，即用户驱动采购。

用户驱动的订购模式（Patron – Driven Acquisition）意在让图书馆的采购更有针对性，改变投入可观经费却购买一些鲜有人问津的资源的尴尬现状。一家设在华盛顿的咨询公司发布的一项报告表明：这种方式在根本上改进了图书馆低效的书目传递模式，在传统的图书传递模式中，由图书馆员来主观臆断读者所需的阅读书目，而不是允许用户来引导馆藏配备和采购流程[①]。该报告称，学术图书馆将会逐步抛弃"在流通率较低的开架借阅区配备大量实体图书"的采购模式，与电子书供应商达成许可使用合作协议，将让图书馆仅需购置少量需求量最高的图书，只为那些学生使用较少的图书支付短期使用费，而对于那些学生们完全没用阅读的图书则无需支付任何费用。密西西根市的大河谷州立大学（Grand Valley State University）已经试用了这种用户驱动采购模式，而试用的结果也表明：基于使用率来决定是否购买，大河谷州立大学每年约需购进 350 种电子书；而如果按传统采购方式，满足同样的需求则需配备约 1 万种实体书，且在这 1 万种书目中，仅有一半数量的图书会被学生们外借使用。

可以说，用户驱动采购模式是授权用户根据自己的需要来采购馆藏资源，而非学术专家或者图书馆员来选择、建设图书馆馆藏资源。泛在环境下，资源的形式和内容越来越多样，电子资源数量也将不断高速增长；用户对网络的依赖更加明显，并且更加习惯；更多的图书馆

---

① PDA：用户驱动的图书馆采购新模式［EB/OL］.［2011 – 11 – 18］. http://www. caigou. com. cn/News/Detail/83088. shtml.

把焦点放在了满足用户需求上,收藏的比重越来越小;基于网络的用户驱动采购也就更能够适应这样的要求,很好地解决有限的资源购置经费与无限增长的数字资源之间的矛盾,提高图书馆资源建设的质量和效能。

7.2.3.3 基于服务绩效的馆藏建设政策

数字馆藏建设政策,作为图书馆资源建设的纲领性文件,一旦制定,应在实践应用的同时,对应用的成果展开评估,从而保证数字馆藏建设的正确方向。通过数字馆藏的服务绩效评估,可以很好地体现数字馆藏建设政策的合理性和需调整的问题。随着人们信息素质的不断提高、社会资源的丰富以及图书馆承担使命的变化,图书馆数字馆藏建设政策需要不断更新。通过服务绩效评估的高低,一方面可以验证馆藏政策是否合理,同时还可以根据服务绩效的结果划分资源建设的等级,从而保证数字馆藏建设政策更符合实践的需要。

数字馆藏服务绩效评估是图书馆数字馆藏建设评价体系的重要环节。目前,我国的数字馆藏建设还停留在建设的规模和数量上,对建设质量缺乏有力的评价标准和体系,更没有切实可行的评价过程和步骤。服务绩效评估的开展,不但可以对现有数字馆藏建设情况进行客观评估,还可以对将要购买的数字资源进行试用评估,从而保证数字馆藏的建设质量,对整个数字馆藏建设评价体系的构建具有重要意义。

参考文献

[1]王培林.体验与图书馆服务的契合性探析[J].情报资料工作,2010(1):66-70.

[2]邓胜利,张敏.用户体验——信息服务研究的新视角[J].图书与情报,2008(4):18-23.

[3]韩炜.基于顾客资源的体验式营销刍议[J].科技管理研究,2007(6):218-220.

[4]王晶,席阳,李铁克.基于体验经济与顾客参与的大规模定制模式[J].北京航空航天大学学报,2004(1):45-49.

［5］张晨光.体验式学习案例资源库的建设与研究［D］.上海:华东师范大学,2009.

［6］刘彦丽,梁南燕.服务绩效评估促进信息资源共建共享的可持续发展［J］.图书情报工作,2008(5):19－23.

［7］蹇雪红.体验营销在移动通信市场中的运用［J］.企业导报,2010(2):109－110.

［8］王美娜.迪士尼乐园的体验营销组合策略［J］.中国商界,2010(3):125－126.

［9］陈行.基于消费需求的体验营销之探析［D］.合肥:安徽大学,2006.

［10］吴振新,等.用户驱动的国家科学图书馆网站建设［J］.现代图书情报技术,2008(3):1－6.

［11］张程.面向服务环境中服务的个性化推荐［D］.北京:中国科学院,2006.

［12］吕元智.基于软系统方法论的数字图书馆服务绩效评价策略研究［J］.情报理论与实践,2012(6):92－95.

［13］刘翠英,等.国内外电子资源服务绩效评估指标体系分析［J］.黑龙江科技信息,2012(15):109－110.

［14］吕旭霞.电子资源绩效评估指标体系研究综述［J］.山东图书馆学刊,2009(6):85－88.

［15］邹永利,王春强.影响网络信息检索效率的用户因素［J］.情报理论与实践,2008(3):374－376.

［16］史继红.电子资源使用绩效评价体系探索——欧洲 EQUINOX 项目的分析与借鉴［J］.情报科学,2008(1):77－81.

［17］史继红.国外电子资源使用绩效研究综述［J］.情报杂志,2007(7):120－122.

［18］吕旭霞.电子资源服务绩效的影响因素分析［J］.图书馆学刊,2008(1):119－121.

［19］马文峰,杜小勇.领域本体进化研究［J］.图书情报工作,2006(6):71－72.

［20］李野新,滕红琴.体验营销［M］.深圳:海天出版社,2008.

［21］吴健安.市场营销学(第三版)［M］.北京:高等教育出版社,2007.

［22］科特勒,凯勒.营销管理［M］.上海:格致出版社,2009.

［23］约瑟夫·派恩,詹姆斯·吉尔摩.体验经济(修订版)［M］.北京:机械工业出版社,2008.

［24］毕强,等.数字资源建设与管理［M］.北京:科学出版社,2010.

［25］索传军. 数字馆藏评价与绩效分析［M］. 北京：北京图书馆出版社,2007.

［26］孟广均,等. 信息资源管理导论(第 2 版)［M］. 北京：科学出版社,2003.

［27］Wei-Lun Chang Yuan, Soe-Tsyr, Hsu Carol W. Creating the Experience Economy in E-Commerce［J］. Communications of the ACM,2010(7)：122 – 127.

［28］Marti Patrizia, Bannon Liam J. Exploring User-Centred Design in Practice：some caveats. Knowledge［J］,Technology & Policy,2009(1)：7 – 15.

［29］Harris, Christopher. A Prescription for Transforming Libraries［J］. School Library Journal,2008(10)：22.

［30］Zino,Eric. Let' s Fix Virtual Reference［J］. Library Journal,2009(2)：94.

［31］Hui Lei, et al. The Design and Applications of a Context Service ［J］. Mobile Computing and Communications Review,2002(4)：45 – 55.

［32］Jehad Najjar. Empirical Evaluation of the Actual Use of Learning Objects and Metadata in Learning Object Repositories［EB/OL］. ［2010 – 08 – 13］. http://www. dei. ist. utl. pt/ ~ jlb/ECDL2005 – DC/17-JehadNajjar/17-JNajjar-final. pdf.

8 面向泛在信息社会的知识产权保护

知识产权保护是一个动态发展的研究课题,不同阶段要有适应时代发展需求的知识产权保护体系。研究泛在信息社会的知识产权保护,有利于更好地应对泛在信息社会环境下可能出现的知识产权问题及冲突,提前做好准备,更好适应时代发展。

8.1 知识产权及知识产权制度

知识产权是一种无形物,它指文学作品、美术作品以及科学发现、发明和设计方案等,其主要价值体现在创造性的劳动上[①],包括著作权、专利权和商标权。一般认为,著作权发生在文化创作领域,与文化创新、文化产业息息相关;专利权产生于技术应用领域,与科技创新、科技产业紧密相连;商标权则主要是工商经营领域,涉及商品销售、市场贸易等诸多问题。现代社会,知识产权制度的实施效果,关系到一国的经济发展、科技进步、文化与教育的繁荣;而在经济全球化的国际背景中,知识产权保护又事关国际政治、经济、文化与科技的交流和合作。

知识产权保护的历史源远流长。有人认为知识产权起源于公元前4世纪的亚里士多德时代,还有人认为起源于9世纪的中国。但不管源起何时,都充分体现了人们对知识产权保护的重视。

---

① 秦珂.数字图书馆版权保护导论[M].北京:气象出版社,2005.

8.1.1　传统的知识产权

知识产权(Intellectual Property)一词源于 17 世纪的法国,英文原意是指"知识财产权"或"知识所有权"。传统的知识产权是指智力劳动者对其创造性劳动成果所依法享有的一种权利,包括人身权利和财产权利。其中,人身权利指取得智力成果的人的人身不可分离,是人身关系在法律上反映,包括作者在其作品上的署名权、发表权、修改权等;财产权是指智力成果被法律承认后,权利人有权对其智力成果处置并获取报酬,也被称为经济权利①。知识产权的对象是智力成果,是科学、技术、文化、艺术领域一切智力活动创造的精神财富。智力成果可以成为知识产权,但不是所有的智力成果都属于知识产权,智力成果只有被依法确认或被依法保护的才能成为知识产权。知识产权的本质在于把智力成果当做财产权进行保护,具体包括著作权、专利权、商标权、发现权、发明权和其他科技成果权。它是以法律的形式对公民/法人的精神成果加以承认和保护。

8.1.2　网络环境下的知识产权

目前,对网络环境下知识产权的定义还没有一个统一的标准。网络环境下的知识产权是指网络环境下的信息版权所有者依法享有的权利,是权利人对法定智力成果所享有的人身权和财产权的总称。互联网络环境下的知识产权主要包括发表权、署名权、修改权、专利权、保护作品完整权 5 种②。

网络环境下的知识产权是由数字网络发展引起的或与其相关的各种知识产权。在网络环境下,知识产权概念向外延伸了很多,除了传统知识产权的内涵外,还包括数据库、计算机软件、多媒体、网络环境下的域名、数字化作品以及电子版权等。当然,我们在网络上经常接触的电子邮件,在电子布告栏和新闻论坛上看到的信件,网络上的

---

① 谭利华.产权制度的社会学分析[D].南宁:广西大学,2001.
② 梁小微.试论互联网络环境下知识产权的保护[D].哈尔滨:哈尔滨师范大学,2011.

新闻资料库,资料传输站上的电脑软件、照片、图片、音乐、动画等,都可能作为作品受到著作权的保护①。

8.2 面向泛在信息社会知识产权的保护

近些年来,网络环境下的版权问题一直是知识产权界的热点问题。网络环境下涌现出了很多传统知识产权保护体系框架之外的新问题,为了适应社会的发展,就需要在原有知识产权保护体系下有所改进与创造。随着网络技术的进一步发展,人们将步入泛在信息社会,到时所要面临的知识产权保护问题将更加错综复杂。

随着信息技术和通信网络技术的进一步发展,泛在网络将以人们无法察觉的方式将信息服务渗透到人们的日常生活中,这就是泛在信息社会服务方式特点。然而,"泛在"主要面向用户周边所暗藏的各种物质、能量与信息,形成上述三者内部间的协作。泛在网络已不再局限于单一的某种具体技术或覆盖的无所不在,而是包含信息层面含义的逻辑融合网络,将包容现有网络通信技术,更加深刻地影响社会发展进程。总之,泛在网络是硬件、软件、系统、终端和应用的融合,它集成了网络空间、信息空间和人们生活的物理空间,使得网络如同空气和水一样无所不在地、自由地融入人们的工作和生活之中。

泛在信息社会的最大载体可以说是泛在网络技术,相关的知识产权问题除了显性的盗版侵权问题,还有隐性的技术专利问题,而且泛在网络环境下知识产权保护的复杂性将远远超出我们的想象与预期。网络空间的开放性使传统的地域限制不复存在,网络上的人们可以任意、快速地在网络空间中复制和发布所有的信息,而且几乎是零成本。这一方面有助于信息的快速、高效传播与扩散,促进泛在社会中信息的泛在化,但同时也对他人的智力劳动成果造成无形的侵害,损害原创者的利

① 吴婷婷.电子商务网站知识产权保护系统设计[D].上海:华东师范大学,2010.

益。尤其是网络的虚拟性、匿名性,信息传播的即时性、全球性等特点,使泛在信息社会环境下加强知识产权的保护显得越为紧迫和重要。

8.2.1 泛在信息环境下知识产权的特点

网络技术的进步与发展,给网络环境下的知识产权保护带来了一系列前所未有的新问题,新环境下传统知识产权的基本特征也发生了一定的变化。

(1)弱化的专有性

知识产权的专有性,是指在法定范围内权利主体享有独占的而不与其他人分享的权利。法律赋予权利主体享有独占权的同时,又规定许多权利的限制,所以知识产权的专有性是相对的。网络技术的出现及不断进步给知识产权法带来了新的利益平衡的挑战,即对权利人专有权的限制程度及对专有性的强化或弱化选择。

泛在信息环境下网络空间的公开、公用和容量大、速度快等特点,能够为人们提供极大的便利。但是,知识产权由于专有性,在实际运行过程中出现与网络的宗旨相背离、不能完全发挥网络的作用,甚至在一定程度上阻碍网络技术发展的情况。同时,由于网络对所有用户都开放,而且网络的速度快、容量大、涉及领域广,计算机用户只需运用网络终端就可以随时随地获取信息,任何人都可以从网上下载、上传信息,这必然会冲击权利人的专有权,弱化知识产权的专有性[1]。

无论从利益平衡的角度讲,还是从保障社会公众利益角度讲,只有对权利人的专有权加以限制和弱化才能保障网络技术的稳步发展,促进科学知识在泛在网络空间中的传播、激发人们更新与创新科学知识的热情,保障人们在泛在信息社会中能够最大限度地享受泛在信息环境的益处。

(2)淡化的地域性

知识产权法属于国内法,地域性也是知识产权的基本特征之一。

---

① 刘香.网络环境下的知识产权保护[J].信息网络安全,2009(2):4－5,7.

随着世界经济一体化及互联网络技术的进一步发展,世界许多国家先后缔结或参加了一些知识产权国际公约(如巴黎国际公约 PCT),纷纷修订自己国家的知识产权法,以便更适应国际公约的要求。根据国际公约的国民待遇原则,在本国领域内有效的知识产权,就有可能在国际公约的缔约国发生域外效力,其目的就是为了公平竞争,防止歧视性保护,从而实现交易的自由化。

互联网络技术淡化了国家与国家之间的界限,使得国与国之间只有"一键之隔"。泛在网络环境下,人们可以不受时空限制地利用泛在网络高效、及时、快捷的服务,在任何时间、任何地点,以任何方式同任何人交流。所以,泛在信息环境下发生知识产权纠纷案件,侵权行为的发生地可以是世界上任何一个地方,很难确定要适用哪一个国家的法律,很有可能出现同一案件适用几个甚至几十个国家法律的现象。基于泛在信息社会这一大环境,为了能更好地解决知识产权"地域性"与网络"无国界性"的矛盾,世界各个国家都应该对知识产权保护标准的国际化和一体化做出最大努力。同时由于世界各国家对本国的知识产权法律保护内容、保护标准、保护水平趋同,知识产权的地域性特征虽然还存在,但已有被淡化的趋势。

(3)调整的时间性

知识产权仅在法律规定的期限内受到保护,一旦超出法律规定的有效期限,就丧失了对该知识产权的专有权。网络环境下,一些知识产权产品进入互联网络的公有领域时便成为社会的共同财富。若想要更大程度上推动全社会的知识创新、文化繁荣和经济发展,给予社会公众充分利用他人知识产品的权利,一方面要保障权利主体取得应有的经济利益,鼓励人们对知识产品的研发,一方面又不能给予权利主体永久性的专有权。

互联网络技术的出现,彻底打破了人们对传统时空的概念。互联网络环境下的知识产品或信息能够瞬间传至世界上任何一个角落,为他人所知所用。基于利益平衡原则,应该对知识产权的保护期限进行必要的调整。网络环境下知识产权的时间性特征依然存在,但应根据智力成果的不同特点和使用方式作适当的调整,综合利益平衡原则,保护社会公众利益;根据知识产权的特性对其保护期限进行适当的缩短或延长,更有利于促进全社会的知识创新和文化繁荣。

(4)强化的可复制性

知识产权的权利客体可由一定的有形物来固定和复制,即知识产权的可复制性。高速、简便、高质量、低成本是数字化技术的特点。泛在信息环境下,数字化作品在互联网络上会发生一系列的复制,包括上传的复制、信息传输过程中由互联网络服务器做出自动复制、互联网络用户访问浏览和下载的复制,使知识产权的可复制性得到了进一步的强化,权利人越来越难以对其知识产权进行控制。

(5)突出的非实体性

作为知识产权保护对象的智力成果总是与相应的实体性载体结合,使得知识产权保护对象在一定的意义上具有更多的实体性特征。将突出的非实体性作为泛在信息环境下知识产权的重要特性是大多数人理解知识产权的出发点。数字化是数字馆藏的基本特征,一切知识信息都表现为虚拟的数据影像,使得知识产权在网络环境中的载体是虚拟无形的。"虚拟性在传统的信息环境之中,作为知识产权保护对象的智力成果总是与相应的实体性载体结合在一起,在法律意义上作品的著作权并没有发生变化,数字化形式后的作品同样受法律保护。而在互联网环境下知识产权的非实体性日见凸显,这无疑会增加保护工作的复杂性、紧迫性,削弱保护的针对性与可操作性。因此,如何对互联网环境下的知识产权进行保护、如何协调互联网环境下知识产权的虚实是我们面临的一个巨大挑战。"[①]

8.2.2 具体的侵权方式

(1)侵犯著作权

作为知识产权的一种,著作权具有时间性、地域性和专有性等特

---

① 刘玉照,杜言.关于网络信息的知识产权保护[J].情报杂志,2003(3):5-6.

点,而互联网络也恰恰具有超越时空、地域,互动互连,难于控制等特点,且网络文化的精神在于开放与自由。所以从本源来讲,保护著作权与发展网络文化二者本身就充满了矛盾。泛在网络环境下对著作权的侵犯主要有非法转载、恶意下载和剽窃抄袭:网络上转载他人作品而不标明作者姓名、来源等信息,也不向相关权利人支付使用费的行为,即为非法转载侵权行为;为了牟取利润,不经作品权利人同意,私自下载、出版网络作品的行为,即属于恶意下载行为;大段抄袭或剽窃著作权人的作品,并在网络上以自己的名义传播与发表的行为,即属于剽窃抄袭行为。

（2）侵犯商标权

网络环境下对商标权的侵犯,主要指个人或者商业网站故意侵犯企业依法注册的商标专用权及企业依法获取的驰名商标所有权。商标侵权有直接侵权和隐性侵权之分:直接利用权利所有人的商标文字或图案的行为就属于直接侵权;而隐形的商标侵权,就是将权利所有人的商标文字或图案等"埋植"于网站的源代码,搜索时的结果是侵权人的商标文字或图案。网络域名侵权中最多的是以商标和企业名称为侵害对象的域名抢注,妨碍企业开拓网上业务,影响企业声誉。1996 年,北京创联信息网络公司检索我国已有 600 多个著名企业和商标在互联网上的域名被抢注,如长虹、全聚德、五粮液、红塔山等,这种大规模的抢注域名现象一直持续到 1997 年《中国互联网域名注册暂行管理办法》颁布①。

8.2.3　泛在信息环境下的知识产权保护

泛在信息环境下的知识产权问题包括所有存在于互联网络环境下的知识产权问题,而且由于泛在网络的特征,其知识产权问题也会更加错综复杂,具体可以从数字化制品、数据库、多媒体制品、计算机软件、网络传输等方面进行论述。

---

① 刘香.网络环境下的知识产权保护[J].信息网络安全,2009(2):4-7.

（1）数字化制品的知识产权保护

网络环境下传播的是数字化制品，故作品要进入网络环境，必须进行数字化，此外，对作品的利用也离不开数字化的操作。数字化制品的性质，应具体作品具体分析，要视数字化作品本身的性质、数字化过程中他人劳动大小以及他人在作品的宣传、推广、销售中所起作用的大小而定。关于数字化制品的知识产权保护，WIPO 提出的《关于保护文学和艺术作品若干问题条约》和 IITF 发表的《知识产权与国家信息基础设施白皮书》，都规定了"作品数字化属于复制"。我国国家版权局制定的《关于制作数字化制品的著作权规定》（以下简称《规定》）第二条规定：将已有作品制成数字化制品，不论已有作品以何种形式表现和固定，都属于《中华人民共和国著作权法实施条例》第五条所指的复制行为。《规定》第三条：著作权法另有规定外，利用受著作权保护的他人作品制作数字化制品的，应事先取得著作权人的许可；可以直接向被利用作品的著作权人取得许可，也可以通过著作权集体管理组织取得许可。

《世界版权公约》《伯尔尼公约》和我国的《著作权法》《著作权法实施条例》均对受版权法保护的作品进行规定，其保护的核心是作品的"独创性"和"可复制性"。所谓独创性，就是作者创作过程中投入的智力性劳动以及作品的创造价值。这是创作者潜心研究创造而出的成果的独创价值，是创作者的劳动成果和专有成果，受法律的保护，更应受到尊重。可复制性，也是作品受保护的一种特性，它体现在作品存在的不同形式和载体方面。数字化制品就是这种载体和媒介的不同存在形式。但作品的"独创性"和"可复制性"不会因为数字化等形式或载体的改变而变化，仍受到法律的保护。因此，数字化制品仍要受到版权法的保护。

（2）数据库的知识产权保护

数据库的建设需要投入大量的人力和资金支持，如果不能得到有效的知识产权保护，数据库的建立和发展将会大受影响。我国现行著作权法中没有明确列出对数据库的专门保护条款，也没有给予数据库以法律上的定义。关于数据库的概念,国际上有两种意见:《伯尔尼公约》议定书专家委员会认为,所有信息(数据、事实)的编纂物,不论其是以印刷形式,计算机存储单元形式,还是其他形式存在,都应视为数据库;而欧洲共同体委员会在1992年通过的《数据库版权指令草案》也明确地提出了数据库的定义,即一种作品、资料的集合,按电子形式组织、存贮、检索,以及用于操作数据库所需的电子型资料集,如其词表、索引或获取、提供信息的系统。这两种意见的根本分歧在于数据库是否专指电子数据库①。1996年欧洲联盟议会和部长理事会向其成员国发出《关于数据库法律保护的指令》指出:数据库是按一定系统和方法编排,且可通过电子或其他方式单独获取的作品、数据及其他独立材料的任何形式的汇编②。数据库作品包括两类:一类是在信息的选择和组织编排方面体现了一定的创造性的数据库;另一类是开发者投入一定经费、时间而产生的数据库,如依据人名、电话号码、事件或事实的字母顺序这一客观标准排列的,并不需要数据库制作者对信息进行刻意的选择和安排之类的数据库。欧盟颁布的"数据库指令"除对构成作品的数据库提供版权保护外,还首次为非作品的数据库产业者提供特别权利保护③。我国修订后的《中华人民共和国著作权法》第十四条规定:汇编若干作品、作品的片段或者不构成作品的数据或者其他材料,对其内容的选择或者编排体现独创性的作品为汇编作品,其著作权由汇编人享有,但行使著作权时,不得侵犯原作品的著作权④。

可以看出,我国著作权保护的数据库对象是指符合作品构成要件的数据库。但在实际生活中,随着社会对信息需求力度的不断增大,不具有作品性质的数据库越来越多地涌现出来,对这种类型数据库的

---

①　蒋东生.网络环境下对知识产权保护提出的新问题:对著作权保护的挑战[J].管理世界,2008(8):170-171.

②　刘志贤.论数据库的法律保护[J].情报杂志,2001(10):17-18.

③　洪燕,华海英.网络环境下的当代知识产权问题探讨[J].情报杂志,2001(10):5-7.

④　强亚娟.略论网络环境下的知识产权保护[J].图书情报知识,2002(4):39-40.

法律定义及保护也成为一个亟待解决的问题。由于不符合著作权法保护的条件,因此它们不可能成为著作权法保护的对象,但是,如果因此而使数据库制作者的劳动得不到回报,那么将不利于社会信息化的进程,不符合社会发展的趋势。

对于数据库作品著作权的保护期限,我国的著作权法对传统作品的保护期是 50 年。由于数据库中内容的时效性较强,使用寿命会越来越短,过长的保护期会不利于信息的传播、交流与共享,故欧共体委员会定义的数据库保护期为 10 年。

虽然数据库动态更新作品的同时,还有大量的回溯内容,但数据库最主要的内容多是大量的独创性作品,这些作品的知识产权保护同样不容忽视。所以,泛在信息社会,在考虑数据库知识产权保护期的时候,要两者兼顾,既利于传播又利于保护作品。

(3)多媒体制品的知识产权保护

多媒体是指依靠计算机技术,把文字、数值、图形、声音等类型的信息输入计算机系统并且都转换成二进制数字编码,运用数字信息的存储技术、加工技术和传播技术统一对它们进行编辑、合成、存储、传送、输出的成套技术和产品①。

多媒体是典型的技术发展的产物,其特征不可避免地带有技术发展的痕迹,而这些特征也决定了多媒体作品与传统作品及其他数字化作品在版权保护方面的差异。多媒体作品的出现给传统版权法带来了诸多难以解决的问题,如:多媒体是不是版权作品,多媒体作品是否突破了版权意义上的作品类型,多媒体作品的版权如何归属,对多媒体作品怎样合理使用等。日本学者中山信弘指出,现在版权法的世界正处于混沌的时代,而加速这种混沌时代到来的是多媒体的出现。

从现行的世界各国版权制度来看,多媒体制品还未成为一种独立的作品形式,对其著作权保护采用的多是按视听作品种类的保护,其保护力度远远不够。我国修改后的著作权法的第三条列举的受保

---

① 秦珂.数字图书馆版权保护导论[M].北京:气象出版社,2005.

的作品形式中也未包括多媒体作品,只是在《解释》中说明:在网络环境下无法归于著作权法第三条列举的作品范围,但在文学、艺术和科学领域内具有独创性并能以某种有形形式复制的其他智力创作成果,人民法院应当予以保护。这表明多媒体作品受著作权法保护,但在司法实践中,保护多媒体开发者的权利往往比较困难。

(4)计算机软件的知识产权保护

计算机软件包括计算机程序及其有关文档。所谓计算机程序,是指为了得到某种结果而可以由计算机等具有信息处理能力的装置执行的代码化指令序列,或者可以被自动转换成代码化指令序列的符号化指令序列或符号化语句序列,同一计算机程序的源程序和目标程序为同一作品。所谓文档,是指用来描述程序的内容、组成、设计、功能规格、开发情况、测试结果及使用方法的文字资料和图表等,如程序设计说明书、流程图、用户手册等。

根据对软件的定义,软件开发的作者和文字、音像作品的作者一样,拥有作品的网络传播权,采用各种手段破解加密或程序的行为,以及利用软件获取利益的行为,同样侵犯了软件的知识产权。从某种程度上讲,计算机软件类似于文字作品,同样可以通过复制等行为非法牟利,但二者又有不同之处,软件权利人之外的人即使不复制出软件产品,而仅仅通过使用,也可以非法牟利。

对于软件知识产权保护,应该体现"均衡论"。在知识产品的所有权方面,应当在专有权和共享权之间保持均衡;在软件开发商的权利义务方面,应当在其经济利益和社会责任之间保持均衡;在各利益主体方面,应当在生产商知识产权和消费者知识产权之间保持均衡;在促进软件产业发展方面,应当在少数软件企业利益和软件产业整体利益之间保持均衡;在执法效果方面,应当在保护技术创新和保障社会公共利益之间保持均衡;在立法基点方面,应当在促进国内发达地区和发展中地区的平衡协调发展、适应不同地区的不同要求上保持均衡;在中外知识产权保护博弈方面,应当在某些外国超越 WTO 标准的保护水平要求和中国发展现状所要求的保护水平之间保持均衡①。

我们保护软件知识产权，要反对只顾及权利人利益、不顾及社会公共利益的保护，更反对保护垄断暴利；我们赞同使用正版软件，但反对以反盗版为名强行推销暴利正版；我们支持对社会进行知识产权观念的普及和提升，但反对以保护自己的垄断利润为目的而夸大事实、误导舆论；我们支持在中国按照 WTO 标准保护软件知识产权，但反对借 WTO 之名过度保护特定利益集团的垄断地位和高额利润；我们支持对制造销售盗版的打击，但反对超 WTO 标准、不顾社会发展现实过度损害消费者利益；我们尊重知识产权，但同时呼吁合理保护知识产权；我们支持建立健全我国的知识产权法律体系，但同时呼吁尽快制定我国的反垄断、反暴利法律法规。

此外，要加强软件产品知识产权保护技术的研究，如微软近些年发布的新品 OfficeXP、WindowsXP、Visio 中使用了软件激活技术。这种技术不需要提供任何个人信息，通过因特网或者电话激活软件，控制每一个正版软件最多只允许装在两台机器上，目前在国际软件行业中被广泛使用。

(5) 网络传输的知识产权保护

《著作权》严格规定了对"已发表"作品和"未发表"作品保护的区别，发表权只能行使一次，如果作品已经在其他出版物上公开过，则即使是首次进入网络，也不应该视为发表。由于网络带来的便利性及公众参与的积极性，信息正在以我们难以想象的速度传播、传输，这一过程中不可避免地会引发很多知识产权问题。

目前，网络传输法律性质的学术研讨和立法存在分歧。IITF 白皮书认为，把作品搭载在互联网上向公众传播，属于发行作品的方式之一；日本、英国等国则增设了"传播权"的概念；我国修订后的著作权法第十条增加了信息网络传播权，即以有线或者无线方式向公众提供作品，使公众可以在其个选定的时间和地点获得作品的权利。著作权人

---

① 李红波．网络环境下软件的知识产权保护［J］．山西高等学校社会科学学报，2007 (11):96-97,147.

可以许可他人行使信息网络传播的权利,并依照约定或者著作权法有关规定获得报酬,这使得网络传输的知识产权得到了一定的保护。

(6)知识共享与知识产权的利益均衡

网络环境下,知识作为公共物品的特征更加明显。由于网络是一个开放的平台,信息的快速生成、传播,使得公众占据了更多的知识产品,当然这要在不侵犯知识产权的前提下。网络的自由存取、快速传播,使得知识产权的侵权问题越发突出。传统的纸质作品借助数字化技术产生并在网络上运行,通过二进制数字编码形式能够在网络上自由的存取和传播,具有易复制、易下载、易编辑等特性。一方面,数字化知识产品借助网络平台广泛地传播,在实现更好的知识共享方面有着积极的意义;另一方面,知识产品数字化使得盗版问题变得更加严重。因此,网络环境下,国家在鼓励知识共享的同时,强调采取专有权来刺激创新。对于整个社会而言,在强调知识共享的网络环境下,知识一旦被共享,就会成为所有社会成员人人都可以得到并利用的一种公共物品。如果法律或制度上不赋予知识创造者在一定时间和空间条件下排他性的竞争性的专有权利,那么,个体创造的价值就得不到体现,随之其创新热情也会受到打击,整个社会的创新力就会受到严重的影响。

因此,如何在这两者之间实现最大程度的均衡,是一个值得深思的问题。当知识的公共性和专有权达到相对平衡时,才能实现更好的知识共享。适度的专有权是实现知识共享的基础,保护知识的专有权只是一种保护个人利益不受侵犯的手段,而如何实现最大程度上的知识共享从而达到全社会成员的集体利益才是最终目的。

8.3 面向泛在信息社会图书馆知识产权的保护

泛在信息环境下图书馆面临着巨大的挑战和考验,其中既有来自其他行业的挑战,也有图书馆内部的挑战。为了应对各种挑战,图书馆也必须做出相应的调整,比如资源的多样化和权威化、服务的泛在化、资源和服务的个性化、存取的无缝化、理念的人性化等等。图书馆所需面对的知识产权问题也更加多样复杂,在数字馆藏建设、服务过程中必然存在与知识产权相冲突的地方。如何解决矛盾、更好地提供丰富的资源和优质的服务,将是图书馆需要思考的重中之重。

8.3.1 数字馆藏建设中的知识产权问题

(1)信息资源数字化与版权

数字化是使用相应的转换技术将以传统载体形式存在的文字、数字、图形、图像、声音、视频等信息转化为数字信息形态,是数字图书馆馆藏建设过程中需要解决的第一个版权问题。由于文献数字化只是把原有形态进行了数字转换,没有任何创造性,因此文献数字化是一种复制行为①。也就是说,数字化是权利人的一项专有权利,可以自己行使或许可他人行使并获得报酬。

图书馆作为公益性的机构,根据《著作权法》第二十二条第 8 款规定,享有以陈列和保存版本为目的对作品进行数字化复制的权利,而不能用于阅览和其他目的。这与图书馆数字馆藏的建设目的——将数字化作品放到网上供用户在线或下载阅读是有一定冲突的。

(2)数字馆藏收集与版权

图书馆数字馆藏建设的根本是入藏资源的合法性,图书馆必须保证馆藏资源不侵犯知识产权。根据我国《著作权法》的过错责任原则,在不知情的条件下图书馆使用盗版产品并不要求承担责任,但提供盗版服务则要承担赔偿责任。

泛在信息环境下的数字馆藏建设,无论是资源内容还是载体形式、传播平台都更加多样,涉及的信息转换技术、格式标准化等计算机软件的应用更复杂,因此涉及的合理使用、版权归属、权利许可等方面的版权问题也会更复杂。比如:为了显示数字信息的优势,在整理信

---

① 卢松苗.入世后图书馆的知识产权策略[J].图书与情报,2002(4):33 – 35.

息资源的过程中,图书馆在对传统作品录入时,往往增加朗读、图示等内容,这是否侵犯了权利人享有的作品修改权;在知识组织、知识加工方面,对文献信息进行编辑、截选、加工、利用,然后综合形成新的作品,再一次地被截选、编辑、利用,这个过程是否侵犯了权利人的版权;再比如,面对浩如烟海的网上信息,图书馆如何去鉴别其版权状态,又如何去向每一位权利人取得授权等。

(3)数字馆藏存储与版权

数字馆藏的利用依赖于它的存储格式和处理方式。仅仅保留内容的数据不能够保证长期的保存,极有可能一段时间后就不能清楚知道被保存的内容结构、加密方法、压缩方式、标记方法等,被保存的数据自然也就变成了"死数据"。因此,收集保存相关的元数据是长期保存数字资源的基本要求和组成部分,而这必然会涉及有关的授权问题。另外,为了使数字资源得到利用,还必须保存其支持环境,这在知识组织机制、链接机制、交互处理广泛应用的技术条件下尤其重要。但是,带来的版权问题是,如何向多位版权人取得授权,如何对"支持运行环境"进行析取,使其得到重新装载。

就保存数据系统的模式而言,不管是隐含存储系统、半透明存储系统,还是透明存储系统,不仅会带来不同的版权问题,还会涉及建立透明存储系统合作者之间的权利、义务、法律责任和相应的版权管理机制问题[1]。

(4)数字馆藏传播与版权

网络传播作为使用版权的一种新方式已经受到版权法的规范,图书馆通过网络传播信息的对策应根据不同的信息类型区别对待。对于无版权的全文信息及超过版权保护期的作品可自由发布,对于其他作品的传播则需要分别向各个权利人取得授权:对于未发表的作品,其全文传播要取得权利人授权,未经许可擅自传播则侵犯了权利人的发表权;关于标准资料的全文传播,强制性的标准是具有法规性质的

① 宛玲,张晓林.数字资源长期保存过程中的知识产权问题分析[J].中国图书馆学报,2005(3):65-69.

技术性规范,推荐性标准不属于法规性质的技术性规范,属于版权法保护的范畴。如果标准由国家有关机关组织提出计划、批准起草工作、组织专家论证、征求意见、审定草案、审查批准报批稿、正式发布实施、实施监督检查并支付制定费用,根据《著作权法》及《著作权法实施条例》关于法人作品规定的精神,可以依谁受益的原则确定标准的版权归属;对于传播国外作品,外国权利人可能利用中国国内法直接起诉数字图书馆或者其主管机构,数字图书馆传播外国作品应通过直接与权利人联系取得许可、与作者的版权代理人联系、与版权集体管理机构联系、与外国版权清算机构联系等方式取得授权;对于台湾、香港、澳门地区的作品,应注意这些地区之间以及与大陆之间在立法上的差异①。对于在图书馆局域网中未经授权上载已经发表的作品是否侵权,不同的法律有不同的规定:欧盟《关于信息社会版权与相关权利保护指令》持否定态度;美国 DMCA 则持肯定态度;我国《著作权法》未予明确,但是从立法条文的本意分析,国内图书馆未经授权却在本馆局域网内传播已经发表的作品应属被禁止之列②。

(5)数字资源导航与版权

图书馆数字馆藏的重要组成部分是网络资源的整合和下载,目前主要形式就是学术导航等导航系统的建立。在组织和管理这类资源时,自然离不开超链接,让读者跳跃式地访问储存在不同服务器上的信息。然而,不少网站所有者因为设置了通向其他网站材料的链接而被指控为侵犯了版权(如复制权、发行权、改编权、网络传播权等)。如果图书馆设置的链接仅仅是链接内部信息的图书馆 Web 站点,显然不会触犯版权,但如果图书馆设置的链接是有选择地链接图书馆之外的 Web 站点,侵权与否的判断就复杂得多,法院一般会从链接的具体方式来考虑:正常链接是读者可以看到也能感觉到链接所指向的文件

① 陈传夫,韦景竹,叶建国.全文信息发布的知识产权风险与对策[J].情报资料工作,2003(5):44-47.

② 秦珂.试论图书馆外包开发全文数据库中的版权问题[J].图书馆学研究,2005(8):83-85,70.

转换,一般不认为侵权;埋置链接是读者看不到的,在网页打开时就自动链接对象所在的服务器并获取其中相关信息,一般认为是侵权;加框链接中读者可看到被链接对象,但浏览器地址栏里的地址却没有相应改变(这如同电视台转播其他电视台的节目,但保留自己的台标,使公众误认为是该台的节目一样),这种情况下一般认为图书馆在未授权情况下公开传播了链接材料内容,侵犯了权利人的网络传播权①。所以,图书馆要慎用链接技术,必须使用时应对链接方式进行认真选择,要事先评估链接的版权风险,并通过有效的方式加强与可能被链接资源的权利人的沟通,取得许可。

(6)数据库开发、引进及版权

数据库技术是对信息的收集、整序、存储与高速传递处理的一门技术,现已发展为集情报技术、计算机技术和通信技术为一体的新型综合性技术。图书馆按一定主题对图书中的某些文章进行扫描后放到网上形成固定栏目,在一定程度上满足了读者的特定信息需求。从图书馆的角度来看,这是变被动服务为主动服务的方式,但从版权角度来看,栏目成为作品或作品片段的集合,实质上是一个独立的数据库,图书馆的这种行为是汇编行为,这种汇编行为往往没有得到权利人的授权,且是在网络上传播,与版权法规定的权利人的汇编权和信息网络传播权相抵触②。一般来讲,图书馆在编制书目数据库过程中,能够较好地保护作者的精神权利,不会引起版权问题。对于编制文摘性数据库或全文数据库,按照《关于审理涉及计算机网络著作权纠纷案件适用法律若干问题的解释》第三条规定,图书馆若能尊重精神权利,在权利人没有禁用声明的情况下,也可以对网络上传播或传统报刊上刊登的作品进行汇编,但是要注意对网站或报刊社整体版权和版式设计权的保护,并应按规定向权利人支付报酬③。

---

① 肖冬梅.虚拟馆藏建设中的版权问题[J].现代情报,2002(12):84 – 86.

② 黄先蓉,邵葵.图书馆数字化建设中著作权合理使用的价值和必要性[J].图书情报知识,2003(3):7 – 10.

③ 薛殿霞.亦说数字图书馆版权问题[J].河南图书馆学刊,2004(5):64 – 66

对于外包开发全文数据库,存在两次权利许可:第一次是图书馆从权利人手中获得授权,称为"许可";第二次是图书馆向承包商授权,称为"再许可"。对于一般作品来说,"许可"过程大都没有什么争议,最多是在对学位论文"呈缴"和"使用"的理解上。对于"再许可",主要基于权利人与图书馆事先所签订的合同的内容。按照版权法的规定,许可/转让合同中,如果权利人未明确许可/转让,图书馆不得使用或向承包商再许可使用①。

除了自行开发、外包开发之外,引进数据库也是许多图书馆的普遍做法,其版权问题突出表现在:在授权范围内使用下载软件短时间内批量下载数据库内容;私设代理服务器让非授权 IP 地址的用户使用;以数据库内容为素材自编数据库;恶意下载数据库内容用于商业牟利目的②。这些行为违背了引进数据库时所签订的协议,损害了数据库开发商的利益。

8.3.2 数字馆藏服务中的知识产权问题

(1)数字馆藏共享中的版权问题

图书馆数字馆藏共享中的版权问题,包括图书馆馆际互借、文献传递等共享中的版权问题以及跨国共享中的版权问题。馆际互借、文献传递实现了不同图书馆之间的馆藏资源共享,其主要方式是文献传递、下载、电子邮件、传真、扫描传送等,从而为数字资源共享提供了更加便利的条件,使传统图书馆馆际互借存在的地域限制、速度慢、效率低等问题得到了解决。严格来说,通过网络为未购买版权的用户传递电子化版权文献资料的过程实际上也涉及侵犯版权问题,但在一定的规则约束和管理制度的控制下,图书馆的馆际互借和文献传递等服务方式应被认为是合理的。图书馆在从事服务的过程中,应考虑对方的使用目的,用于个人学习及科研,应属于合理使用;对于商业目的,则

① 秦珂.试论图书馆外包开发全文数据库中的版权问题[J].图书馆学研究,2005(8):83 – 85,70.

② 陈克勇.我国高校数字资源共享与版权保护[D].杭州:浙江大学,2006.

应适当收费,支付相应的版税,给予版权所有者相应的补偿。

（2）电子剪报和数字视听服务中的版权问题

剪报是图书馆经常进行的活动,目的是引导读者的阅读和思考。目前有很多报纸和杂志都有电子版,还有一些文学网站、财经网站和新闻网站,它们成为一些图书馆电子剪报的来源,其作品被分门别类或按主题或按作者进行整理,供浏览或下载,甚至被制成光盘或打印资料出售。但在图书馆的电子剪报上没有看到任何已得到授权的信息,尤其把电子剪报用于商业营利行为,这就超出了合理使用的范围。图书馆开展的电子剪报服务应严格按照《关于审理涉及计算机网络著作权纠纷案件适用法律若干问题的解释》第三条"网站法定许可转摘、摘编"的规定行事。

数字技术条件下,图书馆的视听服务也会出现一些新的版权问题。有些图书馆为了丰富服务内容,在其网站上开设的音乐栏目中收集 MP3 歌曲,有的还通过本馆的搜索引擎为读者提供无偿试听或下载 MP3 歌曲,这样的行为与权利人的信息网络传播权、复制权存在矛盾。此外,有些图书馆还提供某些影视作品,供读者下载欣赏,虽说下载控制在局域网内,传播范围也仅限于本校,但从理论上来说只要校园网的用户都可下载这些影视作品,就会同合理使用中要求的数量上的"少量"标准不符。数字图书馆的电子阅览室开展的有偿视听制品制作服务、光盘刻录服务等活动也应受到版权法的规范。

（3）在线咨询和外借中的版权问题

数字图书馆中咨询服务人员可以利用丰富的信息资源和先进的检索技术,方便快捷地获取信息,并将咨询结果快速地提供给用户,同时还可以及时地得到用户的反馈信息,方便调整咨询策略;此外,图书馆之间以及图书馆和咨询服务机构之间可以联合起来,共同营造良好的咨询协作网络,优势互补,实现资源共享并创造良好的信息服务环境。但这些服务可能会侵害权利人的信息传播权,或者在对文献内容做频繁的摘录、引用时,无法按照版权法要求的那样随时注明"某某的作品"及其"出处",这就会侵害权利人的署名权等权利①。

数字图书馆的网络服务打破了时空界限,读者可以在任何时间、任何地点方便地下载浏览所需要的文献资料,这就产生了公共借阅和出版人利益之间的冲突问题。我国尚未施行公共借阅权制度,但却存在国际文化交往中履行国际版权保护义务及协调不同国家和地区间版权制度差异的问题,因此,需要强化对公共借阅权的保护。

8.4 面向泛在信息社会知识产权保护体系的完善

泛在信息社会涉及的知识产权问题会更加多样、复杂,而且所涉及的领域和范围也更加宽泛,如何妥善有效解决知识产权保护问题,成为图书馆数字馆藏管理与利用过程中必然要深入解决的问题。而此问题的解决又不是单一的、孤立的,而是涉及很多方面,是一个广泛的社会问题。

(1)完善立法工作,建立健全法律体系

网络技术的飞速发展促进了社会信息化进程的加快,同时也对原有的知识产权保护体系带来了一定的冲击。新的环境、新的问题,也会引发新的知识产权纠纷。而与此快速发展形成一定差距的是网络知识产权观念的淡薄和规范体系的不完善等急需解决和完善的意识和机制问题。世界各国的发展经验,使我们认识到建立健全法律体系的重要意义。这是衡量一个企业、城市乃至一个国家是否具有竞争力的重要指标。泛在信息环境下知识产权法律体系对知识产权的保护应该是多元化的、多层次的,调整范围涵盖人们已经熟悉的传统知识产权和正在逐步熟悉的网络特有的知识产权类型。

泛在网络是在互联网络的基础上发展起来的,在发展过程中不断会有新的复杂的知识产权问题出现,根据以往经验,每一代网络技术

① 梁红.论数字图书馆环境下信息服务与知识产权问题[J].情报杂志,2003(7):13 - 15.

革新都会带来新的知识产权问题。这就需要根据网络技术的发展不断建立健全新的法律体系,在网络信息安全、多媒体通信管理、网络域名注册管理以及国际网络管理等方面完善和制定相关的法律法规,在实施的时候相互配合,进一步制止、制裁侵权行为,实现网络信息环境下的法制化、有序化,形成有效的治理防线,实现对知识产权的有效保护,并最终逐步适应泛在信息社会知识产权保护的需要。

(2)强化相关部门综合治理,适应时代发展需求

目前,我国知识产权执法体系的一大重要特征就是司法和行政"两条途径、协调运作",该知识产权执法体系已经运行多年,颇见成效。但是这一体系中仍然存在行政执法与管理机构较多、体制分散、政出多门、协调不足、工作界面不清晰甚至有冲突等情况,例如专利、商标、著作权、商业秘密等分别由不同行政部门管理,国家知识产权局与国务院保护知识产权办公室等综合行政管理部门重复设置,具有知识产权行政执法权的机构数以十计①,这些严重影响了执法的效果和效率。知识产权保护相关机构的责权分明,有助于在发生知识产权纠纷的时候快速找到相关机构,寻求有效解决方案,保证泛在网络环境下的良好秩序。

(3)做好知识产权保护宣传工作,使知识产权保护意识深入人心

通过世界各国的发展经验,我们可以看出知识产权在知识经济社会的地位,是衡量企业、城市乃至一个国家是否具有竞争力的重要指标,这方面的研究主要从知识产权对自主创新作用的积极作用的着手,对于自主创新具有激励、保障作用。鉴于知识产权保护的重要地位,重视大众媒体对知识产权保护工作的宣传力度,增强人们的知识产权保护意识就显得尤其重要。大力普及知识产权知识,提高人们对知识产权的认识,营造一种尊重知识的社会氛围,使得知识产权保护意识深入人心。

(4)提升网民的法律道德意识

---

① 童珊.论网络环境下的知识产权保护[J].法制与社会,2012(6):278–279.

道德和法律是约束和引导人们行为的准则和规范,在控制人们行为的时候是相辅相成、相得益彰的。泛在信息环境下知识产权的保护,在以法律规范为主的同时,不可忽视道德的作用。道德主要是通过社会舆论和公众态度迫使人们规范自己的行为,它是社会调整体系中的一种调节形式,以人们的自我评价和他人评价的方式调整人们的内心意愿和行为。

虽然网络环境下的道德规范模式与现实社会生活中的道德规范模式大不相同,在网络空间中行为主体的身份、姓名以及性别等能体现个人自然特征的内容都可以是虚拟的,但是一个人在网络空间中的道德意识在很大程度上取决于他在社会生活中的道德意识,因此,对网络空间中网民道德意识的培养就成为了最具决定意义的部分。网络空间中网民各方面素质参差不齐,其道德意识的培养主要是道德责任感的培养。由于网络环境的自由、开放,人们的思维和行为方式发生了很大的变化,导致网民在网络空间中遇到前所未有的道德认知冲突,当一个人具有了强烈的道德修养愿望,并具了自我修养的能力时,道德认知冲突能够增强网民的道德判断能力和道德行为能力。

(5)提高技术水平,加强专业管理人才的培养

网络是一种快速发展的技术。要确保网络信息的安全性,首先必须从技术角度出发,尽量提高网络的技术含量,防止知识产权被侵害,如防火墙技术、加密技术及认证技术。同时,要减少通过网络侵犯知识产权行为的发生,培养更多高素质的专业管理人才,充实到各级监管部门,提高监管水平和质量。技术与人员相结合,将会起到更好的制约作用。泛在信息社会,科技的发展对社会的推动作用将更为显著,加强知识产权的保护力度,有利于科技的发展,社会的进步,以及人类文明的提升。

附:案例分析

Google 数字图书馆计划①

---

① Google 遭遇全球维权:是契机而非灾难[EB/OL].[2009 – 11 – 15]. http://tech. 163. com/09/1115/09/5O5BHQ9B000915BF. html.

Google 2004 年推出的数字图书馆计划曾引发全球震惊。多年来，Google 一直在默默地向前推进这项计划，包括 Google 在 2004 年与 40 多家图书馆达成的协议，及后续与多家国际出版商的合作，此外还包括其每年 1.5 亿美元甚至更高的投入。值得注意的是，Google 计划中的数字图书馆和目前图书馆界谈论的数字图书馆有一定差异，其实质就是图书的数字化扫描，并通过网络提供服务。

关于 Google 数字图书馆版权获取的模式主要有两种①：

（1）Google"舍弃"（opt-out）模式。2005 年 8 月 11 日，Google 宣布：如果一个出版者向 Google 提供一份不想 Google 扫描的书籍清单，那么 Google 就会放弃对这些书籍的扫描，从而使这些书籍不进入 Google 数字图书馆，即使 Google 的合作图书馆包含这些书籍。Google 这一"舍弃"模式其实是一种责任的转移，有悖传统法律规定，所以美国出版界对其作法并不满意。

（2）Google 默示许可模式。网络环境下的默示许可是指在一定情形下，权利人虽未标明许可在网络空间传播作品，但从权利人的行为或依据法律规定可以推定其对该使用不表示反对，从而认定经由许可而利用作品的许可样态。在默示许可制度下，版权人可以行使许可权、报酬请示权和禁止权，即在使用者利用作品后的任意时段，权利人都可以主动提出付酬请求，使用人必须按照适当标准支付，在使用者恶意不支付的情况下，版权人可禁止使用者使用作品并要求经济赔偿。Google 对图书的扫描和提供网上检索主要就是基于默示许可制度。

2005 年，由于未经许可而进行扫描，美国作家协会以及出版商协会对 Google 提起了集体诉讼。在诉讼进行两年之后，双方认识到，这场官司打下去不但旷日持久，而且结果会两盘皆输，于是开始私下做出和解。2008 年 10 月和解工作已经开始，Google 在自己的数字图书馆网站上公布了和解方案。据介绍，Google 提出的和解方案内容特别

① 杨福君.Google 数字图书馆版权获取模式带给我们的启示［J］.黑龙江档案,2012（3）:129.

多,和解协议的正文和附件加起来有 3000 多页。

值得注意的是,该方案虽然为 Google 与美国权利人之间所定,却同样适用于中国的著作权人。因为根据中美两国共同加入的《伯尔尼公约》"国民待遇原则"的规定,中国公民的作品也将受到美国版权法的保护。根据美国法律,上述和解协议须通过美国联邦法院的司法审查才有效,然而由于来自外界的压力,Google 表示和解协议的内容将做出调整,由此,听证会的安排由原来的 2009 年 10 月 7 日一直推到了 2009 年 11 月 9 日。

和解方案为中国著作权人提供了两种选择,要么参加到和解协议中,要么通过诉讼方式进行维权。对于前一种方式的选择,Google 给出了一揽子方案,对每 本图书进行 60 美元的赔偿及以后在线阅读收入的 63%;如果使用了其中的一小部分或者使用了插入内容,会给予 5—15 美元的赔偿;同时作为成员还可以要求将作品移除数据库或者禁止显示使用,或者就和解协议的部分条款提出反对意见。

对于 Google 来说,无论是在美国还是中国,未经权利人许可进行扫描都肯定是复制行为,在很多情况下都会构成侵权。但 Google 为什么还要明知故犯呢?北京大学法学院张平教授指出,这是因为 Google 要想做大数图产业,不可能找每一个权利人去获得授权,这在商业上根本不可行,所以,Google 只能是摸着石头过河,待时机成熟时,再推出一揽子和解方案。对于这一揽子解决方案,Google 应该已经进行过详细的论证或判断——以中国权利人为例,对放弃和解协议,选择到美国进行诉讼之路未必是最好的选择。即使有在中国打官司的机会,官司的输赢与否还要看证据,在 Google 眼中,即使在部分案件中输掉,这些案件的赔偿额与其全球产业的经济利益比较起来,也不过是九牛一毛。这也就是说,当 Google 在全球发布一揽子解决方案的时候,只要有十分之一的人跟它签了,它就拥有了垄断的资源。所以 Google 不在意有多少人反对,能签下来多少都是胜算。以 Google 当前的策略来看,无论你反对还是赞成,他都是赢家,只不过是赢得多少的问题。签得越多,他也就做得越大。而当 Google 做到行业老大的时候,它就可以改变规则。

事实上,在目前很多互联网的海量内容服务商业模式下,事先获得许可再使用是很难实现的,严格的法律环境带来的往往是对这类产业的扼杀。因为在信息网络加速传播的背景下,互联网服务企业几乎没有不涉及版权侵权的,只要别人用你的平台搜到了其他人涉及侵权的东西,一定就是帮助侵权,对这种现象如何对待或处理,恰恰是各国著作权法面临的共同问题。北京大学法学院张平教授分析说:既然著作权制度肯定要调整,那这就是 Google 的机会。法律调整的时候谁最有发言权? 美国现在法院修改是听微软、IBM 等大企业的,日本的《知识产权法》修改也要听大公司的,大公司的声音比政府、学界和小企业的声音强得多,一个国家的发展是靠大企业。所以美国法院也不可能因为 Google 涉及大量版权侵权而严惩。

美国要抢着从工业革命进入数字革命,用数字化梳理产业、物流,进而在这些过程中掌握标准。Google 目前的做法完美演绎了奥巴马政府的需要,在掌握大量用户后,掌握标准,设置标准。纵观美国近 20 年来知识产权制度的变迁,无不遵循为本国产业的全球竞争提供便利的原则,而 Google 掌握了规律,也就会从容前行。这种态度似乎值得国内产业反思,尤其是依然深陷侵权泥潭的国内数图企业,超星也好,书生也好,当数量庞大、内容复杂的许可协议让他们疲于奔命的时候,当"默示许可"惹来一片喊打声时,Google 的一揽子和解协议是否也提供了一种契机呢? 由此,Google 的做法抛出了一个宏大的商业命题,即在产业发展初期,企业对知识产权的运用到底应该是一种怎样的策略? 严格执法还是在善意守法的背后着力推动产业的发展?

参考文献

[1]张会田.泛在图书馆:如何从概念走向现实? [J].图书情报工作,2009(19):40-43.

[2]张平,等.泛在网络研究综述[J].北京邮电大学学报,2010(5):1-6.

[3]袁润.互联网技术的发展与知识产权制度的完善:以网络环境下版权滥用为视角[J].经济特区,2011(2):240-242.

[4]马海群,蒋新颖.论数字图书馆信息资源建设与著作权保护[J].大学图书馆学报,2002(3):26-31.

[5]周毅华.数字图书馆建设涉及的信息法律问题初探[J].情报资料工作,2001(1):37-38.

[6]何骏.数字图书馆建设中必须注意的法律问题[J].学术论坛,2002(3):65-69.

[7]常化腾.物联网技术发展前景展望[J].计算机光盘软件与应用,2012(13):145.

[8]Google 遭遇全球维权:是契机而非灾难[EB/OL].[2012-06-14].http://tech.163.com/09/1115/09/5O5BHQ9B000915BF.html.

9 面向泛在信息社会的图书馆事业整体发展

9.1 我国图书馆事业概述

关于图书馆事业的概念,早在 20 世纪 80 年代就有很多研究,如北京大学图书馆学情报学系与武汉大学情报学系合编的《图书馆学基础》中提到:图书馆事业这一概念泛指社会上相互联系的许多图书馆组成的整体。当图书馆发展到一定的数量和不同的类型时,便形成了一些图书馆群。按照一定的原则和组织形式把这些图书馆群体组成一个紧密联系的有机体时,就构成了一个社会的图书馆事业[①]。吴慰慈和董焱也有相同的观点,他们认为图书馆事业是图书馆个体按照一定的原则组织成的图书馆群体。谢拉认为,图书馆是一个社会部门,在社会中起着媒介作用。它的发展受社会环境的影响和制约。社会是图书馆的支柱,相应地,图书馆也必须肩负一定的社会责任,满足社会的要求。

对于图书馆事业的概念,笔者更支持将图书馆放在一定的社会环境中,并与环境有交互作用的提法。因为它不仅包括了这一概念的内涵,更体现了其外延。图书馆事业是一个有机体,是一个开放的体系,它不仅仅是各类型的图书馆组成的群体,而且还包括与之相联系的各种因素,例如社会政治、经济、文化、科技、人文等。从图书馆事业发展的历史来看,图书馆从未离开过它所处的历史环境,而且深受其所在环境的影响,尤其是政治环境的影响;同时,图书馆也对当时的文化发展、教育事业,乃至政治等产生了深远的影响。从图书馆事业概念的

---

① 北京大学图书馆学情报学系,武汉大学情报学系.图书馆学基础[M].北京:商务印书馆,1991.

分析中,我们看到,图书馆事业是一个开放的社会子系统。随着时代的变迁,社会政治、经济、文化、科技、人文等因素不断涌现出新的变化,我国的图书馆事业也在不断做出调整和变化,以适应时代需要。柯平在其文章中就曾强调图书馆事业的重要性,他指出:"21 世纪之初,图书馆事业有可能成为我们首要关注的对象。图书馆事业是图书馆学理论研究的实践基础,图书馆事业是图书馆具体工作的方向指南,图书馆事业是图书馆人的职业追求,图馆事业更是我们步入和谐发展的知识型社会的有力支撑。"①

图书馆事业是我国公共文化服务建设中的重要部分,从国家图书馆到各级公共图书馆,从学校图书馆到专业图书馆再到其他各系统图书馆,我国的图书馆系统几乎覆盖了全国各省市以及众多学科、专业领域。在图书馆网的覆盖范围内,我国公民可以享受到免费的文献信息服务。"不分年龄、种族、性别、宗教、国际或社会地位,向所有人免费提供服务"的公共图书馆的核心理念,正在被广大民众所认同。图书馆正在成为民众学习、休闲的文化场所,在保存人类文化遗产、提高人民文化素质、丰富业余生活、辅助生产增收方面起着越来越重要的作用,为我国的精神文明建设和国家的长治久安作出了重要的贡献。

近年来我国高度重视公共文化服务体系的建设,不断出台与图书馆事业发展相关的政策,如《文化事业发展"九五"计划和 2010 年远景目标纲要》《文化事业发展第十个五年计划纲要》。"十一五"、"十二五"则提出了加强公共文化服务体系建设,实施惠民工程,加大对各类型图书馆的投资力度,加强馆舍和文献资源建设,从而成为图书馆事业不断发展壮大和高速发展的机遇期。但同时我们也必须清醒地认识到,随着网络化和现代信息技术的发展,我国图书馆事业正面临前所未有的挑战,如传统图书馆用户大量流失、用户对图书馆的依赖性降低、图书馆的社会信息中心地位和其在知识链中的重要中介作用正在被削弱。当前,我们不仅要抓住有利机遇,乘势而上,更要认清

---

① 柯平. 21 世纪前半叶我国图书馆事业 [J]. 图书馆工作与研究,2006(3):1-7.

形势,顺势而变,从而促进我国图书馆事业的长期健康发展。

9.2 我国图书馆事业的发展现状

图书馆事业是一个开放的社会子系统。它的发展受到各种社会因素的影响,并且一直在和外界进行着动态交换。不同的时代背景,不同的历史条件,使图书馆事业在发展过程中呈现出不同的特色,并带有深刻的时代印记。新世纪的图书馆事业是在近代图书馆事业的基础上发展起来的。我国近代的图书馆事业创始于 19 世纪末 20 世纪初。经过一百多年的发展,尽管过程中经历了很多挫折和灾难,但从整个发展趋势来说,是一个进步的、不断成长壮大、向上的发展过程。

近年来我国高度重视公共文化服务体系建设,做出了一系列重大部署,例如:《文化事业发展第十个五年计划纲要》、《国家"十一五"时期文化发展规划纲要》、中共中央办公厅和国务院办公厅联合发布的《关于进一步加强农村文化建设的意见》、《关于加强公共文化服务体系建设的若干意见》、《2006—2020 年国家信息化发展战略》等。在中共中央十八次全国人民代表大会上,胡锦涛、蒋建国等多位领导同志都再三强调要加强文化建设,保障公共文化体系的发展,推动社会主义文化的大发展、大繁荣。这一系列方针政策的出台,使得我国图书馆事业发展在社会环境、政策环境和制度保障等方面获得诸多机遇。正是以此为契机,我国图书馆事业进入了高速发展的时期,取得了可喜的成绩。各类型图书馆,包括国家图书馆、公共图书馆、高校图书馆、专业图书馆、医院军队图书馆等,在数量、馆舍面积、文献数量、文献利用率、政府拨款等方面都有不同程度的增长。图书馆学教育机构增多,图书馆学研究在广度和深度上都取得大幅度进展,图书馆之间的合作更加广泛深入。

9.2.1 发展特点

（1）国家政策大力支持

在刚刚结束的中共中央十八次全国人民代表大会上,胡锦涛同志在报告中提出,要扎实推进社会主义文化强国建设。他指出,文化是民族的血脉,是人民的精神家园。全面建成小康社会,实现中华民族伟大复兴,必须推动社会主义文化大发展大繁荣,兴起社会主义文化建设新高潮,提高国家文化软实力,发挥文化引领风尚、教育人民、服务社会、推动发展的作用。强调要丰富人民精神文化生活,要坚持以人民为中心的创作导向,提高文化产品质量,为人民提供更好更多精神食粮。坚持面向基层、服务群众,加快推进重点文化惠民工程,加大对农村和欠发达地区文化建设的帮扶力度,继续推动公共文化服务设施向社会免费开放。繁荣发展少数民族文化事业,开展群众性文化活动,开展全民阅读活动。普及科学知识,弘扬科学精神,提高全民科学素养。增强文化整体实力和竞争力,要坚持把社会效益放在首位、社会效益和经济效益相统一,推动文化事业全面繁荣、文化产业快速发展。加强重大公共文化工程和文化项目建设,完善公共文化服务体系。促进文化和科技融合,发展新型文化业态,提高文化产业规模化、集约化、专业化水平。构建和发展现代传播体系,提高传播能力。

历届人民代表大会上都会强调文化建设的重要性,国家的五年规划中也会对文化发展作出指导。例如,十五(2001—2005):加强图书馆、博物馆、文化馆、科技馆、档案馆和青少年活动场所等文化设施建设,努力巩固和拓展社会主义文化阵地,形成健康向上的舆论环境,文明和谐的社会氛围和丰富多彩的文化生活。十一五(2006—2010):积极发展文化事业和文化产业,创造更多更好适应人民群众需求的优秀文化产品,加大政府对文化事业的投入,逐步形成覆盖全社会的比较完备的公共文化服务体系。十二五(2011—2015):增强公共文化产品和服务供给,公共博物馆、图书馆、文化馆、纪念馆、美术馆等公共文化设施免费向社会开放①。从以上政策中我们可以看出，历届党中央都十分重视文化建设，强调图书馆事业发展的重要性，积极推进图书馆、博物馆等一系列公共文化基础设施建设。将文化发展战略写入每一次的五年规划中，这在政策上保证了图书馆事业建设的顺利进行。

另外，我国图书馆立法建设的进程也在不断加快。图书馆法是确定图书馆事业发展和管理的共同原则和必要条件，是图书馆政策的具体化和定型化。图书馆法规对图书馆事业建设和发展起着非常重要的作用，能指引图书馆事业的发展方向、保障图书馆的合法权益、规范行业行为、巩固图书馆在信息社会中的地位。我国现阶段图书馆方面的法律主要有图书馆专门法，如正在制定过程中的《中华人民共和国图书馆法（草案）》、《公共图书馆法》（初稿）、《深圳经济特区公共图书馆条例》（试行）、《内蒙古自治区公共图书馆管理条例》；图书馆相关法律法规，如《文化事业单位财务管理办法》、《中华人民共和国科学普及法》；图书馆行业规范，如《中国图书馆员职业道德准则》等等。虽然我国图书馆事业的法律体系还不健全，但是图书馆立法已经正式成为文化部上报全国人大的立法项目，《中华人民共和国图书馆法（草案）》也已成型。图书馆界高度重视图书馆立法进程，我国的图书馆立法正稳步向前。

（2）资金投入持续加大，基础设施和文献资源建设稳步发展

近年来，我国从中央到各级政府制定了一系列政策，保障图书馆的财政投入，而且投入力度也在逐年增加。2009 年，国家图书馆的财政投入就接近 5 亿元，总藏书量 2700 多万册（件），数字资源总量达到327.8TB。公共图书馆运行所需的资金供给基本是以地方政府为主、政府分级负责。2009 年我国公共图书馆的财政投入年突破 50 亿元，比 2008 年增长约 6.1 亿元。截至 2009 年底，我国公共图书馆共有2049 个，藏书总量超过 5.5 亿册（件）。

《"十一五"时期文化发展规划纲要》指出，基层图书馆建设是保

---

① 李盼,何芳.从一五到十二五规划看我国图书馆事业的发展[J].图书馆工作与研究,2012(9):15－19.

障公民基本文化权益、满足人民群众基本文化需求的根本条件,是完善公共图书馆服务体系中的工作重点。国家发改委、文化部制订《"十一五"全国乡镇综合文化站建设规划》规定各地在建设乡镇综合文化站的同时,把乡镇图书馆纳入建设规划。在这种背景之下,城市社区图书馆和农村图书馆建设取得突出进展。新闻出版总署党组书记、副署长、中央文化体制改革和发展工作领导小组办公室副主任蒋建国在回答记者提问时说,在中国的惠民工程和行动中,惠民最大、影响最深刻的一件事,就是在全国具备条件的行政村建立了 60 多万个农家书屋。通过农家书屋建设的带动,又推动了学校书屋、工矿书屋、社区书屋、连队书屋等各类书屋的建设,现在全国建成的各类书屋已经达到 100 多万家①。

2010 年我国高校图书馆的投入相对稳定。504 所高校图书馆文献资源购置费总额约为 19.98 亿元,馆均约为 396 万元,高于往年。其中纸质文献的购置费用总额约为 13.04 亿元,馆均约为 259 万元。电子资源购置经费约为 6.85 亿元,馆均约为 124 万元,约占资源总购置经费的 48%,高于往年。506 所高校图书馆的现有面积约为 1106 万平方米,馆均约为 2.19 万平方米②。值得一提的是,高校新建的图书馆和在建的图书馆,均将图书馆的传统服务功能和现代图书馆发展的新趋势相结合,运用人文建筑理念,打造新空间、安装新设备、实施新服务,为图书馆跨越式发展创造了条件。在馆藏资源建设和馆舍面积不断增加的情况下,高校图书馆的人力资源建设却出现减员增效,学历层次不断提高的现象。这意味着工作效率的提高和服务成本的降低,同时也意味着高校图书馆正朝着现代图书馆的方向迈进。

（3）公共服务理念深入人心

大量的读者去图书馆查找专业知识,农民在农业生产中遇到难题

---

① 蒋建国:金屋银屋不如有个书屋 全国已建成 100 多家[EB/OL].[2012 – 11 – 11].http://culture. people. com. cn/n/2012/1111/c1013 – 19541282. html.

② 2010 年高校图书馆发展报告[EB/OL].[2011 – 12 – 28]. http://wenku. baidu. com/view/aa83bf3a0912a216147929ee. html.

去图书室解疑,家长带孩子去图书馆感受文化氛围,老人去图书馆调剂单调的生活,节假日去图书馆"度假"、"充电",这些是人们利用图书馆的真实图景。可以说,图书馆正在成为人民生活中的重要部分,去图书馆获取信息正在成为一种百姓喜爱、接纳的生活方式。不分年龄、种族、性别、宗教、国际或社会地位,向所有人免费提供服务,是公共图书馆的核心理念。这一理念正在被广大的民众所认知,普遍均等的观念正在深入人心。这要归功于以下三方面,①我国政府高度重视文化建设,政策制定和宣传力度逐年加大,图书馆事业发展被各界所关注和支持;②我国图书馆事业不断发展,各级各类图书馆遍及全国各地,加之网络技术的普及,普通民众能够在日常生活中接触到图书馆,享受到免费的图书馆服务;③人民群众日益增长的文化需求是图书馆事业发展的直接动力。

在党的十六大上,党中央提出建设学习型社会要求,中央宣传部、中央文明办和新闻出版总署开展"全民阅读"活动,在全社会形成"多读书、读好书"的良好舆论氛围和文明风尚。在刚刚结束的党的十八大上,胡锦涛同志所做的报告中,也第一次将"全民阅读"提到党的工作报告中。有专家分析指出,全民阅读既是民生工程,又是产业工程,更是综合国力提升工程。将会创新思路和措施,制订国家全民阅读中长期规划,推动成立全国全民阅读指导委员会,推动设立国家阅读基金和全民阅读日。将全民阅读与提高公民素质和社会主义核心价值体系建设结合起来,提升为重要的国家工程①。以此为契机,图书馆事业将迎来崭新的发展时期,图书馆的服务理念也将更加为广大读者所认同。2008年10月,中国图书馆学会发表了《图书馆服务宣言》一文,文中明确指出了图书馆服务的三条基本原则,即:对社会普遍开放、平等服务、以人为本。通篇蕴含着"平等服务"、"以人为本"、"信

---

① 郝振省.专家析新闻出版业走势 全民阅读要提升为国家工程[EB/OL].[2012-12-28].中国经济网 http://www.ce.cn/xwzx/gnsz/gdxw/201212/28/t20121228_23983676.shtml.

息公平"、"服务全民"的图书馆核心价值理念①。这不仅是对图书馆一直奉行的核心价值理念的公开宣誓,同时也成为指导中国图书馆事业发展的纲领性文件,向社会表明了中国图书馆人的从业态度。

(4)"创新"推动发展

现代信息社会,高度发达的计算机和网络技术正在逐渐渗入学习、工作、生活的方方面面,为人们营造出一个随时随地、无限沟通的自在世界。信息的存储、传播和使用,泛在信息环境下发生了根本的改变,图书馆在知识链中的重要中介作用正在被削弱,它面临着所有与知识有关的潜在进入者(如搜索引擎、电子出版商等)的冲击和竞争。传统图书馆正面临着用户大量流失、用户对图书馆的依赖性降低、图书馆的社会信息中心地位和在知识链中的重要中介作用正在被削弱等挑战。应对挑战最好的举措就是创新。创新要围绕"以读者服务"为中心,开展资源建设、特色服务、宣传推介、读者培训等活动,让读者以最快的速度、最简单的方法享受到最丰富、最专业的信息服务。

"以读者为中心"是我国图书馆开展创新服务的出发点和落脚点。如国家图书馆的"走进政府"服务计划,实现了服务主体向政策制定的直接过渡和转化。许多高校图书馆设立阅读疗法中心,关注读者的心理健康。高校图书馆还与学校就业中心、各院系专业指导教师合作,建立大学生职业规划指导中心,为大学生职业生涯的制定保驾护航。各级图书馆也充分利用原有资源优势和条件,探索新的服务模式,创新服务特色。许多公共图书馆利用自身资源,积极搜集本地特色文化,创建具有本地文化特色的资源和服务项目,如首都图书馆策划创建的"北京记忆"网站,成都图书馆开通该市第一个非物质文化遗产专题网站"蜀风雅韵",聊城市图书馆暨聊城大学图书馆搜集整理京杭运河历史文献组建的"京杭运河文献数据库"等,这些创新举措,不仅方便了读者,也为地区文化的保护和传承作出贡献,同时也成为城市文化宣传最好的名片。

---

① 中国图书馆学会.图书馆服务宣言[J].中国图书馆学报,2008(6):5.

（5）数字图书馆建设取得突出成绩

从1997年我国国家重点科技项目"中国实验型数字式图书馆"获批开始,我国的数字图书馆建设已经走过了十几年的历程。从概念引进、开展研究、到进行实际工作建设,我国的数字图书馆从理论到实践,实现了跨越式发展,改变了人们对图书馆的传统观念,同时深刻地影响了我国图书馆事业的发展方向,使图书馆在服务理念和服务手段上都发生了前所未有的变化。目前,中国国家数字图书馆工程、中国高等教育文献保障体系、中国国家科学数字图书馆工程及全国党校系统数字图书馆工程已全面启动。图书馆区域数字化建设取得长足发展,公共图书馆、高校、高职图书馆都越来越重视资源的共建共享;地区性或行业性的多家文献单位,逐步深化数字馆藏的共建共享①。随着数字图书馆的发展,数字图书馆的研究机构数量也在增加,我国现有20多家此类研究机构,这些机构在理论研究和实践领域发挥着越来越大的影响力。

（6）图书馆学教育和学术研究活动进一步发展

截至2009年,我国的图书馆学专业本科教育点为30个,硕士研究生教育点43个,博士学位授予点增至8个,博士后流动站7个,已形成了一个包括本科生、硕士研究生、博士研究生以及博士后流动站的较为完整的图书馆学教育体系。我国图书馆学继续教育的层次也在提高,很多图书馆学教学单位都开设了本科函授教育、网络教育或研究生课进修班。这不仅为图书馆员素质的提升提供了一个平台,同时也为图书馆学教育赢得了发展的机遇。

随着图书馆实践工作的开展,各级图书馆尤其是高校图书馆在图书馆学术研究中所占的比重越来越大,成为继高校图书馆学院系、图书情报研究所等研究机构之外的新生力量。学术论文的数量和质量都稳步增加,图书馆学情报学期刊近百种,CSSCI来源期刊20多种。学术交流的形式更加多样,国际性学术会议和全国性学术会议越来

---

① 张兴,吕亚娟.近五年来我国数字图书馆发展研究述评[J].图书馆学研究,2010(2):18－22.

多。同时，Web2.0环境下的图书馆学术呈现多样非正式交流方式，比如，博客及博客圈形式。图书馆学家程焕文先生创建的"图林博客圈"，创建初衷是"为热爱图书、图书馆和图书馆学草根创造大同世界与自由天空"。其他比较知名的博客还有很多，"老槐也博客"、"竹帛斋"、"超平的博客"、"大旗底下"、"书间道"等等。这些博客汇聚了大量博友，访问量巨大。博客对中国图书馆界最新的学术动态、学会活动进行宣传评论、对重大的理论问题进行讨论。博客们对于学术前沿的敏感、对于现实问题的关注，以及其思想深度与学术涉猎，都使得他们成为一支重要的学术力量。

9.2.2 存在的问题

（1）缺乏整体的战略规划和协调

目前我国图书馆事业政策建设层次较低，事业发展主要靠党和政府宏观政策调整。图书馆事业尚未建立独立完善的事业政策体系，尚未形成适合自身规律并以社会需求为导向的科学化、系统化政策体系。现有的政策体系内部，也缺乏一定的整体协调性。一方面存在有很多政策尚未制定的空白领域，另一方面一些政策却存在着重叠、冲突或矛盾。政策体系的建立、健全在一定程度上制约了整个行业的发展和规范。

在资源建设方面，为了解决图书馆文献信息资源建设中的重复建设、各自为政、资源利用率低的问题，我国大规模建设了图书馆信息资源共享网络，包括国家和地区性的图书馆联盟。但是，在建设共享网络的过程中，由于各个信息资源共享网分别由不同主体所筹建，导致各共享网络体系之间既互相交错又互相独立，缺乏统一的规划与管理，呈现一种混乱无序的状态。加之各资源共享网络系统在技术平台、运作机制、规章制度等方面的不同做法，造成各网络之间缺乏统一的接口，系统之间不能共享资源，导致资源的严重浪费。

（2）整体资金投入不足，发展不均衡

国家各级财政对图书馆的财政投入在逐年增加，但仍然大幅滞后于经济规模的增长,图书馆支出在国家财政支出中的比重持续下降。财政拨款相对水平在周期性上还有较大波动,决策随意性较大,缺乏明确的法律规范。在一些地区的图书馆馆舍建设和资源建设过程中,还不同程度地存在着与社会需求不相符的状况,高投入低产出的情况屡有发生,这也是造成资金短缺的原因之一。

图书馆事业发展存在东西部差别、城乡差别、中心馆和分馆差别以及三大类型图书馆与其他类型图书馆之间的差别。图书馆事业发展地区失衡尤为突出,呈现东部发展最好,中部次之,西部落后于东部和中部。在中西部欠发达地区,公共图书馆无论在运行经费的支持,还是馆舍建筑的规模以及在岗职工的数量等方面都与发达地区有很大的差距。乡镇文化站建设更是面临设施设备落后、文献资源陈旧、资金投入不足、工作人员素质不高等诸多问题。据统计,全国还有1.2万个乡镇无文化站或有站无舍,约占36%;2007年,直接为农民提供文化服务的乡镇文化站财政投入按乡村人口计算,人均仅2.06元;农民人均图书拥有量仅0.19册。由于文化资源不足,很多乡镇文化站难以正常开展活动。部分地区的文化站(图书馆)处于边创建,边衰退,边消亡的状态①。

(3)行业挑战和竞争日益加剧

目前,我国的图书馆事业正面临着读者流失、利用率降低等诸多窘境。以往图书馆人需要面对的是"如何以现有的资源服务更多的用户,提高资源的利用率。"如今需要面对的是"如何以现有的资源留住用户"。2007年国际图联对全球数以千计的用户进行的图书馆利用调查显示,图书馆在信息的可获取性、有效率、便捷性等方面获得的认可率均低于搜索引擎。在各类信息资源利用的比例中,搜索引擎占第一位,排在其后的依次是图书馆、书店、网上书店。图书馆不再是信息、资源聚合的唯一中心。数字出版、搜索引擎等新的资源聚合中心正在快速形成。网络资源不仅十分丰富,包括文字、图片、声频、视频

① 彭飞.农村图书馆事业发展模式研究[J].图书馆杂志,2012(2):39-41.

等一切能记录知识的符号,在同一时间里几乎能满足人类全部感官享受;而且读者之间在阅读过程中可以充分的互动。读者与网络之间、读者与读者之间可以自由交流,这为读者接受信息和应用信息提供了很大的便利,也增加了阅读的乐趣。其多元化交流的开放性与个性化,参与的即时性与方便性,激发并解放了人们的阅读想象力、思维力和创造力。更为重要的是读者获取信息资源的手段更为便捷,读者可以借助电脑、手机等设备,自助访问所有信息,实现"一站式"资源获取。而与此同时,越来越多的资源供应商,如出版商、数据商也已经开始建立和提供全文数字文献(尤其是期刊),向用户提供基于网络的免费检索和收费传递服务,形成不依赖图书馆的可广泛利用的数字化学术信息资源体系;文摘、索引以及检索服务商正积极将文摘索引检索服务与出版商的数字化资源、图书馆馆藏目录、网络资源目录,甚至文献传递服务商相连,从而提供包括文献检索、文献传递以及相应管理功能的全面信息服务。

9.3 面向泛在信息社会的图书馆事业发展

泛在信息环境下,如何创造、传播和保存知识都发生了很大的变化;整个知识链也发生了根本的改变。泛在信息环境是一个人人参与的信息共享环境,作者到读者之间由原来的线性知识链转变成一个复杂的网状结构的信息网络。图书馆在这一信息网络中面临着搜索引擎、电子出版商、广播电视等的冲击和竞争,他们与图书馆争夺资源、服务和读者。

9.3.1 泛在信息环境下图书馆事业所面临的挑战

(1)理念的挑战

泛在信息社会的核心是信息技术将以不为人们所觉察的方式融入人们的日常生活,即在任何时候、任何情况下都可通过无线通信达到互联的状态。它最突出的理念就是自由。信息用户可以不受时间、空间、地域的限制，自由的进行信息活动，包括发布信息、传递信息、获取信息、信息交流等。这使交流的速度、广度、深度有了革命性的提高，人类从此进入信息交流的自由王国。互联网的交流平台强调大众的参与和人与人之间的互动，使人们与传媒的对话成为可能。它将影响人类社会价值观的变革、生态环境的变革、时空的变革，促进人与自然的和谐发展，并必将为世界信息产业提供一个巨大的发展空间①。

泛在信息社会的另一重要理念就是充分满足用户的个性化、多样化的信息需求。互联网时代，信息数量急剧增多，信息形式多样化，信息获取途径多元化。借助于数字化生活工具，每个人的工作、学习、消费、交往、娱乐方面所需要的信息，几乎都能从信息网络中得到。这在很大程度上满足了用户个性和多样的信息需求，大量的用户依赖网络而不再选择走进图书馆。早在 2005 年 OCLC 的《对图书馆与信息资源的认知：给 OCLC 成员的报告》就显示，有84%的被调查者首选搜索引擎开始他们的信息检索，并认为搜索引擎比图书馆辅助搜索有更高的质量、更多的数量和更快的速度②。

图书馆无论是在资源的丰富性、资源获取的自由性还是在满足用户众多个性化的需求方面，都具有一定的优势。图书馆如果无法支持用户与资源的一站式链接，逐步将其服务重点从简单的信息服务向知识服务、信息增值服务转变，实现主动服务的模式，这种挑战将会越来越严重，整个图书馆事业也将举步维艰。

（2）技术的挑战

泛在信息社会的产生、发展与信息科技的发展、应用密切相关，特别是与信息科技的高度发达和高度普及相关③。利用 RFID 技术，通过计算机互联网实现物品的自动识别和信息的互联与共享，利用无线射频识别技术识别目标对象并获取相关对象的信息，不仅可以实现人

① 季拥政.泛在信息社会及其基本特征[J].图书馆学研究,2011(10):6－9.
② 胡越.图书馆服务的学科化与个性化[M].北京:首都师范大学出版社,2008:201.
③ 孙伟平.信息社会及其基本特征[J].哲学动态,2010(9):12－18.

与人随时随地交流,更将扩展到人与物之间、物与物之间随时随地"交流"①。云计算技术可以大大降低数据的储存、计算和分发成本。Web2.0 的应用使原来自上而下的由少数资源控制者集中控制主导的互联网体系转变为自下而上的由广大用户集体智慧和力量主导的互联网体系,它强调信息用户的参与互动,由此产生了 Web2.0 的关键原则就是:用户越多,服务越好②。3G 技术的应用使信息用户通过电脑、智能手机或电子图书阅读器等移动终端随时随地联网,阅读各种数字化的图书、报纸、杂志和各种文档,信息检索方便且高效低耗。众多高科技技术及设备的应用,使得人们能够在任何地点、任何时刻应用各种信息,从而极大地提高学习效率、工作效率、生活效率及生产效率,并以较低的费用,充分享受信息化在多种领域给人们生活带来的便利,为人们的生活带来巨大的进步。

现代信息技术在图书馆中的应用,给图书馆事业带来翻天覆地的变化,如建立在现代信息技术基础之上的电子图书馆、虚拟图书馆、数字图书馆等相继出现。但是我们也很清醒的认识到,图书馆在信息技术方面不足以赶上科技发展和用户需求的步伐。图书馆启动的任何项目和技术都需要一定的资金投入,虽然我国在图书馆事业投资方面的力度在逐年加大,但与资源的增长、科技的进步速度相比,仍有一定的差距。在人才方面,由于图书馆的编制、体制的限制,根本无力去培养和引进众多的技术人员,图书馆的社会地位和工资待遇也很难留住热门学科和紧俏专业的人才,所以各图书馆普遍缺乏发展现代技术所必需的人才储备。资金不足加之人才的匮乏,都使得图书馆事业将面临更大的技术压力。

(3)社会地位的挑战

随着信息系统内部的分工不断深化,新兴信息产业凭借其高科技的手段、先进设备、和高技术人才,迅速把与国家政治、经济发展息息

---

①　季拥政.泛在信息社会及其基本特征[J].图书馆学研究,2011(10):6-9.

②　中国互联网协会.2005-2006 中国 Web2.0 现状与趋势调查报告[EB/OL].[2006-02-23].http://PPreport.internetdigital.org.

相关的主要信息收集整理和加工,做成信息产品,直接为政府的宏观决策、计划提供参考,为国民经济建设提供资讯,为普通大众生活提供服务。他们以高效率、高质量、灵活方便的信息服务赢得了社会的赞誉,获取了越来越多的信息用户,而他们也在搞活经济的同时发展了自己①。信息生产、组织、传递、存贮与利用格局的变化,以及人们获取信息方式与阅读行为的改变,从根本上改变了图书馆生存的信息环境。图书馆的职能被削弱,其作为文化传播中心的社会地位正在被边缘化。

泛在信息社会,丰富的资源使图书馆不再是社会信息资源的中心;其他信息源信息获取途径的方便性,使图书馆不再拥有信息传播的优势。很多信息用户已经不愿意为一本书专门跑一趟图书馆,还有很多用户不了解或者不会使用图书馆的数字馆藏,图书馆馆藏利用率在逐年下降,用户正在流失。美国著名图书馆学家兰开斯特(F. W. Lancaster)在 1978 年甚至提出了图书馆"消亡论",他认为"在下一个二十年(1980—2000 年),现在的图书馆可能完全消失"②。

9.3.2 泛在信息环境下图书馆事业的应对

(1)科学制订图书馆事业发展战略规划

制订图书馆事业发展战略规划,是对图书馆事业发展进行全局性、根本性、长远性的谋划。制订图书馆战略规划是我国社会环境发展、图书馆事业发展和图书馆工作和业务发展的需要。图书馆事业发展战略的制订,要以我国图书馆事业发展现状为依据,总结取得的成绩,找出事业发展存在的问题和困难;综合研究图书馆事业所处的时代背景、技术背景,认清泛在信息环境给我国图书馆事业带来的机遇和挑战,对图书馆的发展模式、用户需求、技术发展、理念更新等方面

---

① 刘兹恒. 论图书馆在信息社会中的地位及其今后生存发展[J]. 图书馆工作与研究, 1988(4):34–39.

② Lancaster F W. Libraries and librarians in an age of electronics [M]. Arlington: Information Resource Press,1982.

作出前瞻性的预测。同时，借鉴不同国家和地区、不同领域图书馆事业的先进经验，特别是信息产业的新技术、新理念，结合我国图书馆事业的发展实际，制订适合我国图书馆事业发展的战略。

在制订图书馆发展战略时要明确战略重点。在泛在信息环境下，相较新兴的信息产业，我国的图书馆事业存在服务效益低、图书馆网覆盖面小、技术落后、人才缺乏、资源共享率低的问题。针对这些问题，图书馆发展战略要重点放在图书馆事业平衡发展、图书馆发展与社会整体发展相适应、人才培养、新技术以及资源共建共享等问题之上。此外，图书馆事业发展战略还要有必要的保障措施。更新观念，以发展的眼光看待新生事物，以开放的思维迎接挑战，这是图书馆事业在新时期稳定发展的思想保障。政策的支持也是必不可少的。明确的政策才能够保证图书馆事业发展方向正确、保障图书馆的合法权益、规范行业行为、巩固图书馆在信息社会中的地位。同时，图书馆的馆舍建设、资源购置、技术引进、人才队伍建设都需要以必要的经费支持为基础。发展战略必须明确经费的来源、预算数额、资金到位和使用情况的监督等问题。

(2) 更新理念，引进技术，培养人才

图书馆应意识到服务理念的重要性。确立什么样的服务理念，就会形成什么样的服务品牌。泛在信息社会很大的一个特点就是尊重用户的个性，提供个性化的服务。所以，图书馆要制定明确的适合本馆的服务理念，以读者为中心，提供多元化、多样化、个性化、信息无障碍服务。在技术引进方面，要关注通讯、智能等相关领域的技术革新和发展情况，及时引入图书馆领域加以利用和推广，从而提高数字馆藏服务的技术水平。在人才培养方面，一是图书馆现有员工的素质提升，二是图书馆的人才引进工作，三是图书馆学专业人才的培养。随着网络的普及，图书馆员不仅要具有宽广的知识面，还要掌握现代信息技术，这是对图书馆人才培养三方面都适用的标准。图书馆现有员工的素质提升是图书馆事业持续发展的人才保障，增强员工的归属感、职业自豪感、社会责任感，充分挖掘员工对工作的积极性、主动性、创造性,提高员工的学习、科研、创新能力。在图书馆人才引进方面,通过制定优厚的待遇、提供优越工作科研环境等政策,吸引各科优秀人才,对于一些高精尖人才还采取外聘或做兼职顾问的方式引进。在图书馆学专业人才的培养上,我国的图书情报专业教育开始注重培养适应社会信息化的人才,加强面向知识挖掘、知识组织和用户的管理与服务能力的培养,使学生具备图书馆员核心能力。加强实践形式的教学,着重理论联系实际的业务能力培养①。

(3)图书馆资源共建共享

目前,我国全国性的图书馆信息资源共享网络有中国高等教育文献保障系统(CALIS)、中国高校人文社会科学文献中心(CASHL)、全国文化信息资源共享工程、国家科技图书文献中心(NSTL)等。区域性或行业性图书馆信息资源共享网络建设也蓬勃发展,如上海市文献资源共建共享协作网、广州地区高校图书馆联盟、江苏省高等教育文献保障系统、上海教育网络图书馆、北京高校网络图书馆、广东高校网络图书馆、北京高校图书馆联合体、天津高等教育文献信息中心等等。通过实现系统的公共检索、馆际互借、文献传递、协调采购、联机合作编目等,以达到资源的共建共享。图书馆资源共建共享网络的建立和完善,可以实现馆际之间乃至整个社会的文献信息资源、硬件设备资源和人力资源的最大化利用。不仅可以节约社会资源,节省图书馆经费,花最少的钱取得最大的效益,还可以更好地满足本地区读者多元化和个性化的信息需求,使读者感受到方便快捷的信息服务。泛在信息社会,应进一步加强图书馆资源共建共享网络的建立。

(4)继续发挥图书馆传统优势

泛在信息社会,图书馆依然可以发挥传统优势,并在原有基础上精耕细作,提供更加专业、更加权威的数字馆藏和服务。图书馆的馆藏采购都要经过一系列的计划、评估,通过正规渠道进行采购,文献资源都是国家正式出版物,在质量上比较有保证;而其中的数字馆藏多

---

① 中国图书馆学会,国家图书馆.中国图书馆事业发展报告 2010[M].北京:国家图书馆出版社,2011.

由数据库出版商提供,数据的质量和权威性较高,比如 CNKI、万方、维普、EBSCO 、Springer LINK 等数据库,这些数据库界面很友好,可以对不同的文献类型分别检索、检索途径多样且简单易懂、检索结果可以根据用户的不同需要分类显示,用户还可以根据文献的来源选择核心期刊,普通的用户不必具备专业的检索知识也可以在这里得到高质量的信息资源。基于广泛资源基础上的图书馆服务也更加专业。比如,图书馆的专业咨询人员对信息和知识的层次和逻辑关系具有良好的组织和揭示能力,可以对资源进行有序化处理,根据用户的需求进行合理的推荐,在最短的时间内给用户最准确的资源。图书馆这些传统优势,在泛在信息社会应继续保持并做大做强。

参考文献

[1]陈传夫,黄梦萦,鲜冉."三网融合"环境下我国图书馆面临的挑战与对策[J].图书馆建设,2012(4):1－5.

[2]程焕文.百年沧桑世纪华章:20 世纪中国图书馆事业回顾与展望[J].图书馆建设,2004(6):1－81.

[3]初景利,杨志刚.物竞天择,适者生存:图书馆新消亡论论辩[J].图书情报工作,2012(11):5－11.

[4]范兴坤,郑建明.我国当代图书馆事业政策建设及研究述评[J].中国图书馆学报,2010(3):90－98.

[5]广东省文化厅,广东省立中山图书馆.广东图书馆研究[M].广州:暨南大学出版社,2009.

[6]黄宗忠.中国新型图书馆事业百年(1904－2004)[J].图书馆,2004(2):4－81.

[7]李德娟.中国图书馆事业六十年发展的成就与问题实证分析[J].图书与情报,2010(5):42－44.

[8]刘辉,周慧文.我国公共图书馆财政拨款增长研究:基于近三十年统计数据[J].图书馆论坛,2011(8):14－16.

[9]朱胜坚.我国图书馆信息资源共享网发展现状的分析与思考[J].图书馆工作与研究,2005(1):2－4.

[10]田磊.阅读文化的变迁与图书馆的文化责任[J].图书馆理论与实践,2011

(9):6 – 9.

[11]王世伟.当代全球图书馆事业面临的难题与挑战[J].中国图书馆学报,2008(1):13 – 15.

[12]吴慰慈,邵巍.图书馆学概论[M].北京:北京图书馆出版社,1985.

[13]肖希明,司莉,黄如花.我国图书馆学教育发展现状的调查分析[J].图书情报知识,2008(1):5 – 10,16.

[14]谢迪南.女性阅读渐成一种社会现象[N].中国图书商报·中国阅读周刊,2009 – 03 – 10.

[15]杨威理.西方图书馆史[M].北京:商务印书馆,1988.

[16]扎实推进社会主义文化强国建设:胡锦涛同志代表第十七届中央委员会向大会作的报告摘登[EB/OL].[2012 – 11 – 09].http://culture.people.com.cn/n/2012/1109/c87423 – 19533409.html.

[17]张树华,张久珍.20 世纪以来中国的图书馆事业[M].北京:北京大学出版社,2008.

[18]张晓林.数字信息环境下的图书情报服务:挑战、应变与再造[J].四川图书馆学报,2002(4):19 – 26.

[19]中国图书馆学会,国家图书馆.中国图书馆事业发展报告 2009[M].北京:国家图书馆出版社,2010.

[20]李晓静."微内容"对图书情报界[J].山东图书馆学刊,2011(1):45 – 47.

[21]张果果.Web2.0 环境下的高校图书馆学术交流平台新视角[J].图书馆工作与研究,2009(3):36 – 38.